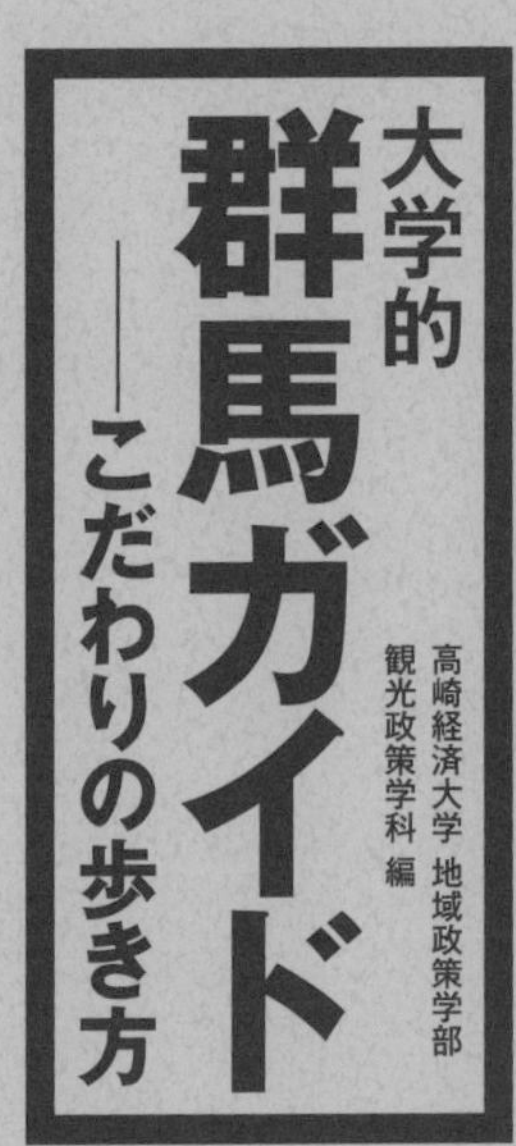

昭和堂

法師温泉・長寿館（みなかみ町）

利根川上流（みなかみ町）

道の駅中山盆地田んぼアート（高山村）

奥多野の景観（上野村）

桐生祇園祭（桐生市）

桐生新町重伝建地区（桐生市）

群馬音楽センター内装（高崎市）

森とオーケストラ（高崎市）

少林山達磨寺（高崎市）

刊行によせて

群馬県とは不思議な場所である。

都道府県魅力度ランキングや都道府県別のブランド調査を行うと下位を占めることも多く、一見すると県としての魅力度や観光振興は低調であるかのようにみえてくる。しかし、県内各所を見渡すと、草津温泉や四万温泉、伊香保温泉に代表される温泉文化や、北部を中心に冬場に賑わうスキー場や夏場に活況を呈するアウトドア・スポーツが、いたるところで行われている。豊かな自然環境は独自の農林水産業や食文化を生み出す一方で、グローバル化にともなう地域社会の急激な変動と社会問題も生み出している。

歴史や文化の文脈でも、上毛三山（赤城山、榛名山、妙義山）が信仰の中心として栄えてきただけではなく、二〇世紀中葉以降のレジャー開発のなかで、多様な余暇活動を生み出してきた。あるいは、近年では前橋市や桐生市の中心市街地や、高崎市の榛名社家町におけるまちづくりによって、歴史的建造物や街並みに新たな魅力が見出されるようになっている。他方でそれは、世界遺産の富岡製糸場にみられるように、場所をいかに表象するのかという問題を地域に突き付けてきた。

これらの地域資源たちは観光資源としても語られるが、それ以上に当たり前のように群馬県の人びとの日常生活のなかに溶け込んでしまっている。人びとの日常生活に密着した個性的なテーマパークや道の駅があふれ、芸術活動や音楽文化が満ちている環境は、外部のまなざしとは異なった姿を描き出しているであろう。それゆえ、地域のなかに息づいてきたこれら多様な資源を、観光として強調する必要すらなかったとも言える。

それを象徴するように、群馬県を内部から眺めていると、外部の評価とは全く異なった世界が広がっていることに気づく。そこでは、地域社会に対する時に過剰なまでの誇りや自信が存在するとともに、日常生活と観光が常に隣り合っている状況を目の当たりにするのだ。いやむしろ、群馬県においては観光が人びとの日常生活のなかにあまりにも深く根ざしているがゆえに、敢えて「観光」という言葉で語る必要すらなかったのかもしれない。

この状況は、時に自らの立ち位置を客観視することを難しくし、素晴らしき地域資源が他地域の人びとにも当然のように受け入れられるはずだ、という軋轢も生み出してきた。しかし、この内外のギャップにこそ、群馬県の観光が置かれた課題があるとともに、他には代えがたい魅力が秘められているのだ。

＊

群馬県をめぐるこの内外のギャップに、観光を研究する立場の人間としては、ある種のもどかしさを感じながら日々接してきた。観光という現象は常に、ホストとなる観光地や地域社会だけでなく、それを楽しむゲストたる観光者が存在することによってこそ、はじめて成立する現象である。それゆえ観光とは、ホストとゲストが互いに手を取り合ってこそ、はじめてその価値が認識されていく。この前提を観光の現場や研究において認識することは、実はなかなかに難しいものである。

さらに、学術研究としての観光研究を推し進めていくと、既存のガイドブック等で語られている個別の観光現象の背後には、地域社会の人びとの生活や、そのなかで育まれてきた多様な社会環境が存在することに気付く。それゆえ学術的立場から観光を考える際、個々の現象の背後に存在する社会環境を分析し、俯瞰していくことが常に求められる。本書で展開される章・コラムにおける議論は、個別の観光地・観光現象を扱いながらも、その背後に存在する社会環境や、それを分析する執筆者たちの観光に対する哲学を見出すこともできるであろう。

本書では「自然・地理と関わる」、「歴史・文化と関わる」、「人・生活と関わる」という三つのパートに分けて各章を配置した。もちろん個別の章・コラムの持つ面白さもさることながら、章・コラムをまたぐ形で描き出される群馬県の魅力のなかに、地域が積み重ねてきた社会のあり様と、観光のあり方を見通すことができるであろう。

＊

本書は、高崎経済大学地域政策学部観光政策学科の教員が中心となり、昭和堂の大学的ガイド・シリーズの群馬県版を出版しようとしたことから始まる。それゆえ、群馬県内・県外出身の研究者たちが、日々の研究・教育・地域貢献活動のなかで蓄積してきた群馬県に携わる成果を、余すことなく表現している。また、研究分野についても観光を研究対象としながらも、観光学を基軸に、行政学、経営学、経済学、国文学、社会学、地理学、文化人類学といった多様な学術領域を横断する形で、各執筆者たちの専門分野を生かした形で執筆がなされている。

しかしそれ以上に重要な点として、執筆者たちが章やコラムを執筆できた背後には、群馬県を舞台にさまざまな観光活動や日々の生活を送る、多くの市民からの応援や協力があってこそ実現できたものであると言える。その点、本書における内容は、執筆者たちが日々の研究や教育、社会貢献活動をはじめとする日常生活のなかで蓄積してきた、市民や現場との出会いや経験のなかで育まれてきた成果でもあるのだ。

他方で、本書では取り扱えなかった対象地や事象はあまりにも多く、群馬県の奥深さを知るとともに、執筆者たちの限界もまた露呈することとなった。本書で顕在化した課題については、ぜひまた次の機会に発信していきたい。むしろその始まりとして、ここでは本書を位置づけていきたい。

＊

本書は高崎経済大学二〇二三年度研究奨励費（学術研究図書刊行奨励費）の助成を受けて刊行されたものである。まずは本書の出版にあたり、財政的に支援して頂いた高崎経済大学と、申請に至るまでの諸々の業務で相談に乗って頂いた教職員の皆様に深謝する次第である。

また、本書を刊行するにあたり、昭和堂の大石泉様には、企画段階から実際の出版にいたるまで、あらゆる場面でお世話になった。二〇二〇年の新型コロナウイルスへの対応で執筆者全員が日々の生活に謀殺されるとともに、群馬県内の調査すらままならなくなるなかでも、辛抱強く待っていただいたその配慮に甘えることが多かった。こうして一冊の本として刊行することができたことも、すべては関係者のご尽力の賜物であることを、改めて御礼申し上げる次第である。

高崎経済大学　地域政策学部　観光政策学科

第3部　人・生活と関わる

第1部

自然・地理と関わる

第1章　山と川から群馬県をみる
――自然が織りなす地域観光の情景――

安田　慎・太田　慧

はじめに

群馬県南西部に位置する富岡市。世界遺産となっている富岡製糸場から少し離れた山の上に位置するもみじ平総合公園の一角に、群馬県立自然史博物館が立地している。この博物館では、実物大に復元された動くティラノサウルス・レックス（ティラノサウルス）の模型に泣き叫ぶ子どもたちや、さまざまな恐竜の骨格標本に目を輝かせる子どもたちの姿で盛り上がりをみせている。子どもたちでにぎわう恐竜の展示スペースを抜けると、そこには現代の群馬県の自然を展示する広大なスペースへと繋がる（写真1）。群馬県南東部の利根川下流域から、北部の利根沼田地域や尾瀬（おぜ）の高山地帯にかけて刻々と変化する動植物や地形を、標本や解説、そして植生を鮮やかに再現した実物大の模型たちで演出する姿に、思わず目を奪われることになる。それと同時に、利根川を遡って標高が高くなるにつれて変化する景観に、群馬県が持つ多様で豊かな自然環境の姿を一目で概観することができるのだ。筆者の一人もまた、この自然史博物館が織りなす展示の光景が大好きで、子どもとともに博物館を訪れると、じっくりと群馬の自然の展示スペースを見て回っていたりする。

この展示を見ていく過程で、群馬県の自然資源や文化資源といった地域の観光資源を考える際に、山と川が織りなしてきた自然環境が重要な役割を果たしている点がわかってくる。南北をつらぬく利根川を軸として、鶴が舞うような形に広がりをみせる群馬県は、同じ県内でも場所によって全く異なった自然環境が広がっている。山間部から吹き下ろす強く乾いた風に苦戦しながら自転車を漕ぐ姿は、南部の冬場では見慣れた光景である。他方で北部の水上（みなかみ）駅では、深々と降り積もっていく雪の光景を車窓から眺めながら、新清水トンネルを超えてさらに雪国に向けて北進していく。東西約九六キロメートル、南北に約一一九キロメートルの狭い範囲のなかに、ここまで多様な景色が目まぐるしく現れてくる点は、観光においても多様な資源や魅力が内包されていることを示唆するものとなっている。

写真１　群馬県立自然史博物館における群馬県の自然展示

そこで本章では、観光という観点から群馬県を眺める際に、山と川という二つの対象を基軸に、自然環境と観光資源を概観していくことにしていきたい。その過程で、群馬県の観光において語られる豊かな自然資源の存在を明らかにしていくとともに、本書で取り上げる群馬県内の各地域の特徴を描き出していく。

1　山が織りなす群馬県の自然環境

北関東の内陸に位置する群馬県は、南部は関東平野の北端に位置し、西部や北部では急峻な山々が連なる。それゆえ、同じ県内でも地域によって気候や植生も異なり、生活文化も大きく異なってくる。山や川によって織りなす自然環境の違いから、群馬県では吾妻、利根沼田、西部、県央、東部という五つの区域で区分することが多い（図1）。北西部に位置する吾妻地域では万座温泉で有名な嬬恋村、草津温泉で有名な草津町、四万温泉が位置する中之条町といった吾妻川沿いの地域が含まれる。利根沼田は利根川の源流が位置するみなかみ町や尾瀬を含む片品村をはじめとした地域が含まれる。西部では神流川流域の上野村や神流町をはじめ、富岡製糸場が位置する富岡市、県内で最も人口の多い高崎市を含み、県央では県庁所在地がある前橋市を中心に伊香保温泉を有する渋川市や伊勢崎市、東部には館林市や太田市、桐生市といった地域を含む。

群馬県内の地域的な違いを生み出してきた主要な地形的要因として、山の存在をあげることができるであろう。ここでは、群馬県の地形をみながら、地域の気候や植生の特徴について概観していきたい。

群馬県は海抜一三mの低地（邑楽郡板倉町）から、森林限界を超える二五七八m（日光白根山）までの標高差を有し、長野県や新潟県と県境を接する北西部では急峻な山地が広が

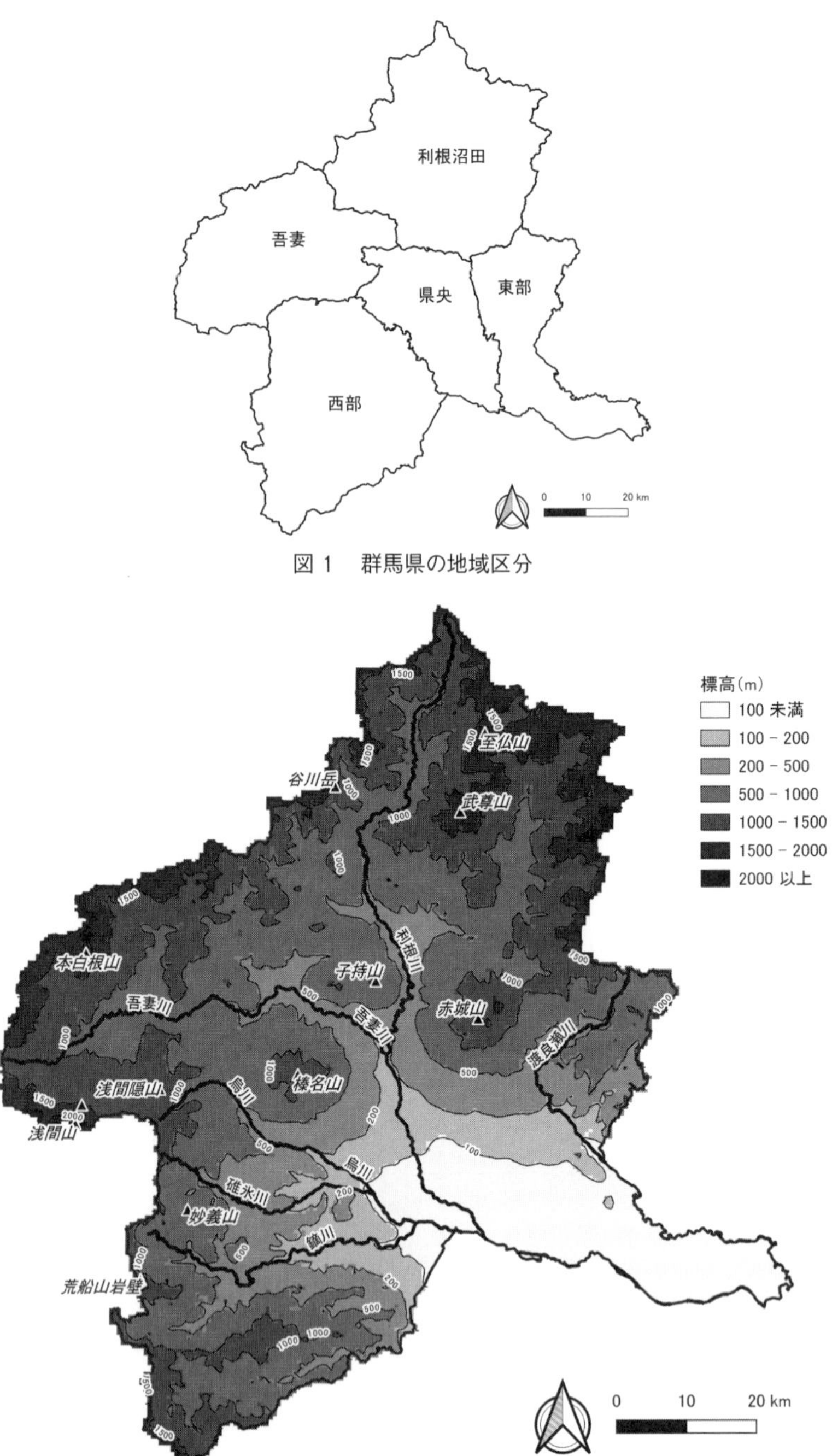

図１　群馬県の地域区分

図２　群馬県の標高分布（国土数値情報 標高・傾斜度４次メッシュデータにより作成）

り、浅間山や草津白根山（本白根山）、谷川連峰といった山々が連なるのに対して、南部や東部の利根川流域や渡良瀬川流域では、平たんな低地が広がっていく。この地形的な違いが、県内で全く異なる自然環境を生み出す要因となってきた（図2）。

さらに、群馬県の地質的特徴をみていくと、西部から東部にかけて横断する中央構造線が、群馬県の地域が蓄積してきた地層的な特徴を端的に示している。下仁田町をはじめとした各所で見られるこの断層は、日本海側で特徴的な地層と太平洋側で特徴的な地層が重なり合う場として、日本列島の成り立ちを知る貴重な標本となるとともに、地球科学の教育やジオツーリズムの目的地として整備がなされてきた。その他にも、西部の藤岡市鬼石を中心に産出される青緑色で白い模様のついた三波石が、庭石をはじめとした石材として利用されてきた点にも、地層的な特徴を見て取ることができる。それに対して県央や東部では、関東ローム層由来の土砂が堆積することで、水はけのよい土壌が形成されてきた。

山々が織りなす地形的な違いは、群馬県の地域ごとの気候や植生の違いを生み出す決定的な要因ともなってきた。三分の二以上の面積が山地で占められている群馬県では、今なお活動を続ける活火山が、吾妻や利根沼田、西部に点在する。これらの地域の山々では、過去の火山活動によってできた火成岩類が堆積し、蛇紋岩や石灰岩から成る山地も散見される。さらに、嬬恋村に立地する鬼押出し園では、天明三（一七八三）年の浅間山の噴火の際に流れ出た溶岩が織りなす奇観を見ることができる。

吾妻・利根沼田・西部の各地域は標高も高く、急峻な山地も多いことから、冬場には気温が氷点下一〇度以下まで下がり、日本海側からの湿った空気が大量に流れ込んでくる。そのため、年間一五〇〇㎜以上の降水量や冬場には降雪を伴う地域が多くみられ、日本でも有数の豪雪地帯を形成してきた（図3）。この自然環境を活かして、吾妻や利根沼田ではスキー場が集積し、国内外から観光客が集う場所となってきた。これらの地域では夏場には比較的冷涼な気候を生み出し、嬬恋村の特産品である夏秋のキャベツのように、気候に適した作物が生産され、地域の特産品として日本各地に出荷されている。さらに、利根沼田のみなかみ町に位置する谷川連峰の谷川岳や一ノ倉沢（いちのくらさわ）の大岩壁といった景勝地が、夏場を中心に登山客で賑わう場所となっている[1]。

南部の平地では、日本海側から流れてきた湿った空気が、北部の山地で雪を降らせた後に、乾いた空気となって山から一気に吹き下ろす。そのため、からっ風[2]と呼ばれる冷たく乾燥した強い季節風が吹き荒れる。その一方で、夏場には四〇度近くの高温となる地点や、猛暑日が連日のように続き、全国ニュースの話題となることも多い。強い日差しによって温められた空気が上昇して積乱雲が発生するため、夏場には雷を伴った夕立も多く発生する。しかし、南部の平地では年間を通じて降水量も少なく乾いた気候であるため、小麦やコンニャクを中心とした、生育において多量の水を必要としない作物が好んで栽培されてきた（図4）。そのため、南部では小麦を用いた料理が広がりをみせ、焼きまんじゅうやおっきりこみといった特産品が広がりをみせてきた[3]。

山々が織りなす標高差は、群馬県内の多様な植生も生み出してきた。群馬県の植物目録では三二〇〇種を超える種類が記録され、特に北部・西部における山地性の植物相では、他地域にはない数々の種を見出すことができる。北部の山地をみていくと、ブナやカエデといった落葉広葉樹が広がり、南部の平野部ではクスやカシといった広葉樹林が広がりをみせている。ここでも、県内における北部と南部、あるいは山地と平地のコントラストが

（1）他方で、谷川岳や一ノ倉沢は登山客の遭難者が多い場所でもあり、近場で気軽にいける登山場所でありながらも、地形が織りなす断崖絶壁や急斜面といった、過酷な自然を表現しているところでもある。

（2）そのなかでも特に、赤城山南麓に吹き下ろす風は、山の名前から赤城颪（あかぎおろし）とも呼ばれる。

（3）群馬県の食文化については、本書第3章「群馬の食・農探訪—高崎市を事例として—」とコラム3「ぐんまにおける『農業・農村遺産』観光のすすめ」を参照のこと。

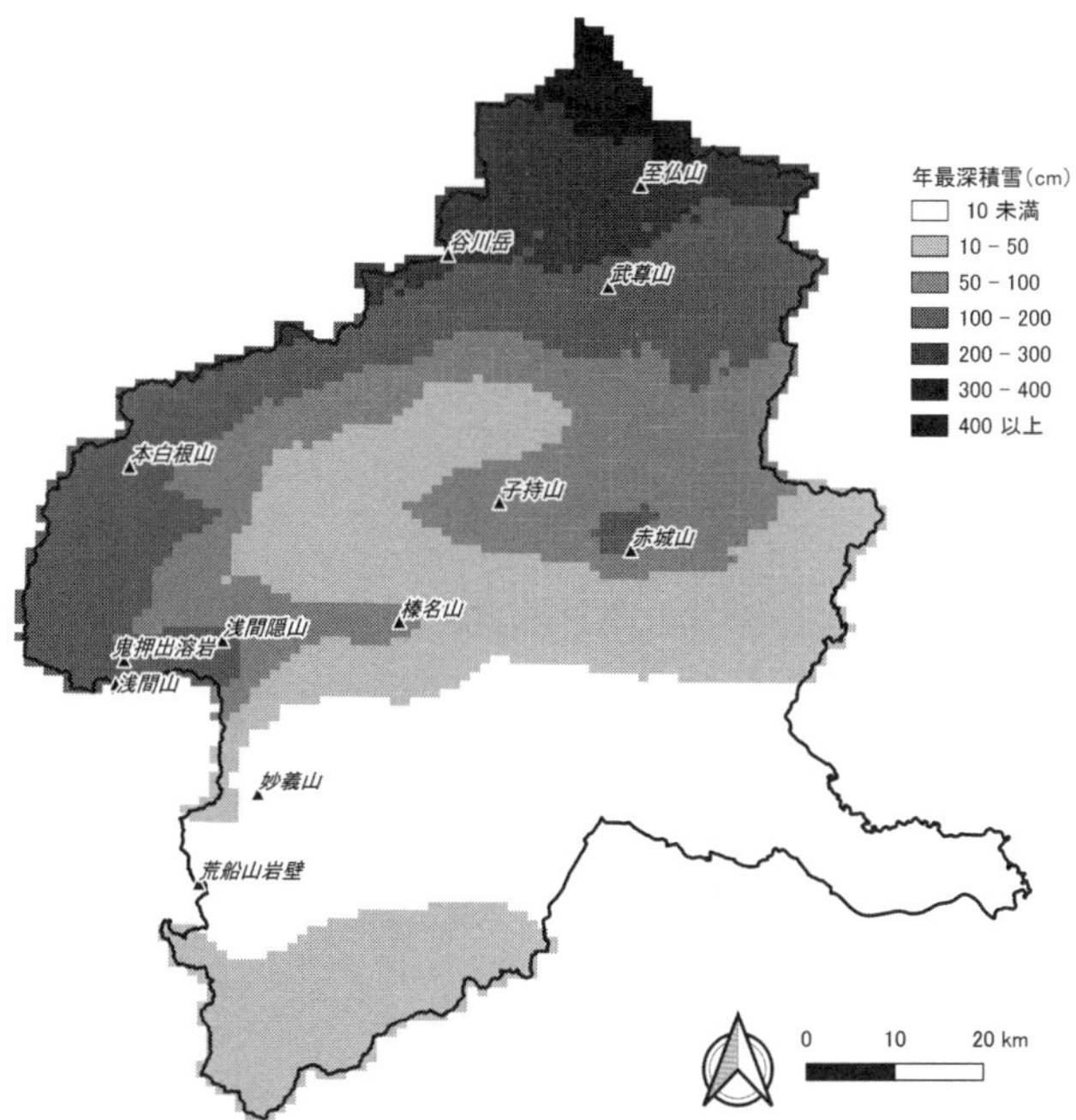

図 3　年最深積雪量(国土数値情報 平年値メッシュデータにより作成)

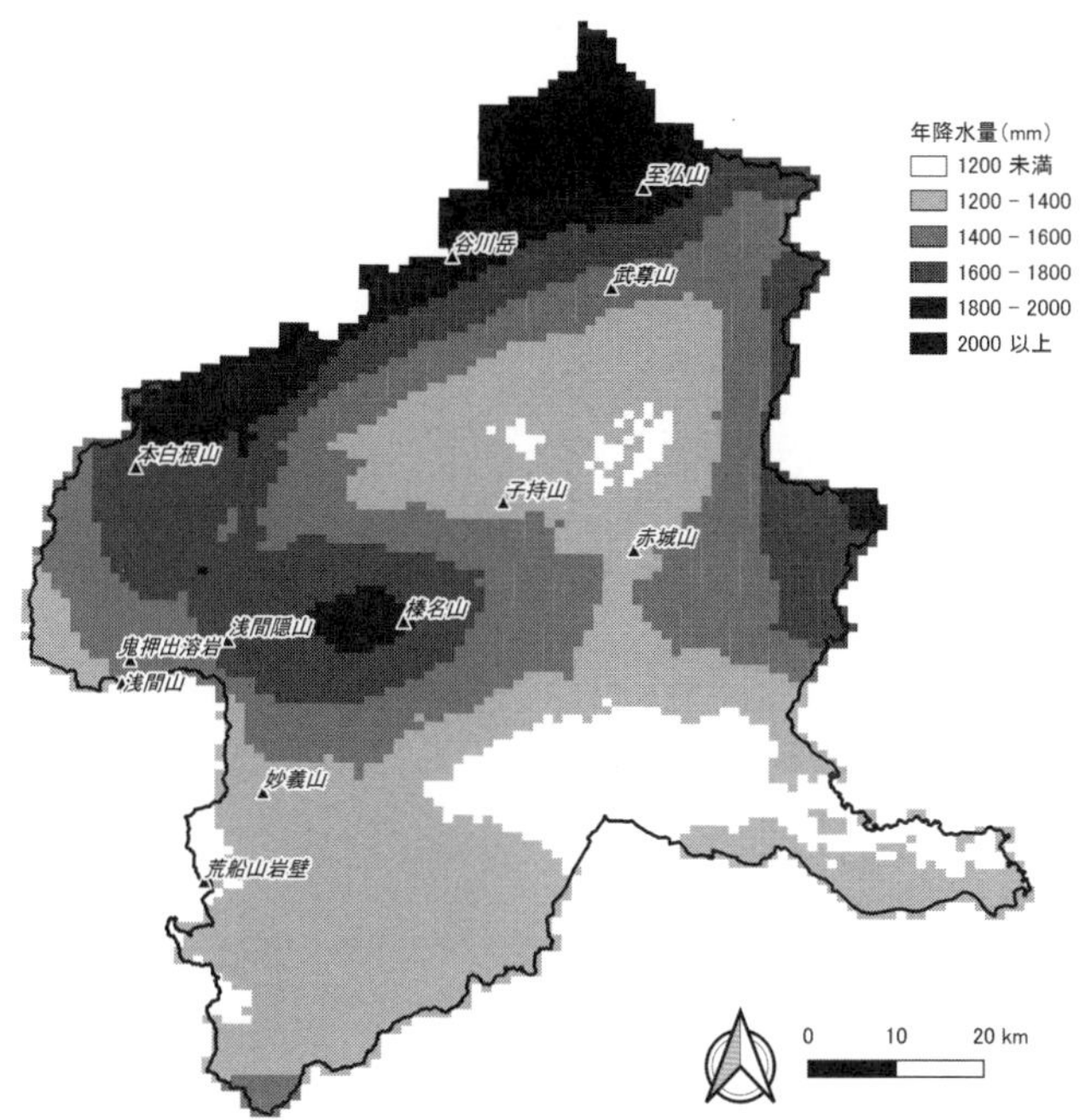

図 4　年降水量(国土数値情報 平年値メッシュデータにより作成)

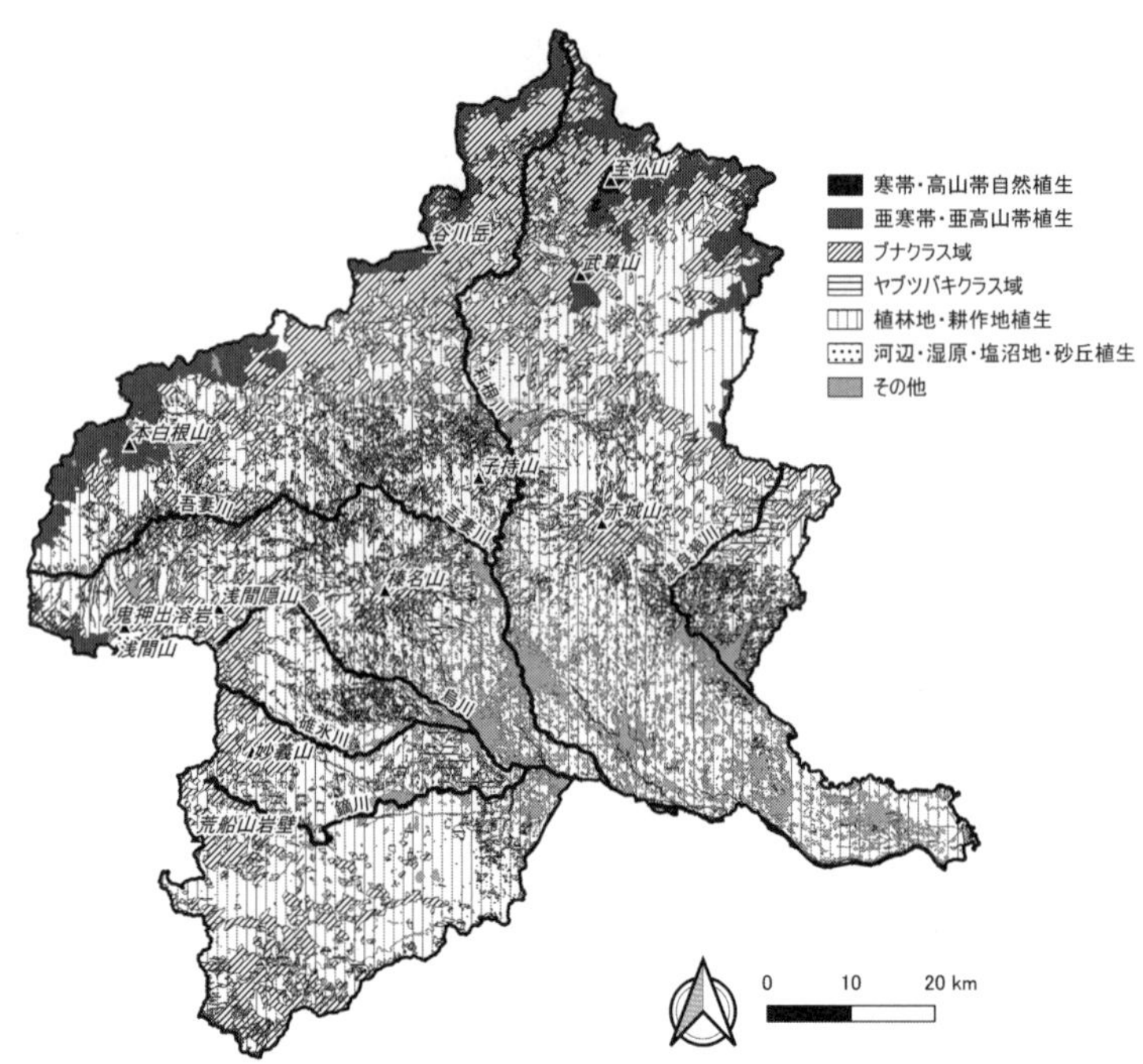

図5　群馬県の主な植物相の分布（植生調査（1/50,000縮尺）GISデータ（環境省生物多様性センター）により作成）

くっきりと現れていることがわかる（図5）。しかし、二〇世紀を通じて北部を中心にスギの植林が進められた結果、県内の植物相は従来の気候や地形といった自然条件とは異なった広がりもみせている。さらに、北東部に位置する尾瀬や、南東部に位置する渡良瀬遊水地における湿地帯では、周囲とは異なった植生を保持してきた。

　群馬県における山々は、地域の気候や植生を生み出す根源となるとともに、地域を代表するアイコンとして人びとの間で認識されてきた。そのなかでも、いくつかの特徴的な山々は、地域のシンボルとして長らく愛されてきたと言える。上毛三山と呼ばれる県央に位置する赤城山（一八二八m）、西部に位置する榛名山（一四四九m）と妙義山（一一〇四m）は、群馬県内各地からその姿を眺めることができ、地理的な方向性を示す目印となるとともに、群馬県には欠かせない地域を表象するアイコンとして、メディアや地理教育のなかで繰り返し語られてきた[4]（写真2〜4）。その他にも、長野県との県境にある浅間山（二五六八m）や、北西部の草津温泉近くにある草津白根山（二一六〇m）も、地域を象徴するシンボルとして描き

写真 2　赤城山の風景

写真 3　榛名山の風景

写真 4　妙義山の風景

（4）実際、群馬県内の小中高の校歌においても、上毛三山をはじめとした具体的な山の名前が歌詞のなかに織り込まれることが多い（塚原ほか二〇一三）。あるいは、取り上げられる山の名前から、当該地域の住民のマインドマップ（心理的地図）を反映していると言える。この点からも、群馬県が山と密接に関わりを持ってきた点を見て取ることができるであろう。

出されている。[5]

上毛三山はそれぞれ違った特徴を持つ山であり、広い緩やかな裾野の高原台地をもつ赤城山に対して、榛名山は山頂にカルデラ湖の榛名湖を持ち、妙義山は奇岩を遠方からも眺めることができる、その特異な形で有名である。これらの山々はその特徴的な地形から、古い時代より人びとの信仰の対象ともなり、それぞれの山に赤城神社、榛名神社、妙義神社という三つの著名な神社が鎮座している。歴史的にも現代においても、この三つの神社は、県内外の広範囲の人びとからの崇敬を集める場所となっている。[6] さらに、二〇世紀中葉にはレジャー・ブームのなかで相次いで大規模な観光開発が行われた一方で、二一世紀に入って観光地としての先駆的な取り組みも行われる、自然観光や文化観光をめぐる実験的な場所ともなっている。

2　川が織りなす群馬県の情景

山が群馬県を織りなす自然環境を作り出してきたとすると、川は群馬県を織りなす生活文化を作り出す源となってきたと言える。ここでは、群馬県内の利根川水系を上流から下流にかけて概観していく過程で、川が織りなしてきた地形と生活文化を考えていきたい。

群馬県を南北に貫く利根川は、日本最大の流域面積を誇るとともに、川の長さでも信濃川に次ぐ河川である。歴史的に「坂東太郎（ばんどうたろう）」の異名をもつ暴れ川として名をはせてきた。利根川は歴史的に流域で洪水をはじめとするさまざまな水害を発生させてきた一方で、豊

（5）小中学校における運動会の組分けや、クラス名にも上毛三山や関連する山の名前を用いることが多い。

（6）特に、上毛三山では各地で講組織が結成され、活発な参詣活動が行われてきた。上毛三山と信仰をめぐるつながりの詳細は、本書第10章「上野国の伝説とその足跡」と第9章「神社と自然を生かした観光と地域活性化」を参照のこと。

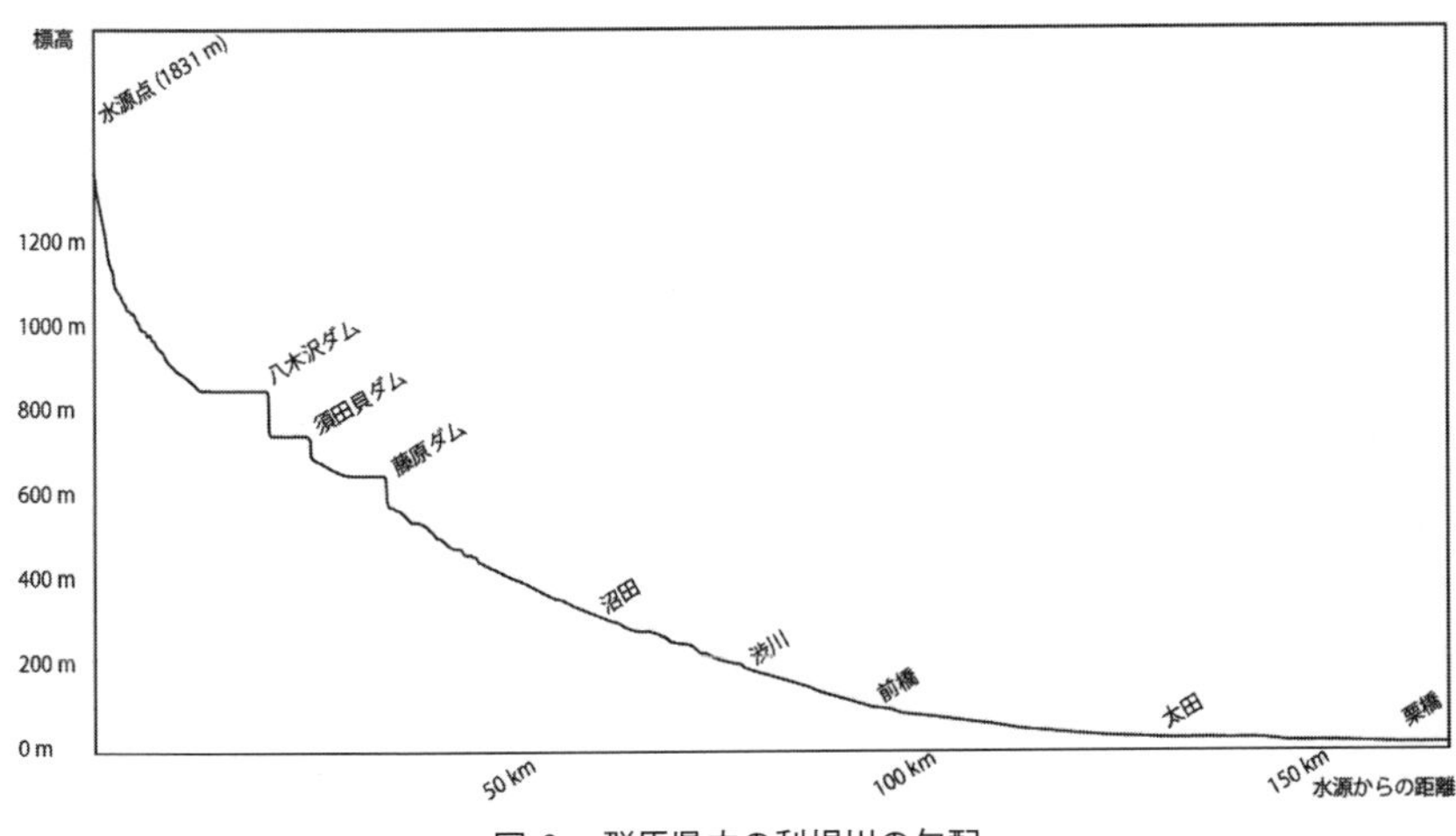

図6　群馬県内の利根川の勾配

かな自然の恵みも提供してきた。度重なる水害は頻繁な流路の変化をもたらしてきた一方で、豊富な水資源を活用した農業や水運を発展させることで、地域独自の生活文化を育むとともに、現在では観光資源としても活用されるようになっている。

二〇世紀以降には上流部にダムが多数建設されたことで、治水対策も進んでいった。その結果、水害は大幅に減少するとともに、ダムの貯水を通じて東京を中心とした首都圏の飲料水を確保する役割も果たしている。東京都心部に水資源を送るために、千代田町と埼玉県行田市の間に利根川の水を荒川へと流すための堰（利根大堰）が設けられ、武蔵水路を経由して荒川へと水を供給している（図6）。

利根川はみなかみ町の新潟県との県境に位置する三国山脈のひとつ、大水上山（おおみなかみやま）を源流とする。冬場には日本有数の豪雪地帯ともなる利根川の源流部では、冬場に降り積もる雪の融水によって生み出される豊かな地下水や伏流水があつまり、川となって谷を抜けていく。この清涼な水資源は飲料水として活用されるだけでなく、河川を用いた多様なアウトドア活動を生み出してきた。みなかみ町を中心に展開するラフティングやカヤック、バンジージャンプといった夏場を賑わせるアウトドア・スポーツたちは、利根川の水がもたらす自然の恩恵と言えるだろう（写真５）。近年では当地の自然環境に魅せられた外国人観光客を中心に、利根川上流部のアウトドア・スポーツの開拓が進んでいる状況である。上流部に生息する水生生物として、イワナやヤマメといった種類の魚がみられる。

群馬県北東部を源流とする片品川と合流する沼田盆地の周辺は、利根川両岸に美しい河岸段丘がみられる場所となっている。真田氏が河岸段丘の台地の縁にある天然の要塞を活用して建設した沼田城と城下町は、歴史的にも難攻不落を誇る堅牢さを備えてきた。それ

写真５　利根川上流部におけるカヤック

だけにとどまらず、近年では冬場の朝にしか見られない、雲海が作り出す幻想的な風景を「天空の城下町」としてプロモーションするようにもなっている。河岸段丘の地形はリンゴやブドウ、モモをはじめとした果樹の栽培を促し、果樹園農家が集積する場所となっている。実際、沼田市を中心としたこの地域では、果樹園農家が各地で広がり、季節になると観光客を受け入れるとともに、道路沿いに直売所が姿をあらわす。

群馬県中央部に位置する綾戸（あやど）渓谷を抜けて渋川市内に入ると、利根川は群馬県北西部を流れてきた吾妻川と合流する。川幅が急に広くなり、流量も多くなる一方で、勾配が緩やかになって、風景にも変化が生じる。綾戸渓谷を境にして年間降雪量が急激に減り、平野が広がり温暖な気候となるとともに、植生や景観が変化する場所である。川の生物でも、ハスやゲンゴロウブナといった魚が多くみられる。その他にも、緩やかで平坦な土地が広がっていくことから、渋川市以南では過去より利根川の豊かな水を用いて灌漑農業を行うために、流域で農業用水や生活用水の整備が進められてきた。例えば、前橋市と伊勢崎市を流れる桃ノ木（もものき）川（桃ノ木用水）や広瀬（ひろせ）川（広瀬用水）は、利根川の古い河道を用いて、水資源に乏しかった当地域の灌漑農業を支えるために整備された農業用水であり、同時に当地域の水運を担う役割を果たしてきた。都市化や宅地開発が進んだ現在では、農業用水や水運としての役割は縮小しているが、用水沿岸にサイクリングロードや遊歩道が整備され、自転車や歩行者が楽しむことのできる景観が生み出されている。[7] 自然環境との関わりのなかで生み出されてきた人びとの営みが、観光資源として現在にまで残る一つの事例として描き出すことができるであろう。

南部に位置する高崎市から玉村町にかけて、烏川や神流川といった群馬県南西部を水源

（7）詳しくは、本書第7章「前橋のまちなかづくり」を参照のこと。

とする河川が相次いで合流し、流域はさらに広いものになっていく。伊勢崎市周辺の埼玉県との県境に位置する場所では、川幅が五〇〇m近くにまで広がり、雄大な流れを見ることができる。

川の流れが緩やかとなる群馬県南部では、江戸時代には東京や太平洋沿岸へと物資を輸送するための水運の拠点が利根川水系の各所に点在して船が往来するとともに、川を渡るための渡船が多く行きかっていた。しかし、橋梁建設の技術が発展し、利根川沿岸にも両岸を結ぶ橋を架けることが可能になったことや、群馬県各地で鉄道網が整備されていくと、利根川は人や荷物を運搬する道としての役割を徐々に縮小していく。過去には渡船が行きかっていた利根川の中流域や下流域でも、現存する渡船は数える程度しか残っていない。そのなかでも、東部の千代田町と埼玉県熊谷市を結ぶ赤岩(あかいわ)渡船は、群馬県内で現存する唯一の利根川の渡船となっている。(8)

利根川はさらに下流へと下り栃木県、茨城県へと抜けていくが、この地帯には利根川水系の治水を管理するために、渡良瀬遊水地という広大な湿地帯が整備されている。二〇世紀初頭に人工的に整備されたこの遊水地では、群馬県の北東部を水源に桐生市や栃木県足利市を抜けて流れてきた渡良瀬川が他の河川と合流し、さらに下流部で利根川と合流する場所となっている。広大な湿地帯に生息するヨシに覆われた生態系は、低地における多様な生態系を象徴するとともに、野鳥や渡り鳥をはじめとする多様な生物が生息する場所としても知られ、鳥の姿を撮影する人びとで賑わいをみせている（写真6）。

渡良瀬遊水地が整備される以前には、この地域は利根川の水害に度々悩まされてきた。そのため、水塚(みつか)と呼ばれる土盛りをして、家屋よりも高い場所に避難用の建物を建て、水

（8）赤岩渡船については、新たに利根川に橋を架ける計画が立ち上がっていることから、架橋後には廃止されることが予想される。

害時には避難して生活を送れるようにしていた。東部の板倉町には往時の水塚が現存しており、地域の観光資源として社会科見学の小学生や一般の観光客を受け入れている。

川幅が広く、雄大な流れへと変わる群馬県南部の利根川では、ウナギやナマズ、ドジョウといった穏やかな流れを好む魚が多く生息し、地域の名産品となってきた。南東部の千代田町や明和町といった利根川流域の場所では、これらの川魚が地域の特産品として認知されるとともに、郷土料理として認識されてきた。

写真６　渡良瀬遊水地の光景

3　自然を活用する観光活動——ジオパークとエコパークから群馬県をみる

山と川が織りなす群馬県の豊かな自然環境は、東京都心部からの日帰り旅行や短期間の観光旅行に適した場所として発展してきた。昭和期には温泉地を中心とした慰安旅行や、スキー場を中心としたウィンタースポーツで栄えてきたが、近年では自然環境の保全をはかりながら自然環境を楽しむ観光活動が活発になっている。それを示すように、群馬県内でも国立公園の他にもジオパーク[9]や、ユネスコエコパーク[10]、ラムサール条約登録地[11]といっ

(9)　ジオパークとは、地球科学的な価値を持つ遺産を保全し、教育や観光に活用しながら、持続可能な開発を進める取り組みであり、世界ジオパークネットワーク（GGN）が認定している。

(10)　ユネスコエコパーク（生物圏保存地域）は、ユネスコによって生物多様性の保護を目的に設定された制度で、豊かな生態系を有し、地域の自然資源を活用した持続可能な経済活動を進めるモデル地域である。

(11)　ラムサール条約は正式名称を「特に水鳥の生息地として国際的に重要な湿地に関する条約」と言う。国際的に重要な湿地及びそこに生息・生育する動植物の保全を促進するため、各締約国がその領域内にある国際的に重要な湿地を一か所以上指定し、条約事務局に登録するとともに、湿地の保全及び賢明な利用促進のために各締約国がとるべき措置等について規定している。

た場所が、自然環境を生かした取り組みを行っている点が興味深い。群馬県内では、下仁田ジオパーク（下仁田町）が二〇一一年、みなかみユネスコエコパーク（みなかみ町）が二〇一七年に登録されている。その他にも、ラムサール条約湿地として尾瀬（片品村）が二〇〇五年、渡良瀬遊水地（板倉町）が二〇一二年、芳ケ平湿地群（中之条町・草津町）が二〇一五年に登録されている。これらの地域では、国内・国外の自然保全と活用をめぐる認定プログラムへの参加登録を経て、これらの地域では、自然環境を生かしたさまざまな観光振興の取り組みも行われるようになっている。

西部に位置する下仁田ジオパークでは、山の上と下で異なった岩石の地層が連なる跡倉クリッペや中央構造線の断層、荒船山や妙義山といった奇岩が連なる山々の風景が、他の地域にはない特徴的な景観を生み出してきた。さらに、当地で産出される岩石は、日本列島の構造や火山活動の歴史を解明するための地質学的な材料を提供している。これらの自然景観を観光資源として活用するために、下仁田ジオパークではジオサイトの整備の他にも、地域住民や観光客向けの各種イベントを開催している。

利根沼田地域のみなかみユネスコエコパークでは、利根川源流の水資源を保全するために、燧ケ岳周辺森林生態系保護地域と上信越高原国立高原を核心地域として、自然環境の保全とともに環境教育や調査研究、エコツーリズムの推進がはかられてきた。赤石地区に位置する赤石プロジェクトでは、国有林である赤石の森の生物多様性の保全や持続的な地域づくりを進める取り組みとして行っており、そのシンボルとして当地域を生息域とするイヌワシの生息環境を向上させるためのさまざまな取り組みが行われている[12]。

ラムサール条約湿地に登録されている県内の三つの湿地帯も、それぞれに特徴的な景観

(12) 詳細については、本書第5章「群馬が生んだ温泉文化と現代湯治のありかた」を参照のこと。

を生み出すとともに、人間の営みによって形成され、維持管理されている点でも興味深い。県北東部の栃木県・福島県にまたがった地域に位置する尾瀬では、地域行政や地元住民を中心に一九八〇年代より高原の湿地帯を保全するための取り組みが積極的に行われ、一九九五年には尾瀬保護財団を設立している。当地を舞台としたエコツーリズムも発展していくなかで、高原の湿地帯に広がる植生景観は来訪する者たちを魅了し続けている。

北部の中之条町と草津町にまたがる芳ヶ平湿地群は、草津白根山の火山活動によって形成された湿地群であり、ワタスゲやミズバショウが広がっている。その他にも、旧鉱山跡から湧出する強酸性の鉱泉に生息するようになったチャツボミゴケが織りなす幻想的な光景を、公園として整備して公開している(13)。

南東部に位置する渡良瀬遊水地でも、ヨシ原を中心とした湿地帯の多様な生態環境を保全するために、二〇一八年にはラムサール条約に登録するとともに、湿地帯を管理するための取り組みが行われるようになっている。そのなかでも、毎年三月に行われるヨシ原を焼き払うヨシ焼きは、害虫の駆除や生態系の保全で重要な役割を果たしてきた。

いずれの地域においても、国際的な枠組みを通じて環境教育の推進や観光振興をはかりながら、自然保護を促進しようとしていく姿は興味深い。ここでは、エコツーリズム研究のなかで概念化されてきた、資源の保全と観光の推進、地域振興の三つをバランスよく推進していく姿を見て取ることができる。むしろ、外部の人々に群馬県が持つ自然の多様性を知ってもらうことを通じて、地域資源としての自然環境の重要性を、地域社会が認知していく社会環境が成立していることがわかる。

(13) 詳細については、コラム1「忘れ去られた鉱山たち——群馬県の鉱山跡・廃坑をめぐる」を参照のこと。

おわりに

本章で論じてきたように、群馬県の川と山が織りなす情景は、他の都道府県には見られない、独特の豊かな自然環境を生み出してきた。

群馬県の自然環境を象徴すると言われる雷やからっ風、乾燥した気候から生まれる焼きまんじゅうやおっきりこみをはじめとする粉もの文化、上毛三山に代表される山々が織りなす習俗は、利根川に代表される川や上毛三山をはじめとする山々の恵みによって生み出されてきた。群馬県では多彩な自然環境そのものを活用した観光活動が発展するとともに、自然環境との関わりのなかで営まれてきた風土や人びとの生活文化もまた、重要な地域の観光資源として活用してきた。

山と川が織りなす情景は、群馬県内の多様な観光資源の源泉となっている。北部では冬場の豪雪や活火山を利用して発展した温泉文化やアウトドア・スポーツが観光資源となり、南部では夏場の高温や冬場の乾燥した気候を活用した観光活動がみられる。

群馬県が織りなしてきた自然環境を観光資源として活用しようとする動きは、さらに新たな段階へと発展している。自然アクティビティやアウトドア活動の人気が高まるなかで、群馬県内各所では従来の観光活動に加えて、自然アクティビティの充実と付加価値を高めていこうとする施策を展開している。実際、群馬県では東京都心部から近い地理的な立地や、県内の温泉文化をはじめとする豊かな自然環境を生かしたリトリート（日常生活から離れてリフレッシュする時間をもち、心身ともにリセットする）や、ワーケーション（観光地やリゾート地など、普段のオフィスとは離れた場所で休暇を楽しみながら働くスタイル）といった事業を積極的に推進するようになっている。自然環境そのものはどこの地域にも存在するものではあるが、そのなかで群馬県にしかない独自の自然観光資源を育成していく試みがはかられている。

本書のこの後の各章が描き出す観光資源や観光文化の背後には、群馬県が置かれた自然環境と人びとのさまざまな営みが存在する。この自然や人びとの営みのなかで生み出されてきた地域の自然景観や文化景観は、さまざまな要因が絡み合うなかで顕在化してきた、貴重な姿であると言える。自然が織りなす風土に今一度着目しながら、地域の観光資源を見つめなおしてみると、普段とは異なった情景を見出すことができるはずである。

●図は太田作成、写真は安田撮影

〔参考文献〕
群馬県環境森林部自然環境課編『群馬県の絶滅のおそれのある野生生物：群馬県レッドデータブック　植物編・二〇二二年改訂版』ジャーナル印刷株式会社、二〇二二年
群馬県環境森林部自然環境課編『群馬県の絶滅のおそれのある野生生物：群馬県レッドデータブック　動物編・二〇二二年改訂版』ジャーナル印刷株式会社、二〇二二年
群馬県教育委員会文化財保護課編『利根川の水運』朝日印刷工業株式会社、一九八二年
「ぐんまの大地」編集委員会『ぐんまの大地　生いたちをたずねて』上毛新聞社、二〇〇九年
塚田伸也・森田哲夫・橋本隆・湯沢昭「群馬県中学校の校歌を事例としたテキスト分析による導かれる山岳の景観言語の検討」『ランドスケープ研究』七六巻五号、七二七―七三〇頁、二〇一三年
利根川文化研究会編『利根川・荒川事典』国書刊行会、二〇〇四年

column1

忘れ去られた鉱山たち

――群馬県の鉱山跡・廃坑をめぐる――

安田　慎

群馬県内の山間部を車で走っていると、山の奥深くで鉱山跡・廃坑や、打ち捨てられた廃墟の集落に出くわすことがある。それも一か所のみならず、群馬県内各所に点在しているのだ。なぜこんなにも鉱山跡や廃坑が多いのか。そして、なぜこれらの鉱山や坑道は打ち捨てられたのか。興味の尽きないところである。

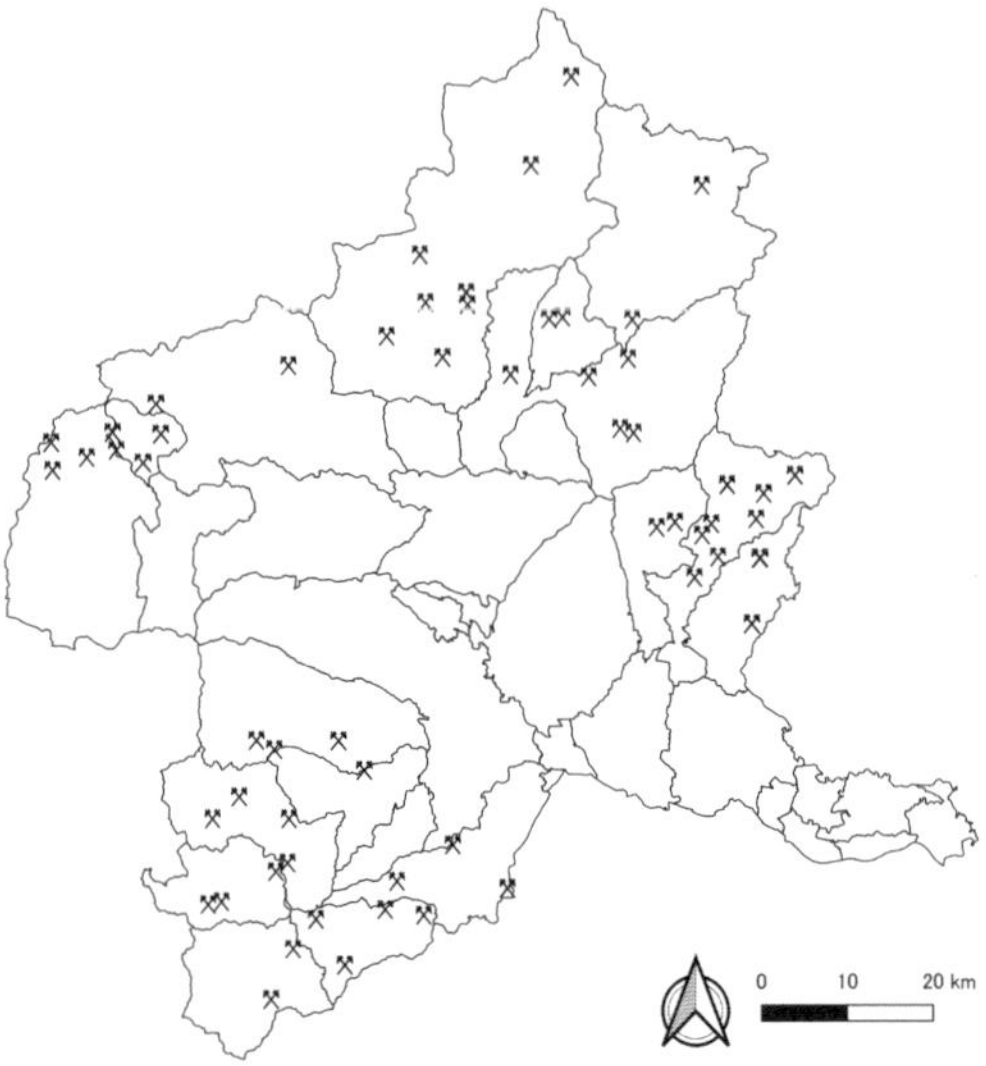

0　10　20 km

図1　群馬県内の主な鉱山・鉱山跡

写真1　群馬鉱山の廃坑跡地と旧太子駅（中之条町）

写真2　チャツボミゴケ公園

写真3　下仁田ジオパーク・青岩公園

インターネット上では、一部の廃鉱マニアたちによって訪問記が記されているが、近年では一部の鉱山跡や廃坑が公園として整備され、ドラマや映画のロケ地としても活用されるようになっている。その結果、これらの鉱山跡や廃坑が地域の新たな観光資源として活用されるようになっている。しかし、かつてそこにあったはずの労働者たちの姿や、彼らの生活の痕跡の多くは、人びとの記憶から消え去ってしまっている。

群馬県では二〇二三年現在、県南西部と北部のいくつかの鉱山において、ベントナイトや長石といった一部の鉱物が産出されるのみとなっている。しかし歴史的には、多様な地質や火山活動によって形成された多彩な鉱物資源を目当てに、鉱山開発が活発に行われてきた。明治期以降に日本が工業化していく過程で鉱物資源の需要が高まったことで、日本国内の鉱山開発は最盛期を迎える。その過程で、鉄鉱石やマンガン、石灰石、硫黄といった工業製品に必要な鉱物資源を産出する群馬県に注目が集まるようになった。

鉱山開発によって鉱物資源が産出される過程で、群馬県内では鶏冠石（けいかんせき）やあられ石、ガーネットといった希少鉱物が相次いで発見されてきた。しかし、早々に鉱物資源が枯渇した点や、国外からの安価な鉱物資源を輸入するようになった点、さらには産業構造の転換によって、群馬県内の鉱山の多くは一九七〇年代までには閉山し、周囲に住んでいた労働者の集落も打ち捨てられていった。

閉山した後の鉱山や坑道の多くは、入口を封鎖されて立入禁止となり、過去の様子をうかがい知ることは不可能となっている。しかし、一部の鉱山や坑道、関連施設は公園として整備し直され、観光客が集う場所となっている。そのなかでも、北部の中之条町に位置するチャツボミゴケ公園は、群馬鉄山が閉山した後の鉱山跡地に、鉱泉から湧出する成分を求めて生息するチャツボミゴケが群生するようになった場所である。一面がコケに覆われた独特の景観を求めて観光客が集うようになり、国の天然記念物にも指定されたことも相まって、地域の自然観光資源としての整備も進んできた。

群馬県内の鉱山跡地や鉱物資源を紹介するために、下仁田ジオパークや群馬県立自然史博物館をはじめ、地域の教育機関やＮＰＯ団体等によって、鉱山跡地の周囲を探索するツアーも企画されている。その過程で、群馬県が持つ地質的な特異性や、科学教育や地理教育のシンボルとしての鉱物資源の存在が、改めて注目を集めるようになっている。

二〇世紀中葉まで人々の日常生活と密接に関わってきた鉱山も、多くは人びとの記憶から忘れ去られ、わずかにその痕跡を残すのみとなっている。山奥に残る痕跡たちは、在りし日の群馬県の姿を示すとともに、大地の鼓動のなかで形作られてきた結晶を今でも見て取ることができる場所である。

●図は太田慧作成、写真は安田撮影

第2章　奥多野地方の山村史とカーボンニュートラル——山村再生考——

西野寿章

はじめに——外帯型山村としての奥多野地域

藤岡市から利根川支流神流川に沿って、国道四六二号を西に向かうと、藤岡市譲原(ゆずりはら)付近から急峻な山々が連なる関東山地へと入っていく。東京の水ガメのひとつである下久保ダムを左に見ながら進むと、斜面の上方から下方に向けて展開する集落が見えてくる（写真1）。谷は深く、V字谷を形成し、農地は斜面に点在し、周囲の山々にはスギが植林されている。下久保ダムの建設に伴い伝統的集落の多くが水没し原風景を失ったが、水没しなかった斜面上方の家々にかつての伝統的集落の面影を残している。深い谷は、下久保ダムが形成した神流湖のバックウォーター付近まで続き平坦地は皆無に等しい。神流町に入ると道路沿いに河岸段丘が見られるようになり平坦地に集落が立地するようになるが、両岸には急峻な山々が連なる。上野村に入ると河川と集落の立地している段丘面との標高差が少なくなる。これは、後述するように上野村が山中地溝帯に位置しているからである。

写真１　藤岡市譲原の集落立地の様子

写真２　南向き斜面に形成された神流町持倉集落（群馬県防災ヘリより）

神流川流域は、中山道新町宿（高崎市）から藤岡市、神流町、上野村を通り、群馬・長野県境の十石（じっこく）峠を越えて信州佐久地方に至る十石街道で結ばれ、奥多野地方の中心地であった万場（まんば）宿が形成された。こうした歴史から集落の多くは、国道四六二号、二九九号沿いに形成されてきたが、旧鬼石町には標高五〇〇メートル前後、旧中里村には標高九〇〇メートルを超える高所にも集落が形成されている。高所に立地している集落は、尾根伝いに最短距離で地域を結ぶ街道沿いに形成され、日当たりの良い南向き斜面を選んで立地していることが多い（写真２）。

　群馬県多野郡は、藤岡市を中心都市として、神流川流域の旧新町（現高崎市）、旧鬼石町（現藤岡市）、旧万場町（現神流町）、旧中里村（現神流町）、上野村と、利根川支流鏑（かぶら）川流域の旧吉井町（現高崎市）で構成されていた。この内、旧万場町、旧中里村、上野村を合わせた地域は、多野郡の中でも奥深い所にあるところから「奥多野」と呼ばれてきた。今日、藤岡市から奥多野へ通じる国道四六二号と、上信越自動車道・下仁田インターから上野村に通じる県道が整備され、奥多野へのアクセスは容易になったが、かつては群馬県内において、最も隔絶性が高い地域であった。私見では、地形的条件、集落の立地形態、土地利用形態、生業が奥多野と類似している下久保ダム付近から上流を「奥多野」と呼んでもよいように思われる。なぜならば、いずれの地域も後述する中央構造線の南側に位置し、地質学的には西南日本外帯の東方延長部に位置しているからである。

奥多野地域は、早くから人口減少が発生し、一九九〇年代に入ると全国に先んじて高齢化が進むようになった。一九九五年において全国で高齢化率が三〇％を超えていた地域は大きく三つに分類された（西野 二〇一〇）。第一は、一九六三年の豪雪、製炭不況を契機として激しい人口流出に見舞われた島根県をはじめとした中国山地の山村であった。第二は、毎年のように豪雪に見舞われ、かつ機業が衰退して、高度経済成長期から人口流出が進んでいた北陸、北近畿の山村であった。そして第三は、日本列島を東西に走る大断層・中央構造線の南側の外帯に位置している外帯型山村である。その分布は、東から奥多野地域、長野県伊那地方、静岡県北西部、愛知県東三河地方と続いている。吊り橋で有名な大山村・奈良県十津川村や、かずら橋で知られる徳島県祖谷渓（三好市）、神話のふるさとと言われている宮崎県の高千穂町や椎葉村も外帯型山村で、ほとんどが稲作のできない畑作村である。日本の林業地帯も、おおむね外帯に分布している。それは、主に中央構造線の南側に分布している古生層の土壌がスギやヒノキの生育に適しているからである。

1　外帯型山村の地形の形成過程

地質学では、日本列島を大きく三つに地域区分している（図1）。日本列島には二つの大きな断層がある。一つは、ドイツの地質学者・ナウマンが一八八六年に発見したフォッサマグナ（大地溝帯）である。フォッサマグナの西縁は、地質学者・矢部長克が糸魚川・静岡構造線と名付けた新潟県糸魚川市から松本盆地、甲府盆地を経て静岡市に至る断層面である。東縁についてナウマンは、直江津・平塚線と考えたが、現在では新発田（しばた）・小出構造線と柏崎・千葉構造線がそれにあたるとされ、関東山地、関東平野も含めた広範な地域がフォッサマグナと呼ばれるようにもなっているが諸説ある。糸魚川・静岡構造線は、日本列島が乗っている四つのプレートの内、北アメリカプレートとユーラシアプレートの境界に相当するとされる。地質学では、糸魚川・静岡構造線を境として東北日本、西南日本に区分している。さらに、長野県の諏訪湖から九州へ達する日本一長い断層である中央構造線がある。地質学では、この中央構造線を境として、北側を西南日本内帯、南側を西南日本外帯と呼んでいる[1]。本章で紹介する奥多野は、西南日本外帯東方延長部に位置している（木村・速水・吉田 一九九三）。内帯と外帯の違いは、景観によって明確に理解できる。西南日本内帯には北アルプスや谷川連峰などの険しい山岳地帯、脊梁山脈、火山があるものの、概してなだらかな地形が続くのに対して、外帯はかなり侵食の進んだ壮年期の険しい地形が卓越して急峻な山々が連なり、河川は深いV字谷を形成している（写真3）。

（1）地質区分や中央構造線については、長野県大鹿村にある大鹿村中央構造線博物館のホームページを参照されたい。日本列島の成り立ちがよくわかる。

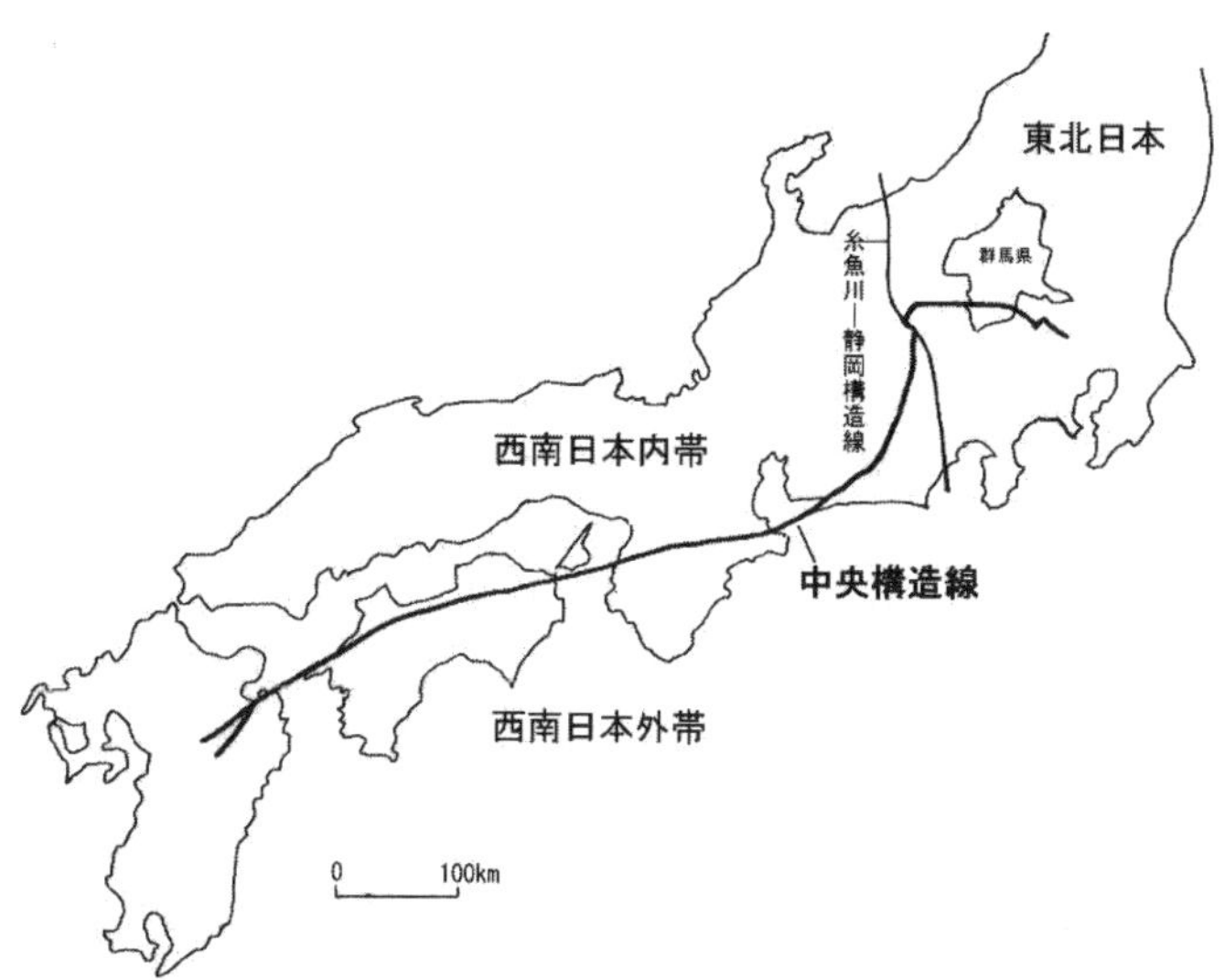

図1　地質学による地域区分

写真3　奥多野の壮年期地形

平朝彦によると、日本列島の土台となっている地層は、ほとんどがベルム紀からジュラ紀、白亜紀にかけての約二億五〇〇〇万年前以降の海溝でできた付加体であることから、日本列島は深海から誕生したことがわかる。約二億一三〇〇万年前から約一億四五五〇万年前までの地質時代であるジュラ紀においては、プレートの沈み込みによってプレートの上部が剥ぎ取られてできる付加体が多く形成され、奥多野地域とその周辺にも分布する三波川帯やその南側に分布する秩父帯もこの時期に海底において形成された付加体である。次に約一億四五〇〇万年前から六六〇〇万年前までの白亜紀の前半にはアジアの東縁で横ずれ運動がおこり、この時に中央構造線の原型ができたとされる。さらに白亜紀後半の約一億三〇〇〇万年前になると、南方で誕生した現在の日本列島の太平洋側、すなわち外帯にあたる北海道道南、東北日本と西南日本外帯にあたる部分がイザナギプレート(2)に乗って北上し、大陸から切り離された現在の日本列島の日本海側、すなわち内帯にあたる九州北部、中国地方、本州中部とが重なっていった。この時、日本列島の内帯と外帯は、大陸と深海の間の浅海にあった(平 一九九〇)。一九八五年に神流町神ヶ原瀬林の漣痕で発見された恐竜の足跡(写真4)は、この頃に生息していた恐竜の足跡である。この漣痕は、神流町神ヶ原から国道二九九号を秩父方面に南下した左斜面にある。恐竜の足跡が斜面にあるのは、この地域が地殻変動によって隆起したことを物語っている。多くの地質学者がこの地を訪れ、日本列島成立のメカニズムを究めてきた。

図2は、群馬県奥多野地域における地質帯の分布を示したものである。諏訪湖から東側の西南日本外帯の東方延長部における中央構造線の通過地は必ずしも明確ではないが、群馬県下仁田町から三波川帯の北縁を通って、埼玉県寄居町へと延びている。関東平野部に

(2)イザナギプレートは、白亜紀前期にアジア大陸の下に完全に沈み込んだ。

写真4　恐竜の足跡

入ると川が運んだ堆積層に断層が埋もれて明確な位置がわかっていないが、さいたま市岩槻区で中央構造線が確認されており、さらに東へ延びている可能性がある。

図2にあるように、中央構造線を北縁として、三波川帯（三波川変成帯）、秩父累帯に含まれる御荷鉾帯、秩父帯と南方向へと並んでおり、その形成時代は北から南へと古い順に並んでいる。前述のように、三波川帯は約二億一三〇〇万年前から約一億四五五〇万年前のジュラ紀に形成され、その後のプレートの沈み込みによる変成作用を受けて上昇したと考えられている。図にはないが、秩父帯の南側には四万十帯がある。三波川帯とは藤岡市鬼石にある三波川から、御荷鉾帯は藤岡市日野にある御荷鉾山から名付けられている。(3) 三波

（3）地層の名称は、最初に記載・命名された場所である模式地から付けられる。奥多野地域には、日本列島の成立を解明する上で重要な地層が多く存在し、世界中の地質学者に知られている。奥多野地方は、地質学のメッカとも呼ばれている。なお、御荷鉾帯は「みかぶ」帯と読まれている。正しくは「みかぼ」であるが、命名した研究者が「みかぶ」と間違えて読んだため、「みかぶ」と読まれている。

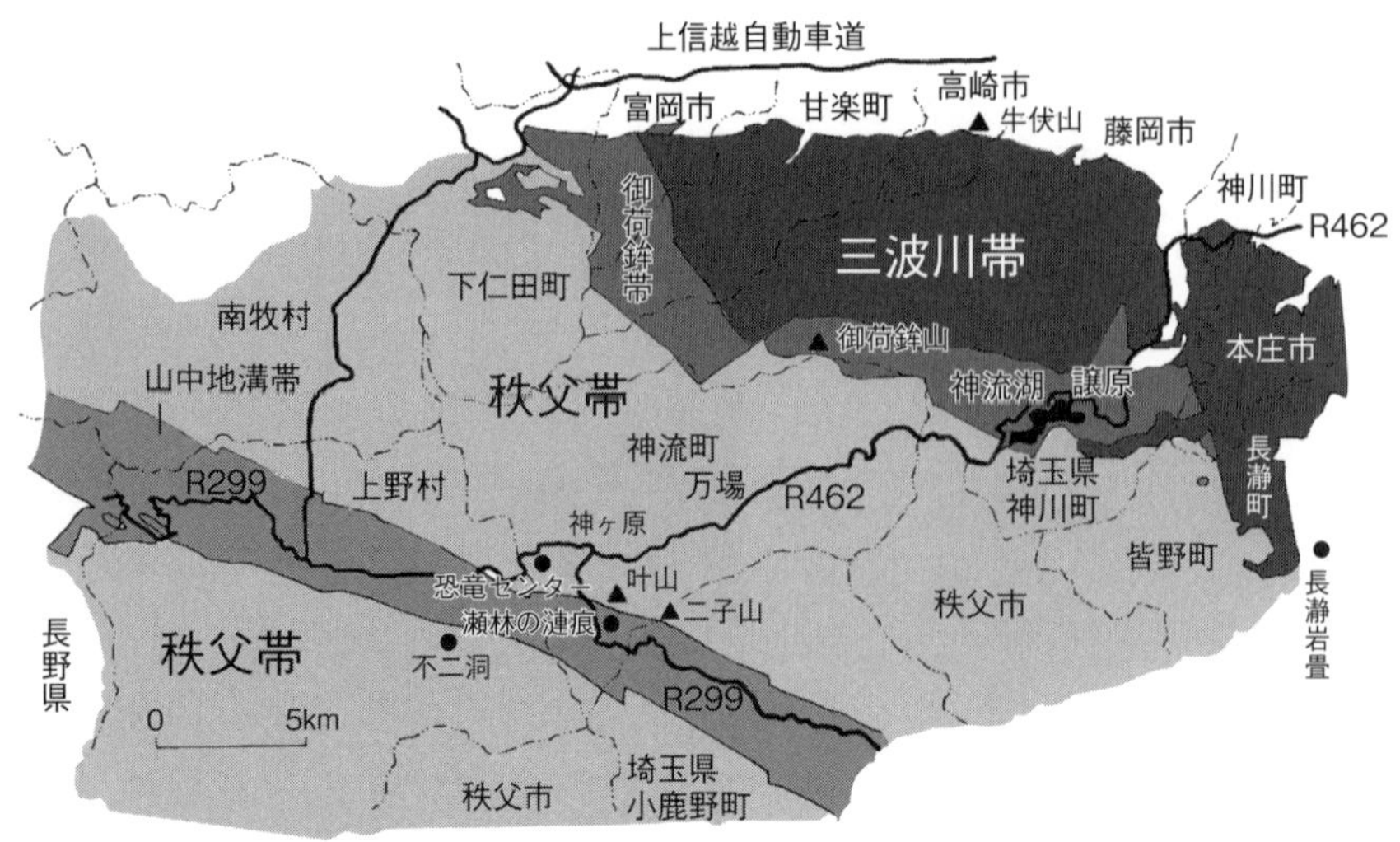

図2　奥多野地方の地質（国立研究開発法人産業技術総合研究所／地質調査総合センター・地質図Naviより作成）

川帯、秩父帯、そして四万十帯は、中央構造線の南側に規則的に並んで分布しており、とくに四国では明瞭となっている。

奥多野地方の地質的特徴として、埼玉県秩父盆地の北西端から神流町（旧中里村）、上野村を経て、長野県佐久地方にわたる南北二～五キロメートル、東西延長約四〇キロメートルの狭長な地域に露出している山中地溝帯がある。地溝帯とは、並行する二つの断層の地盤が陥落して形成された帯状の細い谷のことをいう。糸魚川・静岡構造線に沿った松本盆地や諏訪盆地もこの例である。この山中地溝帯からは、前述した恐竜の足跡が発見された瀬林の漣痕をはじめ、白亜紀の二枚貝、巻貝、ウニ、単体サンゴ、カニ化石など多種多様な動物化石が発

写真５　露天掘りによって石灰石を採取している叶山（群馬県防災ヘリより）

見されている（寺部・松岡二〇〇九）。

神流町には、山全体が石灰岩からなる叶山（かのうさん）がある（写真5）。叶山に近接した二子山も石灰岩の山である。叶山や二子山は、南方の海中においてプランクトンの死骸が堆積して形成され、プレート運動によって移動して、地殻変動によって現在の姿を現した。石灰岩は、日本では古くから城壁の漆喰の原料、近代以降はセメントをはじめ、身近なところではチョークの原料として使われてきた。叶山では石灰石の露天掘りが行われており、採集された石灰石はトンネルに敷かれたベルトコンベアで秩父市へと運ばれ、セメントに加工されている。秩父地方は、山口県と並んで原料指向型のセメント工業の集積地であるが、その原石山は神流町にある。また、三波川帯から採石される緑色片岩は、庭石として重宝され、旧鬼石町、旧万場町では庭石業を発達させてきた。二億年以上前から形成されてきた地層は、日本の近代化に大きく貢献し、地域に産業を生んできた。

内帯の山村において水田は棚田となることもあり、平野部の農村に比べると条件が悪い所もあるものの稲作が可能である。しかし、外帯型山村のほとんどは、急峻な地形が卓越していることから稲作が難しい条件下にある。現代は米の消費量が減退しているが、米の獲れない外帯型山村では、稲作を欠いた農林業体系を形成する必要があった。群馬県の伝続的農業は、稲作と麦作の二毛作に養蚕を組み合わせた米麦養蚕型農業であった。群馬県のほぼ全域で米麦養蚕型農業が展開してきたが、奥多野地方と鏑川上流の下仁田町、南牧村は群馬型農業が展開できない畑作村であり、外帯型農業とでもいうべき農業が展開されてきた。歴史的に見れば適地適作の農業を営み、森林資源を利用して自然と共存した地域社会を形成してきたといえる。

しかし、一九八五年のプラザ合意以降の政治経済のグローバル化によって、地域の経済的基盤が相次いで崩壊し、山間集落は激しい人口流出と高齢化の進展によって地域社会は変貌を余儀なくされた。本章で紹介する群馬県奥多野地域も、農業、林業が相次いで経済的基盤とならなくなった。外帯型山村としての農産物、木材の生産体系が崩壊したからである。このことは奥多野地域に留まらず、前述した外帯型山村にほぼ共通している。

本章で紹介する上野村では一九六〇年代から山村の将来を見据えた観光、木工業の集積を図って産業振興に取り組み、一九九〇年代初頭には都市からの移住者を村の後継者とする地域政策が展開されるなど、先見性のある地域振興に取り組まれてきた。旧中里村では、恐竜の足跡の発見を契機として、恐竜でむらおこしに取り組んできた。旧万場町でも、高原観光、こいのぼり祭りによって活路を見出そうとしてきた。近年になって特産品の開発に乗り出すなど、過疎化に繰り返し抵抗してきた。しかしながら、地域の持続可能性を見出せず、日夜、模索が続けられている。近年、山村へ都市からの移住を促進する動きがあるが、市場経済が成立しにくい山村に移住した人々が都会並みの生活基盤を構築することは難しく、それゆえに移住者が定住を可能とするハードルには高いものがある。

本章は、奥多野地域の歴史を概説的に整理し、山村の今日的状況が作り上げられてきた背景を読者に理解していただくことを目的としている。グローバル化とともに新自由主義、すなわち市場主義思想が台頭してくると、市場経済が成立しにくい農山村への財政投資を無駄とし、山村住民を都市へ移住させ、人工林を広葉樹に転換するべきと、筆者から見ればたいへん乱暴な意見が散見されるようになった。山村は、都市、工業の発展のための水資源開発、電源開発地点として、多くのダムが建設され、公共補償という考え方が存在しなかった一九六〇年代、七〇年代初頭まで、山村は一方的な犠牲を強いられてきた。そして、急増する住宅のための木材を供給し、農産物、水産物の供給を行ってきた。その山村が、政治経済のグローバル化によって経済的基盤を崩壊させられ、消滅の危機にある集落が目立つようになった。こうした山村の現状は、山村自らが選択した結果ではないことを十二分に認識する必要がある。本章では、山村が非経済的空間になったからといって、山村を切り捨てろとの主張の妥当性について読者の皆さんと共に考えてみたいと思う。

2　奥多野農業の変貌

奥多野地方にいつ頃から人が住み着いたのかは定かではない。例えば、轆轤(ろくろ)師とも言われ、木をくり抜いて椀や盆を作った木地師は、素材を求めて山中を移動していたが、何らかのきっかけで定住し、集落を形成したといわれている(4)。標高九〇〇メートルに立地している藤岡市法久(ほっく)集落(旧鬼石町)は、戦国時代に現在の甘楽町を治めていた小幡一族の一人である小幡修理亮法久(のりひさ)が潜み、後に村名を法久(ほっく)と改めたとされる(『甘楽町史』)。近世の

(4)山村の成り立ちについては、民俗学者である柳田国男や宮本常一の著作が参考になる。木地師については、木地師研究の第一人者である杉本壽の著作が参考になる。

上野村、神流町は幕府直轄の山中領と呼ばれた天領となっていた（佐藤二〇一三）。

奥多野地方では、すでに近世において養蚕が営まれていたが、製糸業が近代日本の中心産業となると、さらに盛んとなった。群馬県西部の西毛地方は、器械製糸の模範工場として官営富岡製糸場が設立されながらも、群馬県には長野県のような製糸資本が発達せず、村単位で組合製糸が設立され、製糸方法も器械製糸ではなく、伝統的な座繰製糸であったことは、近代群馬の地域的性格を考える際に重要である。

その一方でコンニャク芋栽培も明治以降に盛んとなった。山間部では稲作が困難なため、麦を主食とし、大豆、小豆、粟、稗、黍などを栽培していた。群馬県の農業は、米麦養蚕の組み合わせが一般的であるが、中央構造線以南の地域は急傾斜地が卓越していることから、現金収入源として栽培場所をとくに選ばない桑を栽培して養蚕を営み、水はけの良い傾斜面はコンニャク芋栽培に用いた。かつては、山の頂上に向かって畑地が広がっていた。神流川流域の意欲的な農家は、下流の埼玉県神川町で農地を借りてコンニャク芋を栽培する出耕作も行ってきた。しかし、養蚕は一九七〇年代半ば以降の生活様式の西洋化による和服需要の減少に伴い衰退し始めた（西野二〇一八）。コンニャク芋栽培も、日本一のコンニャク芋生産県をめざすことを目標に群馬県農業試験場が一九七〇年代から品種改良に取り組み、平坦地での栽培が台頭するようになると、生産性の低い山間部傾斜地におけるコンニャク芋栽培は衰退するようになった。

図3は、畑地面積と山林面積のデータの揃う一九七〇年から二〇〇〇年までの三〇年間における神流町と上野村に旧鬼石町を加えた地域の畑地面積と人工林（針葉樹）面積の推移を示したものである。畑地面積は一九七〇年では九六三ヘクタールを数えたが、一九七

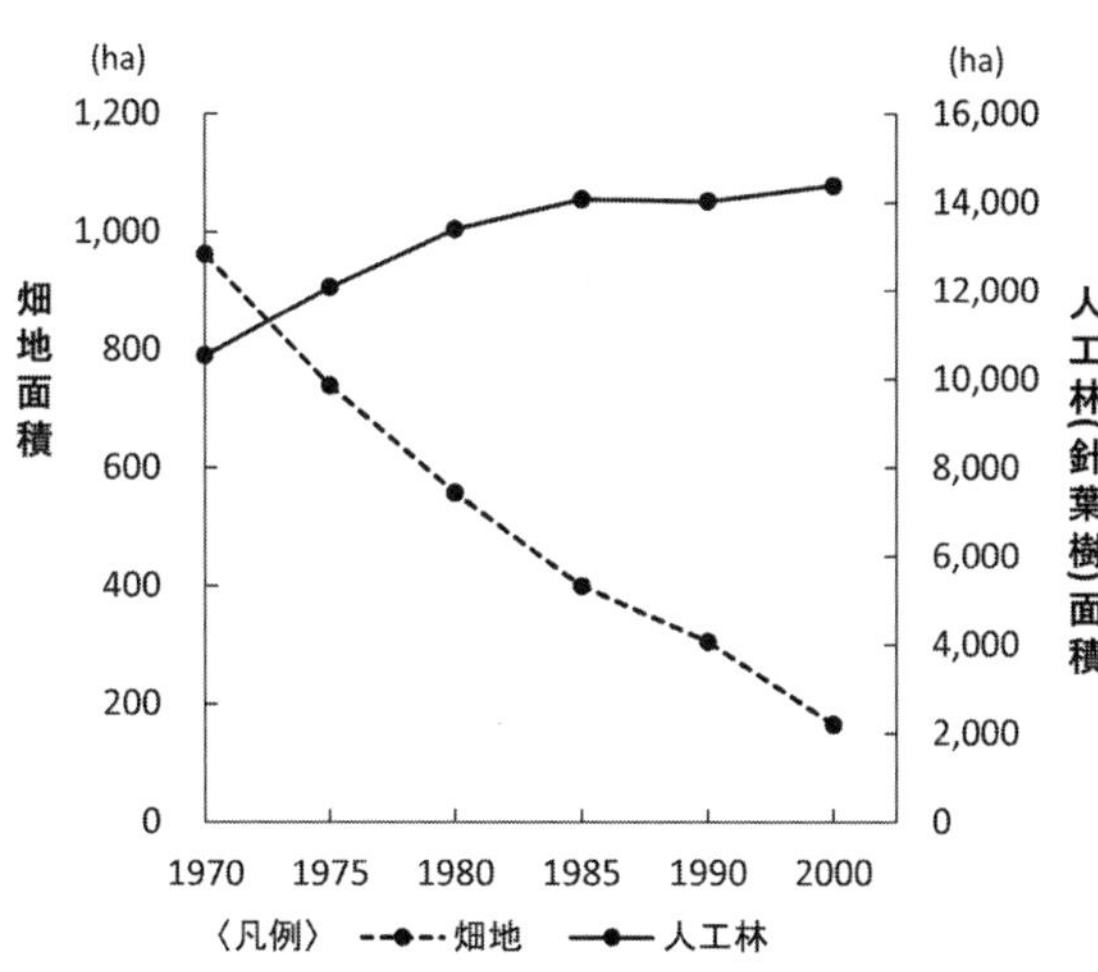

図３　奥多野地方における畑地と人工林・針葉樹の面積変化（各年群馬県統計より作成）

注1）畑地面積、人工林（針葉樹）面積共、上野村、旧中里村、旧万場町、旧鬼石町の合計。

注2）畑地面積は、畑と樹園地（桑園＋果樹園＋その他）の合計。

五年には七四〇ヘクタールに減少し、一九八〇年五五八ヘクタール、一九八五年三九九ヘクタール、一九九〇年三〇五ヘクタールへと減少し、二〇〇〇年には一六五ヘクタールまで減少している。一九七〇年から一九八五年までの一五年間の減少率は実に六三％の激減となっており、この間に外帯山村型農業に大きな変化のあったことがわかる。

　畑地の内、桑園面積に注目すると一九七〇年では八四六ヘクタールだったのが一九八五年には八八ヘクタールまで減少し、減少率は九〇％に達する激減となっている。その要因は、この間に主に中国産の安価な生糸が台頭するようになり、日本の蚕糸業が産業として成立しにくくなったことにある。戦前は米国を優良糸の輸出先としていた日本蚕糸業であったが、米国における化学繊維の開発、米国を第二次世界大戦の対戦国としたことから輸出先を失った。戦後は国内需要に活路を見出すしかなかった。高度経済成長期における所得水準の向上が呉服需要を増加させたのに伴い生糸需要は増加したものの、生活様式の西洋化

写真6　神流町青梨集落の土地利用変化　左：2004年　右：2014年

は呉服需要を減退させた。そのため、絹織物業界では、コスト削減のために安価な中国産の生糸輸入を促進して、需要減に耐えうる経営を模索した。これに対して、政府は養蚕農家保護のために生糸輸入の一元化、生糸価格の維持の対策をとった。その結果、生糸需要が減少しているのにもかかわらず国産生糸価格が上昇する現象が生まれた。桑は急傾斜面でも栽培できることから、養蚕は農家の有力な経済的基盤であったが、こうした政策と業界の対応の違いが日本蚕糸業を崩壊させる一因となったとみることもできる（西野 二〇一八）。一五年間における桑園の激減は、こうした経過を反映させている。

また奥多野地方では、養蚕と並んでコンニャク芋栽培も有力な経済的基盤となっていた。コンニャク芋の栽培は、水はけの良いことが条件であることから、壮年期の地形により形成された傾斜面は、コンニャク芋栽培に向いていた。しかし、前述したように群馬県によるコンニャク芋の品種改良が進み、コンニャク芋産地の中心は山村から平場農村へと移動した。

養蚕とコンニャク芋栽培の衰退は、当然のことながら土地利用変化に大きな変化を与えた。養蚕、コンニャク芋栽培の衰退時期は、国産材価格が高値で推移していたことから、農家は農地へスギ、ヒノキの植林をすすめ、将来の収穫に期待した。その結果がグラフに現れている。また、古くからコンニャク芋を栽培してきた農家の中には、二〇〇〇年を超えても栽培を行っている農家も見られるが、耕作者が亡くなると後継者もなく、貴重な農地は耕作放棄地と化している（写真6）。

3　奥多野の林業

群馬県の県土の六七％は森林となっており、森林の四二％は主にスギの人工林となっている。これは日本全体の森林率、人工林率とほぼ同じである。藤岡市譲原から下久保ダムを横目に見ながら国道四六二号を上野村方向へ進むと、両サイドに主にスギの人工林が林立している様子が見える。春先には花粉を飛ばすことから花粉症の人達からスギは嫌がられているが、花粉症が顕在化したのは一九八〇年代の終わり頃からである。それは、日本林業の衰退と大きく関係しているといってよい。

スギ花粉は三〇年生ぐらいから飛散するといわれている。かつてスギは三〇年で間伐材となって山林所有者の収入となったが、林業不況下の現在では、山林所有者の手取りである山元立木価格は低い水準が続いている。そのため、多くの山林所有者は枝打ちや間伐などの育林に必要な資本を投下できない状況にある。その結果、いわゆる放置林が増加し、野獣の生態系にも影響を及ぼしている。その大きな要因は、我々が身近にある森林資源を使用していないというよりも、ハウスメーカーでは、自社の生産性、収益性を向上させるために最も効率の良い部材調達の方法を選択している結果であるといってもよく、消費者が家の建築に際して、国産材を選択する余地のないことも要因として大きい。

日本の著名な林業地帯には、静岡県の天龍林業地帯、三重県の尾鷲林業地帯、奈良県の吉野林業地帯などがある。これらはいずれも西南日本外帯に分布しており、徳島県の木頭林業地帯、愛媛県の久万林業地帯、宮崎県の耳川流域の林業地帯も同様である。そしてこれらのスギ人工林地帯は、約二億五〇〇〇万年前から約二億一三〇〇万年前までの中生代三畳紀に形成された古生層（秩父古生層）の分布地域となっていることで共通している。スギは湿潤な土地を好み、スギの生長が旺盛な土壌は、中・古生層の侵食の進んだ壮年期の山のように、長大な斜面の中腹から下部に砂岩、頁岩が累積していて、斜面上部から常に水の供給を受け、しかも土中深くまで透水・通気性が良く、また水の浸透に伴って養分、土砂などの物質が豊富に与えられた崩壊土であると説明されている（真下 一九六三）。奥多野地方もこれらの林業地帯と同様に古生層地帯であり、スギの生育には適している。

奥多野地方が現在の景観を形成し始めたのは、いつの頃からであろうか。表1は、奥多野地方の針葉樹林率の推移をまとめたものである。この針葉樹の大部分はスギと理解してよい。それによると、全国的に木炭生産が終了していく一九六〇年では上野村は七・九%に留まり、最も高い旧万場町でも三六・三%であった。針葉樹林率が急激に高まったのは、一九六〇年から一九七〇年までの一〇年間であった。旧鬼石町では一九六〇年の二五・五%が一九七〇年には一気に七三・七%へと急増し、旧万場町でも過半を超えている。これは、前述したように養蚕、コンニャク芋栽培が衰退し、桑畑、コンニャク芋畑跡地への

表１　奥多野地方の針葉樹林率の推移

	1960	1970	1980	1990
上野村	7.9	24.4	31.9	36.9
旧中里村	25.2	34.7	44.3	48.6
旧万場町	36.3	51.0	59.4	63.6
旧鬼石町	25.5	73.7	78.6	79.1

注1）1960は，用材林・針葉樹の面積を採用。率は総数に対する割合。群馬県林務部『群馬県林業統計要覧』昭和35年版。

注2）1970は，群馬県林務部『群馬県林業統計』昭和45年版。民有林の区別なし。総数。

注3）1980は群馬県林務部『群馬県林業統計書』昭和55年版。総数データ。

注4）1990年は立木地総数に占める針葉樹の割合。

植林が進んだためである。

奥多野地方では石垣を積んだ畑地跡への植林地をよく見ることができる。群馬県資料によると、二〇二〇年において民有林人工林で蓄積量が最も多い林齢は、神流町では一九五五年から一九五九年までに植林された林分で、次いで一九五〇年から一九五四年に植林された林分となっている。これらは第二次世界大戦中の乱伐跡地への再造林、戦時中の資源量不足の経験が反映され、広葉樹林を針葉樹林に林種転換する拡大造林がこの時期から展開したことによる。これらの樹木は、山林所有者にとって最も収益が得られる住宅の柱材を中心とした用材としての活用が期待された。奥多野地方では、国産材価格が下落し始めた一九八〇年を境として造林は下火となった。

高度経済成長期の大都市圏への人口流入は、住宅建築を促進した。しかし、第二次世界大戦中の乱伐が影響して用材不足が生じ、国産材が物価に影響するほど値上がりしたことから、一九六一年に木材の輸入自由化が開始された。それ以降、安価な外材が木材市場を席巻するようになり、一九八〇年をピークとして国産材価格が下落するようになった。さらに、一九八五年のプラザ合意を契機とし、一九九〇年代初頭の急激な円高は外材輸入を有利とし、用材供給を主体とした日本林業は不況産業となった。その結果、二〇〇二年の木材自給率は一八・八％（用材部門は一八・二％）まで低下した。

日本の木材自給率は二〇二〇年では四一・八％まで持ち直しているが、日本林業が復活したということではない。自給率の持ち直しは、一九九七年に気候変動枠組条約の京都議定書に日本が批准し、二〇一五年のパリ協定にも批准したことが大きい。京都議定書において、日本は二〇〇八年から二〇一二年までの約束期間に一九九〇年を基準として温室効果ガスを六％削減することになった。これを達成するために、削減目標の三分の二を森林による吸収で達成することとし、そのため、全国一斉に放置林の間伐が行われるようになった。本来、間伐はスギやヒノキを真っ直ぐに育成して経済価値を高めるために行われるものであるが、近年の間伐は、ほかの発生源対策、例えばガソリン自動車の削減などの代替として行われているといってもよい。大量に山から出される間伐材の内、優良材は住宅の柱材に用いられるが、ベニヤ合板の原料や製紙原料となることも多く、その結果、自給率を戻しているのである。しかし、自給率は持ち直しても、山林所有者が再造林を可能とする山元立木価格にはほど遠い状況が続いている。

4　過疎化と地域づくり

このような奥多野地方における農業、林業の衰退は、地域経済を弱体化させ、加えて、為替相場の変動によってめまぐるしく変化する製造業を取り巻く環境から誘致は難しく、立地していた製造業の撤退もみられる。こうした地域の状況は、若年層の都市志向も相まって、激しい人口減少として現れた。その結果、一九九〇年代に入って山村では急速に高齢化が進展し、限界集落という言葉まで飛び出した。

一九六〇年から一九八〇年までの二〇年間において、上野村では四六％、現在の神流町を構成している旧万場町と旧中里村の合算で三八％の人口減少に見舞われている。一九八〇年から二〇〇〇年までの二〇年間では神流町では四一％、二〇〇〇年から二〇二〇年の二〇年間では実に四九％の激しい人口減少に見舞われている。上野村は、一九九七年に着工し、二〇〇五年に運転を開始した揚水式の東京電力神流川発電所建設に伴う建設関係者の流入によって国勢調査人口では一％の減少に留まっているが、住民基本台帳人口では約二六％の減少となっている。その結果、人口の高齢化が急速に高まり、二〇二〇年では工事関係者の撤退も相まって五一％の減少となっている。二〇〇〇年からの二〇年間では、神流町六一・五％、上野村四五・九％まで上昇している。

かつて群馬のチベットと呼ばれるほど隔絶性の高かった上野村（写真7）は、全国の過疎地域の中でいち早く過疎対策を打ち出した。一九六五年に村長に就任した黒澤丈夫氏は、農林業、工業、観光がバランスよく発展する「栄光の上野村」づくりに四〇年間もの長期にわたって取り組んだ（黒澤 一九八三、黒澤 一九九三）。一九六七年の村営国民宿舎の開設を皮切りとして、一九六八年には特産品開発としてイノブタの飼育が始まった。一九七七年からは木工品製造が始められ、一九八八年から木工家の移住を促進し、木工品制作が地場産業として定着してきた。また、キャンプ場開設や不二洞の観光資源化など、観光開発にも力を入れてきた。そして、一九九一年に制定された「後継者定住促進条例」は、上野村の近未来を見据えた決定的な地域政策となり、移住者の衣食住環境を整備してきた。その結果、二〇二一年一月現在、上野村の人口の約二割は都市からの移住者となっている。東京電力神流川発電所の竣工により、上野村はその固定資産税によって財政的に安定するようになったが、豊かになった村財政が有効に使われているのは、一九六四年からの長年に渡る「栄光ある上野村」の建設精神が引き継がれてきたからだといえる。この間、一九八五年八月一二日に発生した日航ジャンボ機の墜落事故では、行政と住民が一体となって遺族に寄り添った慰霊を行ったことは特筆される（高崎経済大学西野ゼミナール 二〇一四）。二〇〇四年に供用が開始された全長三三三三メートルの湯の沢トンネルによって下仁田町への所要時間が大幅に短縮されて隔絶性が除去され、地理的環境は飛躍的に改善された。

写真 7 神流川源流の上野村

旧万場町では、五月にこいのぼりを神流川に泳がせるこいのぼり祭りや、町営宿泊施設を開設した観光振興による地域づくり、旧中里村では、一九八五年に恐竜の足跡が発見されたことから恐竜センターを建設してむらづくりを進めた。旧万場町と旧中里村は、二〇〇三年に合併して神流町となった。現在神流町では、農家の軒先で自家用に栽培していた粟端大豆を原料とした豆腐とジャガイモを原料とした焼酎の特産品づくりが行われ、古民家をリノベーションした宿泊施設を開設して振興に努めている。しかし、多くの商店が軒を連ねていた万場商店街は、年々、商店を減少させている。

おわりに――カーボンニュートラルと山村の再生

経済的なインセンティブが乏しい山村の現状において、都市へ転出した人達にUターンを促すことは容易なことではなく、都市からの移住者が定住することも容易なことではない。林業においては、少なくとも山林所有者の手取り、すなわち山元立木価格が上昇しない限り、不在地主を生み出し続けることとなる。その一方で、市場経済から見放された山村への財政投資を無駄とし、住民を都市へ移住させる、人工林は広葉樹林に植え替えればよいといった見解が散見されるのは遺憾なことである。市場主義論は、市場再生を考えることはほとんどなく、直前の断面だけを見て切り捨ててしまっている。本章においてみてきたように、山村の経済的基盤は外部要因によって相次いで崩壊してきた。しかし、こうした状況は、山村が自ら作り出した状況ではないとの視点が重要である。なぜならば、こうした状況は、政治経済のグローバル化の下で形成され、グローバル化によって発生する足下の地域問題を看過してきたことによって作り上げられてきたといえるからである。二〇二一年に発足した保守系の岸田文雄政権は、それまでの行き過ぎた新自由主義、市場主義に待ったをかけた点で注目された。

平坦地に恵まれない奥多野地方ではあるが、日本列島の形成過程で形成された地形を巧みに使って経済的基盤を確立してきた歴史は、日本文化の形成の一断面として重要であり、その文化性を、行き詰まった現代に活かす視点も、また重要である。時代の変革の中で山村の伝統的な地域経済構造が淘汰されてきた。上野村、神流町とも、過疎化に抵抗して持続的な地域づくりに取り組んできたが、一つの山村自治体の取り組みには限界がある。やはり、今後の山村のあり方を国レベルで考える必要がある。筆者は、都市と山村が連携し、山村の資源を都市が政策的に活用することによって山村の再生の一端が可能となるものと考えている（西野 二〇二三）。時あたかも、カーボンニュートラル政策の具体化が国際的に必要とされている。小資源国である日本は、国際情勢が不安定になれば、影響が顕著に現れる。安全保障の観点からもエネルギーの自給力を高めることも必要であろう。

一九六〇年代まで、山村は木炭の生産地でもあった（福宿 二〇二二）。現代において、木炭を家庭や事業所のエネルギーとして用いることはできないが、上野村では木質ペレットによる地域暖房化を進めており、化石燃料に代わるエネルギーのあり方として注目される。暖房のみならず、冷房の熱源として木質ペレットを用いている例もあり、山村経済の再構築という点で国レベルのエネルギー政策、カーボンニュートラル政策の一つとして注目されてよい。木質ペレットは、木材を粉砕し、ペレット状にするものである。材料となる樹木は限定されない。現状ではスギの間伐材の有効利用先になろうが、間伐林を針広混交林へ誘導し、針葉樹は用材に、広葉樹は木質ペレットの素材として活用すれば、循環型経済の構築は不可能ではない。例えば、クヌギ―コナラ林は、一五年から二五年で萌芽から伐採までのサイクルが成立している（武内 一九九一）。

すでに上野村では、冬期の家庭用暖房を木質ペレットに切り替えていく取り組みが行われ、エネルギーの自給率を高めようとしている。脱化石燃料の観点からも、資源も経済も循環する木質ペレット生産を山村の産業として確立することは、カーボンニュートラル政策の一つとして具体化されてよいはずである。都市における冷暖房を政策的に化石燃料から切り替える必要もあり、時間を要するが、実現可能な政策だと考えられる。木炭時代の都市と山村の地域システムを再評価して、都市と山村が共存し、国土を保全する道こそが探究されてよい。ぜひ、奥多野地方に足を運んでいただき、先人の知恵に学びつつ、これからの山村の再生について考えていただければ幸いである。

●写真は筆者撮影

〔参考文献〕

甘楽町史編さん委員会『甘楽町史』甘楽町、一九七九年
木村俊雄・速水格・吉田鎮男『日本の地質』東京大学出版会、一九九三年
黒澤丈夫『過疎に挑む　わが山村哲学』清文社、一九八三年
黒澤丈夫『道を求めて』上毛新聞社、一九九三年
佐藤孝之『近世山村地域史の研究』吉川弘文館、二〇一三年
平　朝彦『日本列島の誕生』岩波新書、一九九〇年
高崎経済大学地域政策学部西野ゼミナール『非合併山村の村づくりとその成果——群馬県上野村を事例として——』西野研究室、二〇一四年
武内和彦『地域の生態学』朝倉書店、一九九一年
寺部和伸・松岡　篤「関東山地秩父累帯の山中白亜系瀬林層から産出したバレミアン期テチス型二枚貝群集」、地質学雑誌一一五—三、二〇〇九年
西野寿章「山村の現局面と山村政策への視点」、E-journal GEO（日本地理学会）四—二、二〇一〇年
西野寿章「戦後のライフスタイル変化と蚕糸業の縮小過程」、高崎経済大学地域科学研究所編『日本蚕糸業

の衰退と文化伝承』日本経済評論社、二〇一八年
西野寿章「都市・山村連携と自治体の役割」、日本都市センター編『森林政策と自治・分権―「連携」と「人材」の視点から―』日本都市センター、二〇二三年
福宿光一『論集 日本の木炭生産地域―100年の足跡―』農林統計協会、二〇二一年
真下育久「林木の成長と土壌の物理性」、土壌の物理性八、一九六三年

column2

行き止まりとなったＪＲ信越本線

西野寿章

一九九七年一〇月一日、北陸新幹線高崎・長野間の開業と引き換えに、信越本線横川・篠ノ井間が廃止された。軽井沢・篠ノ井間は長野県を主体した第三セクター・しなの鉄道として存続されたが、群馬・長野県境の碓氷峠を越えた横川・軽井沢間（一一・二キロメートル）は、ＪＲに代わる経営者が現れず廃線となり、バスに転換された。廃線日が近づくにつれ、鉄道ファンだけでなく、別れを惜しむ人々が増え続け、最終日にはおよそ七万人が横川駅、軽井沢駅を訪れたという。横川・軽井沢間の廃止は国民的な話題ともなった。

ＪＲ路線として横川・軽井沢間を廃止することが正式に決定されたのは一九九一年一月一一日のことであった。なぜ、この区間を廃止せねばならなかったのか。それは、国鉄を分割民営化したＪＲを、新幹線の建設費用が重くのし掛かった国鉄の二の舞にせぬよう、整備新幹線に並行した在来線経営から撤退してもよいとするルールが決められていたからであった。高崎・長野間の並行在来線は軽井沢・長野間であったが、新幹線開業後の横川・軽井沢間の鉄道需要は、特急全廃によって一日一八〇人程度と予測され、バス転換が妥当とされた。横川・軽井沢間は、このルールの適用第一号であった。その後、東北新幹線の青森延伸、北陸新幹線の金沢延伸に際してこのルールが適用され、在来線はいずれも第三セクターによる苦しい経営を余儀なくされている。

筆者は、一九八九年度に群馬県が設けた横川駅周辺鉄道文化財調査のメンバーとして参加し、高崎経済大学名誉教授・高階勇輔先生と共著で、鉄道を存続させるために熊ノ平駅の復活を含め、一八九三年に開業し、一九六三年まで使われ、坂本付近から碓氷峠中腹の熊ノ平まで放置してあったアプト式鉄道時代の線路敷の遊歩道化を提案した。途中には、めがね橋として知られる美しいレンガアーチ橋の碓氷第三橋梁をはじめ、レンガづくりの

写真1　国の重要文化財に指定された碓氷第三橋梁

写真2　1893年開通のアプト式時代の旧線跡遊歩道・アプトの道

橋梁や隧道が土砂に埋もれながらも当時のまま残っていた。こうした遺構を観光資源とし、鉄路存続を模索した。碓氷第三橋梁は一九九三年に重要文化財に指定され、二〇一二年には横川駅・旧熊ノ平駅間に遊歩道・アプトの道が完成し、高野辰之が唱歌「もみじ」を作詞した碓氷峠の自然を満喫することができる。

明治政府は、明治五（一八七二）年に新橋・横浜間に鉄道を開通させ、続いて関東と関西を結ぶ鉄道建設計画を立てた際、海沿いの東海道よりも山中を通る中山道ルートを先行させた。上野・高崎間は明治一七（一八八四）年に開業し、一八八五年には碓氷峠の麓の横川まで開通している。碓氷峠をどのように克服するのか、いくつもルート案が練られ、その中にはループ状に高低差約五〇〇メートルを登るルートもあった。しかし、明治政府は財政難のため、工事費を抑えるために直線的なルートを選択し、その結果、急勾配が連続することになったことから、ドイツで実用化されていた機関車の歯車とレールの間に敷設されたラックレールを噛み合わせて急勾配を登り降りするアプト式が採用された。輸送量増大に対応して昭和三八（一九六三）年にアプト式が廃止されたが、急勾配を克服するため碓氷峠専用電気機関車による運転が続けられ、コストのかかる運転方式が廃線に至る大きな要因となった。

一八五四年に開通し、鉄道の世界遺産第一号となったオーストリアのセメリング鉄道は、アルプスを越える方法として勾配を緩やかにするS

写真3　碓氷峠鉄道文化村に復元されたアプト式軌道

●写真は筆者撮影

字カーブやΩ（オメガ）ループを採用し、多くの美しい石造りのアーチ橋を建設した。この路線には長大トンネルによる新線計画があるものの、世界遺産となったルートは廃線にせず、存続させるという（櫻井寛『鉄道世界遺産』角川書店、二〇〇八年）。

信越本線は、歴史的に関東と信越地方を結ぶ重要な役割を果たしてきたが、碓氷峠区間の廃止によって高崎・横川間は盲腸線となり、利用客は年々減少している。碓氷峠区間の軌道は、廃止された現在もそのまま安中市が管理・保存している。公共交通としての復活は望めないものの、英国に一〇〇路線余りあり、市民が保存と運営を行っている「保存鉄道 Preservation Railway」は、碓氷峠の鉄道復活に大きなヒントを与えている。

第3章　群馬の食・農探訪
――高崎市を事例として――

片岡美喜

はじめに

筆者は二〇〇六年から現在の職場への就職を機に、群馬県で暮らしているが、新たな土地での暮らしに馴染むために積極的に探索に努めたのは「当地の食」だ。普段の生活のなかでは、スーパーマーケットや農産物直売所などで群馬県特産の農畜産物・果物などを買い求めること、休日には地元の人に人気の飲食店に出かけてみるなどした。群馬の食を知ることで、故郷の愛媛県との違いを感じつつも、徐々に慣れ親しみ、楽しむようになっていった。

日常生活から感じた特徴としては、「豚肉食」が定着しているということである。現在ではその比重は変わっているが、私が越してきた当初、約一五、六年前のスーパーマーケットの食肉売り場では豚肉がメインを占め、牛肉、鶏肉の売り場面積を小さく感じたことが印象的であった。たしかに、飲食店のメニューにおいても豚丼やとんかつなどがみられ、家庭でカレーや炒めものなどを作る際に豚肉をよく使うということも聞いた。実際、群馬県産の豚肉は、贔屓日抜きに食味が良い。そのため、以前よりも豚肉が好きになり、頻繁に食卓で活用するようになった。

もう一つの特徴としては、多様な「粉食文化」があり、人々の暮らしに根差しているということである。本学に赴任した際に、他の同期の教員らとともに新任者の歓迎会を大学食堂にて開いていただいた。その際にオードブルとともに、群馬県の郷土食として代表的なもののひとつである「おっきりこみ」の鍋も供された。おっきりこみは、幅が太めのうどんを生めんのまま、野菜類とともに煮込んだ料理である。かつて養蚕を中心とした家内の仕事に一家総出で取り組んだ忙しい群馬の暮らしに根差したメニューである。歓迎会のときに供されたおっきりこみは、大学生協の調理職員の「お母さん方」のご厚意で作ってくださったものだそうで、初めて「群馬の家庭の味」に触れられる機会となったことを今でも覚えている。

先述したおっきりこみのほか、蒸した大きめのまんじゅうを串に刺し、甘味噌だれをつけて香ばしく焼いた「焼きまんじゅう」、今も日常食として食べられている「すいとん」「だんご汁」、各地により作り方は異なるが「おやき」など、群馬県の伝統的な郷土食においても小麦の重要性が感じられる。また、「高崎パスタ」や「太田焼きそば」、「伊勢崎もんじゃ」など、いわゆるB級ご当地グルメと称せる比較的現代的なメニューにおいても、小麦を用いた料理が多数見られている。このように、群馬県で暮らすようになってからは多様な「粉食文化」とともに人々の暮らしがあること、そして、折に触れて粉食に対する地域の人々の思いを感じるエピソードなども聞かせていただくことになった。

一方で、群馬県の「観光」を考えたとき、その「食」に対してのイメージはどうだろうか。観光資源として有力なものとしては県内各地の温泉や、上毛三山や谷川岳など美しい自然環境が広く知られている。しかしながら、群馬の「食」や「ご当地の名物たる農産物」について観光客に広く知られているかといわれれば、そうではない状況もみられる。

ＪＴＢＦ旅行実態調査二〇二〇によると、観光客による旅行先（都道府県）別の現地活動のうち、「現地グルメ・名物料理」の項目において、全国平均で三四・七％であったものに対して、群馬県は一七・四％と最も低位という結果であった。この結果が示すように、群馬県には多くの魅力ある農畜産物や食文化があるにも関わらず、その魅力が伝わっておらず、観光行動に結びついていない側面が指摘できる。

そこで本章では、観光における「食」と「農」を考察したうえで、群馬県高崎市における取り組みを紹介する。

1　観光における「食」と「農」

観光の楽しみのひとつとして、「食」を重要視する人も少なくないのではないだろうか。旅館やホテルの非日常的な演出をされた食事の数々、地元の人に愛されるご当地グルメ、地域の魅力とともに工夫が凝らされたパッケージの土産品など、いずれも旅の場面を彩る重要な要素になるものだ。

前述したＪＴＢＦ旅行実態調査によると、「旅行先（都道府県）別旅行先で最も楽しみにしていたこと」として「おいしいものを食べること」は二〇一九年度調査では一八・七%と最も高く、二〇二〇年調査では〇・一%の差で二位だったが二〇・八%と関心が高い。旅行先での現地活動としても、「温泉（四四・八%）」、「自然や景勝地の訪問（三九・六%）」に続いて、「現地グルメ・名物料理（三四・七%）[1]」となっており、「食」は観光行動の対象として重視されている。

つぎに、観光における「農」についてはどうだろうか。「農」を中心とした観光のありかたとしてグリーン・ツーリズム[2]が挙げられるが、旅行の行程の一部となるものとして、農産物直売所などでの購買行動、農家レストランなどでの飲食などが挙げられる。より深く地域や農業に関心がある人や、教育旅行の一環として取り組まれるものとしては、農家民泊等への宿泊や、農山漁村体験活動が挙げられるだろう。しかしながら、一般的な観光客にとっての「農」に関する観光行動は、「果物狩り・農林漁業体験（一・二%）」、「生活文化体験（〇・七%）」という結果に留まっている[3]。

先述のように「食」に関して観光客の志向は高いものの、地域観光において期待される「農」を重視した観光に関しては、多くの観光客に重視されているものではない。だが、興味深い研究成果もある。八木ら（二〇二一）の大規模アンケート調査の成果によると、農山漁村滞在型旅行をした者の旅行後の行動変化として、二〇代の世代は「地元住民との交流（二六・五%）」、「ふるさと納税（二六・五%）」「農家から農産物を購入（一七・六%）」を行っていると回答しており、各世代のうち最も高い回答率となっていた。また、三〇代では「地場産品の取り寄せ（二七・二%）」がいずれの世代よりも高い回答を示している。

これらの結果から、「農」に関する観光体験のなかでも、その地域に滞在し、じっくり

（1）いずれも二〇二一年度調査結果。

（2）グリーン・ツーリズムについては、本書のコラム3にて概説しているため参照されたい。

（3）日本交通公社『旅行年報二〇二二』二〇二二年

地域の魅力や人に触れることは旅行後に影響を与えるとともに、とくに若年層の行動変化を与える可能性が示唆されている。

2　フード・ツーリズムと地域観光の可能性

「食」に関連する対象を観光行動の主目的とした旅行のあり方として、「フード・ツーリズム」[(4)]と呼ばれるものがある。カフェやご当地グルメの店舗を巡る周遊観光や、日本酒やワイナリーなどの生産地や醸造元を訪ねる旅、食品製造業などの工場や食品メーカーによるテーマパーク的施設の訪問、農林漁業と結びついた食体験など、その内容は多岐にわたる。このようなフード・ツーリズムの展開は、旅行中の飲食や美食の機会としての「食」と、アクティビティとしての農業体験など「農」の結節点になりうるものであるだろう。

丹治（二〇一九）によると現代の観光における食の役割について、次の七点が提示されている。①空腹を満たす、②地域の名物や話題のものを堪能する、③高級なものや希少価値の高いものを食べる、④食の生産や文化にまつわる体験を楽しむ、⑤食とともに休憩をとる、⑥同行者や地域の人々と交流する、⑦土産にするである。これらのうち、①空腹をみたすは、生きるために必要不可欠であるが、それ以外は楽しみのための観光資源あるいは、観光施設としての食であると述べている。このように観光における食は、栄養摂取という役割だけではなく、地域においてその魅力が見出され、来訪者を受け入れる整備や工夫がなされてこそ成立するものである。

(4)　フード・ツーリズムの定義は研究者や専門家らにより様々にみられるが、ただ「食べる」という行為だけを重視するだけではなく、地域性やそこでの体験を含めた観光のあり方を重視している。尾家（二〇一〇）は「食を観光動機とした観光旅行であり、食文化を観光アトラクションとする観光事業である」と述べている。中村（二〇二二）は、フード・ツーリズムおよび関連用語を踏まえたうえで「旅行者が訪問地での飲み物を含めた土地に根差す味覚を体験する観光形態」と定義づけている。

筆者の勤務先が所在する群馬県高崎市でフード・ツーリズムになりうる取り組みについて例を挙げるとすると、「絶メシリスト」[5]に掲載されている店舗の周遊が挙げられる。

絶メシリストとは、安くておいしい絶品メニューを提供しているが、店主の高齢化や後継者不在で閉店や廃業という「絶滅」が危惧される高崎市内の老舗飲食店を対象に、プロのグルメライターらがその魅力を取材し、それらの成果を情報提供するWebサイトである。掲載されている店舗は、定食店、喫茶店、洋食店、中華料理店などの飲食店のほか、製菓店や豆腐店など食品の製造・販売を行う店舗、地域の精肉店や青果店などの小売店と様々である。二〇二三年一〇月現在六二店が掲載されている。

同Webサイトでは、各店の看板商品と、その店主の思いやこだわりなど、その情景が浮かぶように紹介している。店主と若いグルメライターとの語らいを通じて、店主の「人となり」が伝えられるような内容や、若者がおいしそうに各店のグルメをほおばる様子は、知らないと少々入りにくい老舗の店舗に対する心理的ハードルの払拭を促すような内容となっている。

Webサイトのほか、高崎駅構内や絶メシ店舗等において絶メシリストの広報ポスターの掲示、同駅ペデストリアンデッキに大きな立て看板の設置、市役所ほか市施設、絶メシ店舗等にパンフレットを設置するなど、市民や来訪者への広報が実施されている（図1）。

同取り組みは、「世界観光の日」である二〇一七年九月二七日から公開したもので、高崎市役所が大手広告代理店と協働して実施しているシティプロモーション事業である。「絶メシ」に関する取り組みは、二〇一八年には国内最大級の広告賞とされる「ACC TOKYO CREATIVE AWARDS」にて総務大臣賞・ACCグランプリ、アジ

（5）高崎市総務部広報課「絶メシリスト」https://zetsumeshi-takasaki.jp/（最終アクセス二〇二三年一〇月七日）

図１　絶メシリストの広報ポスター
（提供：高崎市）

ア太平洋地域で最大規模の広告賞「スパイクスアジア二〇一九」にて金賞を受賞するなど、そのプロモーション手法が高く評価されている。また、同様の取り組みが他地域に派生していること、東京・新橋に絶メシの店舗と同じメニューが食べられる「烏森絶メシ食堂（二〇二〇年）」が開店している。加えて、一般社団法人高崎観光協会編集『絶やすな！絶品町グルメ　高崎「絶メシリスト」特盛版』（二〇二〇年・講談社）が出版されたことや、「絶メシ」を題材としたテレビドラマ「絶メシロード（二〇二〇年、二〇二二年）」が放送されるなど、多様な媒体で同取り組みが展開されている。二〇二二年八月から放送の同ドラマでは、高崎市内の店舗での撮影もあるほか、ドラマの出演俳優による絶メシリストのテレビＣＭも製作されている。

「絶メシリスト」に取り上げられている店舗は、多種多様で一貫性はない。また、地域の人々が日常的に利用する気軽な飲食店・小売店も多く、一般的には観光的活用は期待されていないようなものかもしれない。だが掲載店は、先に挙げた現代の観光における食の役割のうち、空腹を満たすことはもちろんのこと、②地域の名物や話題のものを堪能する、

③希少価値の高いものを食べる、④食の生産や文化にまつわる体験を楽しむ、⑤食とともに休憩をとる、⑥同行者や地域の人々と交流する、⑦土産にすることのいずれも満たせるような実践となっている。これは、「絶メシリスト」という「失われつつある地域に愛される食と名物店主」というコンセプトでつないだことで、一見すると「地域に存在する普通の飲食店」に、テーマやストーリー性を付与することになった。

前述の例のように、フード・ツーリズムは地域の食や農に関するあらゆる側面を掘り起こし、その魅力を高めるようなコンセプトや仕組みを作ることで実施可能になるものであり、地域観光の推進において重要な実践のひとつであると思われる。

3　高崎観光協会と株式会社高崎じまんの特産品振興

本章で取り上げる高崎市は、群馬県の中南部に位置しており、人口三六万八一九六人（二〇二三年九月三〇日現在）の商工業を中心とした中核市である。高速道路は、関東自動車道と北関東自動車道の分岐点となるインターチェンジがあること、上越新幹線や北陸新幹線など新幹線の主要な路線の停車駅となっているなど、交通の要所である。

平成の大合併時、二〇〇六年には倉渕（くらぶち）村・箕郷（みさと）町・群馬町・新（しん）町、榛名町の一村四町、二〇〇九年に吉井町と合併したことで、多彩な地勢とともに、特色ある農業生産を行う地域が含まれるようになった。榛名地域、箕郷地域では白加賀（しらかが）という品種を中心とした梅生産が盛んであり、全国二位の生産量である。榛名地域では梨を中心とした果樹生産や直売を行うフルーツ街道に加えて、旧群馬町では国分地域の国分にんじん、国府白菜も知られている。

市内の主な観光資源として、白衣大観音、少林山達磨寺、榛名神社、榛名山、上毛三碑、保渡田古墳群など文化資源が挙げられる。近年は「高崎映画祭」「高崎音楽祭」など映像や音楽を通じた取り組み、(6)「高崎まつり」「高崎だるま市」をはじめとした年間を通じた各種イベント観光の実施が行われている。(7)同市の観光客入込客数は、コロナ禍前の二〇一九年では七四二万人、翌年の二〇二〇年は四六四万人であり、県内市町村のなかでは最も多い状況である。(8)

同市に位置する高崎観光協会は一九四八年に設立され、その後長らく高崎市役所内に設置されていた事務局から、二〇一三年に一般社団法人化して市内中心地に事務所を移転・独立した運営を開始している。

同協会の主な事業内容として、高崎駅構内の観光案内所の運営、市内主要イベントである高崎まつり、高崎だるま市等の事務局、毎年東京ドームで開催される「ふるさと祭り東京」を中心とした県外での観光・物産のPR活動を行っている。

前述の事業内容に加えて、二〇一七年からは市内中心部に開業した大規模商業施設において、市内の農産物と特産品販売を行う店舗「高崎じまん」と、県外イベントで飲食ブースを出店する際に使っていた名称である「開運たかさき食堂」の名前を冠し、常設的に高崎名物のメニューが食べられる飲食店「開運たかさき食堂本店（現CAFE高崎じまん）」を開業した。

まず、市内の農産物と特産品販売を行う店舗「高崎じまん」は、高崎駅前に立地した大

(6) 市民が創始であるミニシアター「シネマテークたかさき」、高崎フィルムコミッションによる撮影誘致活動のほか、一九八七年から実施される高崎映画祭など、映画文化にまつわる取り組みが行われている。また、戦後結成された群馬交響楽団を核とした音楽振興も取り組まれている。一九六一年に群馬音楽センター、二〇一九年には高崎芸術劇場が竣工され、県内での代表的な芸術文化の発信の場も位置している。

(7) スポーツにまつわるイベントとして榛名山ヒルクライム、榛名湖トライアスロン、はるな梅マラソンのほか、二〇一七年に完成した高崎アリーナでは国際大会など大規模なスポーツイベントの誘致と誘客が行われている。近年では高崎パスタのNo.1店舗を決定するキングオブパスタをはじめとした食に関するイベントも実施され、人気を集めている。

(8) 群馬県戦略セールス局観光魅力創出課『令和二年（二〇二〇年）観光入込客統計調査報告書』二〇二一年。

型商業施設内の一階入口付近という来訪者が立ち寄りやすい場所に位置している（写真1）。同店のコンセプトとして、出荷者側には「自慢の一品を、駅前の立地の良いところに出店できることを活かしたチャレンジショップ」、顧客にとっては「日常使いからお土産品まで、高崎市内の農産物や名産品などを集めたセレクトショップ」として運営している。

扱う品目は、有機農産物をはじめとした青果物のほか、農家や飲食店、食品会社による加工品、市内製菓店のスイーツ類、市内醸造所による酒類などの食品類のほか、注染（ちゅうせん）てぬぐいや陶磁器類など雑貨・工芸品類も販売されている。

写真 1　高崎じまん店舗内の様子

写真 2　高崎じまんが助言した梅農家の加工品

同店への出荷者は、開店当初の二〇一七年は七〇店であったが、二〇二二年八月現在は一五六店と、五年間で約二倍あまりに増加している。

特徴として、観光協会が母体となっている店舗であるため、出荷する市内事業者に対して同店スタッフが顧客のニーズや実態に合わせた助言をおこない、商品提案を行っている。たとえば、梅加工をする出荷農家に対して、これまでは大きめのシンプルなプラカップに入った梅干しを出荷していたが、顧客のニーズに応じた多様なサイズや価格帯、より魅力的なパッケージを助言している。だるまの絵が入った手作りのタグや、高崎じまんのシールを添付するなどの「一工夫」も同店スタッフにより行われている（写真2）。

さらに発展した取り組みとして、二〇二一年にはコロナ禍で影響を受けた事業者らの支援と、高崎市の土産品の魅力を高めることを目的とした同観光協会の新事業として、「高崎銘菓・名産品開発事業」が行われた。この事業では、協会員である事業者を対象に、市内産の農産物を積極的に活用した和菓子・洋菓子の開発とともに、高崎を連想するパッケージであることや、高崎じまんにおいて販売することを要件として、一件につき最大二〇〇万円の補助をしている。初年度は二六件の応募があり、一一件の事業者が採択された。採択された事業者は製菓店を中心に、レストランや料亭、コーヒー店など多様な主体であった。高崎産の梅やブルーベリーを用いボールをイメージした「高崎ソフトボールマカロン」、保戸田古墳群から出土した盾持人埴輪をモチーフに、箕郷城みそと高崎醤油を練り込んだ白あんを詰めた「ＨＡＮＩＷＡ最中」など、一一品が開発された。二〇二二年四月からは高崎じまんの店舗内に売り場が設けられ好評を博している。

4　CAFE高崎じまんにおける郷土食の新たな価値創出

つぎに紹介する「CAFE高崎じまん」は、二〇一七年に市内中心部の大型商業施設内に開業した高崎市観光協会直営の飲食店を前身に、高崎市産農産物を活用したご当地メニューをおしゃれなカフェメニューとして提供している店舗である。

二〇一七年の開店当初は、開運たかさき食堂本店の名称で、もつ煮や焼きまんじゅうなどご当地メニューを気軽に食べられる商業施設内のフードコートの一店舗としてとして運営していた。その後、二〇一八年には同商業施設の主な顧客層である若者や女性をターゲットにした独立性の高い店舗設営とメニューの充実をはかり、「CAFE高崎じまん」にリニューアルしている。二〇一九年からは観光協会の子会社として株式会社高崎じまんを設立し、専従の社員を雇用した運営形態となっている。二〇二一年の店舗改装により、自店舗メニューや高崎の食に関する紹介を行うデジタルサイネージ、高崎だるまの展示販売を行うワゴン、高崎市内の観光パンフレット類を設置するなど、高崎の魅力を強調できる店舗となった（写真3）。

同CAFEのコンセプトは、「高崎の新鮮な農産物、高崎の食の発信」、「焼きまんじゅうの可能性の拡大」であり、それらを踏まえたメニューが提供されている。同CAFEの食材の多くは高崎の特産品を活用しており、利用する野菜類の多くは一階の物販店「高崎じまん」を通じて市内産のものを仕入れている。旬の高崎の野菜や果物、生産が盛んな

写真 3　CAFE高崎じまん店舗

写真 6　チーズ焼きまんじゅう
（提供：CAFE高崎じまん）

写真 4　高崎焼きまんじゅう
（提供：CAFE高崎じまん）

写真 5　焼きまんじゅうパラダイス
（提供：CAFE高崎じまん）

地元産豚肉を活かした健康的かつ、現代的アレンジをした飲食メニューは、幅広い層からの支持を受けて、リピーターを獲得することとなっている。

とくに特徴的なのは「焼きまんじゅうの可能性の拡大」として、大胆なメニュー開発を行っていることである。群馬の郷土食のひとつである蒸しまんじゅうに甘味噌だれを塗って香ばしく焼いた焼きまんじゅうは、写真4のように、従来の形の焼きまんじゅうとしての提供も行っているが、「カフェ」の雰囲気やコーヒーに合うアレンジメニューが開発されている。

代表的なメニューとして、「焼きまんじゅうパラダイス」が挙げられる（写真5）。焼きまんじゅうに、生クリームと市内酪農家が製造したミルクジェラート、旬の高崎産フルーツをあしらい、おしゃれなパンケーキのように仕上げた一品である。このメニューは、高崎生まれ、高崎育ちの店長によって考案されたものであり、焼きまんじゅうの昔ながらのおいしさを活かしつつ、若い世代や地域外の人に関心を持ってもらえるものとなっている。

そのほか、焼きまんじゅうのベースとなるまんじゅうを揚げ、シナモンやきなこ、ゴマをまぶした「揚げ焼きまんじゅう」、一口カットをした焼きまんじゅうと様々な地元食材と組み合わせた焼きまんじゅうパフェ、「焼きまる」と称した素焼きのまんじゅうをパンのように提供するランチプレートなど、焼きまんじゅうの新たな調理方法や味わいのメニューも展開されている。チーズ焼きまんじゅう（写真6）は、溶けたチーズを焼きまんじゅうにかけたもので、同店のアルバイトをしていた高校生の提案によるものである。同メニューは、若者の感覚を活かした斬新なメニューであり、現在も定番メニューとして採用されている。

物販店の「高崎じまん」と「CAFE高崎じまん」を紹介してきたが、いずれも現代のニーズに合わせつつも、既存の市内農産物や特産品などの本来のおいしさや価値を伝え、その魅力を高めるような活動を行っている。そして、市内中心地という地の利を生かし、「いつでも購入できる」「いつでも食べられる」環境づくりをしている。このような店舗の性質は、合併して広域化した市内の名産品を集積し、常設的に市内中心部で提供できる機会を提供することにもなっている。

コロナ禍の影響もあり、二〇二二年現在は地元の利用客が多いが、同店を通じて地域住民にも改めて地元の物産や食の良さを感じさせることとなり、リピーターが生まれている。また、回復しつつある県外からの来訪者にとっても、高崎の食や農の魅力を伝えられる観光拠点のひとつとして機能している。

おわりに

本章では、観光における「食」と「農」を考察したうえで、高崎市における取り組みを紹介してきた。本章で取り上げた、高崎市の絶メシリスト、高崎観光協会および株式会社高崎じまんの取り組みは、いわゆる「観光地」という地域ではない同市において、現代における多様な観光行動と観光動機に対応した取り組みとなっている。とくに地域内の農業および食に関する資源を活かした取り組みは、群馬県の観光課題である「食」や「農」を対象とした観光活動の今後の可能性を提示するものになりうるだろう。

群馬県内においても、特許庁の地域団体商標として上州牛（二〇〇七年）、十石みそ（二〇〇七年）、群馬の地酒（二〇〇八年）、嬬恋高原キャベツ（二〇〇八年）が指定されている。二〇一四年には、群馬県指定無形民俗文化財として「群馬の粉食文化・オキリコミ」が登録されるなど、米麦二毛作と絹産業の振興に伴う地域の食生活に基づいた食文化を保存する動きがみられている。そして、地域の風土と特産品を併せて登録する国税庁の地理的（ＧＩ）表示制度では、利根沼田地域の日本酒が指定され、地域の酒米や群馬県固有の酵母を用いた付加価値の高い日本酒を製造している（二〇二一年）。これらの登録は、群馬県の風土や歴史・文化に培われた「食」と「農」の特色を、制度に基づいた評価を受けたことによって社会的評価を高めることになっている。

このように各種制度にて評価されたことを契機に、群馬県の農業とそれに伴う食文化、特産品が広く知られ、盛り上がることが期待される。これらの評価を活かしつつ、今後は本章で取り上げた高崎市における取り組みのように、現状に合わせた実践的活動を一層促進することが、群馬県の食と農の独自性と固有性を残すことになるとともに、観光的魅力を増進することになると思われる。

本章で取り上げた「高崎じまん」と「ＣＡＦＥ高崎じまん」は、高崎駅西口を出て、ペデストリアンデッキを通り、地続きで気軽に行ける場所である。願わくは本章の読者の方に、高崎にご訪問の際にお立ちより頂き、群馬の食と農を楽しんでいただければ幸いである。

●写真1〜3は筆者撮影

〔謝辞〕
本稿の執筆にあたり、高崎観光協会、高崎じまん及びCAFE高崎じまん、高崎市役所企画調整課ならびに広報課の皆さまに心よりの感謝を申し上げます。

〔参考文献〕
中村忠司（編著）『人はなぜ食を求めて旅に出るのか　フードツーリズム入門』晃洋書房、二〇二一年
日本交通公社『旅行年報二〇二二』日本交通公社、二〇二二年
丹治朋子「9・12　フードツーリズム」『観光の事典』朝倉書店、三九六—三九七頁、二〇一九年
尾家建生「フード・ツーリズムについての考察」『観光&ツーリズム』一五号、二三—三四、二〇一〇年
八木浩平、佐藤彩生、平形和世「農山漁村滞在型旅行における旅行者の行動の実態」『農林水産政策研究』三五巻、五五—七七、二〇二一年
安田亘宏『フードツーリズム論』古今書院、二〇一三年

column3

ぐんまにおける「農業・農村遺産」観光のすすめ

片岡美喜

農業・農村での観光活動といえば、「グリーン・ツーリズム」が挙げられる。ヨーロッパを中心とした海外では、おもに農家による副業としてB&B（ベット・アンド・ブレックファスト：宿泊と朝食を提供するゲストハウス）を中心に、農村部でのレストランでの食事やその景観を楽しむなど、都市住民らが農村で過ごす滞在型の余暇活動を指している。

日本の場合は、一九九〇年代以降、農業行政を中心とした農村振興政策のひとつとして進展したことで、各地の農業者や地域住民により、農家民宿・農家民泊などの宿泊環境、体験活動が行える交流施設の整備が行われた。多くの取り組みでは、郷土料理づくり、収穫など一部の農作業を体験化した「農業・農村体験」や、農林漁業者との「交流」を中心とした、「体験・経験する観光」として展開されている。これらの取り組みは一般的な観光というよりも、教育旅行など団体を中心とした目的志向型の観光として実施される傾向が強い。

一方で、農業・農村での観光活動における「見る観光」は、農村景観を眺めることが挙げられる。だが、一部の牧場や農場におけるガイドツアーを除くと、多くは来訪者の「感じ方」に依拠することが中心であり、専門家や地域住民などが農業・農村の風景や地域の歴史に関して解説を行うなどの観光的な取り組みには至っていない。

しかしながら、二〇〇〇年代以降に世界農業遺産（二〇〇二年）、世界かんがい施設遺産（二〇一四年）など、地域の自然環境に応じて先人が作り上げてきた優れた農業システムや関連施設などを認定する制度が登場したことで、「グリーン・ツーリズム」の展開にも変化がみられた。

農水省では、「農業遺産・かんがい施設遺産を旅しよう」というリーフレットの作成、同遺産による観光戦略の手引き書を作成している。(注)これらの展開は、先の制度に認定された地域を「ヘリテージ・ツーリズム」として振興を図る試みであり、いわば「農業・農村遺産」の観光活用としての動向である。先述した「農業遺産・かんがい施設遺産を旅しよう」で紹介されているモデルツアーをみると、認定された遺産を巡りつつ、地場産品を使ったご当地グルメや観光体験など、農業・農村における「周遊型観光」の一例が示されている。

翻って、群馬県の「農業・農村遺産」に目を向けると、世界遺産「富岡製糸場と絹産業遺産群」もその一つにあたるものだろう。同遺産のうち、一般的な観光客が目当てとする場所の多くは「富岡製糸場」であろうが、構成遺産である「田島弥平旧宅」、「高山社跡」、「荒船風穴」は、「養蚕」というかつて隆盛を誇った農業生産の技

写真1　雄川堰（甘楽町・2014年）

写真2　長野堰用水の円筒分水堰（高崎市・2016年）

写真3　天狗岩用水（前橋市ほか・2020年）

術の高さと価値を伝える、まさに「ヘリテージ・ツーリズム」としての魅力を持っている。また、各遺産ではガイドツアーが実施されており、その歴史や魅力を深く知ることができる。ただ、「周遊型観光」として考えたときに、各遺産の位置関係は決して簡便に行き来できるものではないが、先人の通った街道に思いを馳せることも出来るだろう。

そして、群馬県内には世界かんがい施設遺産に登録された「雄川堰（おがわぜき）（甘楽町（かんら）・二〇一四年）」、「長野堰用水（高崎市・二〇一六年）」、「天狗岩用水（前橋市ほか・二〇二〇年）」がある。いずれのかんがい施設も数百年という長い歴史のなかで培われてきたものだが、現在も農業用水に活用されるほか、地域景観としてアメニティ効果を有する、いわば「生きている遺産」である。長野堰については、本学の高崎経済大学地域科学研究所（二〇二一）『農業用水と地域再生』（日本経済評論社）にて詳細な研究成果があるので参照されたい。

地域観光を行う際に、先述した「農業・農村遺産」と称せるものを観て、地域をめぐる旅は、「一般的な観光旅行」とは違う、ユニーク切り口と体験をもたらしてくれるものになるだろう。

〔注〕
いずれの成果も農林水産省・令和二年度ヘリテージツーリズム推進検討委託事業によるものである。

●写真2は筆者撮影、写真1、3は安田慎撮影

第4章　群馬で熱帯作物に出会う
──キャッサバが生み出す多文化ネットワーク──黒崎龍悟

はじめに

群馬の観光地といってまっさきに思い浮かぶのは温泉地ではないだろうか。県外の人びとが群馬を観光するのであれば、有名な温泉地が集中する県北の方に足が向きがちだろうが、この章では、県の東南部にも見どころがあることを紹介していきたい。具体的には、この地域で「キャッサバ」という熱帯作物が栽培・販売されている様子と、栽培されるようになった背景について述べていきたい(1)。

群馬の文化としてよく知られている『上毛かるた』の定番札「つる舞う形の群馬県」にあるように、群馬県の形は翼を広げた鶴に見立てられている。その鶴の頭にあたる地域に邑楽(おうら)郡がある。そのなかの邑楽町の役場すぐ近くに、ブラジル国旗がはためき、ポルトガル語（ブラジルの公用語）で書かれた「キャッサバ」の文字とキャッサバの絵が描かれた白いテントがある。ここが秋の収穫期にお客が押し寄せるキャッサバイモ直売の場となって

(1)　本章の内容は、黒崎ら（二〇二一）を共著者の許可をもとに加筆修正したものである。

写真１　直売所のテント（写真提供：弘前大学・佐藤孝宏氏）

写真２　生育中のキャッサバ

いる（写真1、写真2）。キャッサバとはどのような作物か、キャッサバとブラジル国旗という組み合わせが何を意味しているのか、どのような人びとがどのようにキャッサバをつくっているのかについて以下で説明していこう。

1　群馬とキャッサバの相性

まず、キャッサバについてであるが、キャッサバは、近年のタピオカブームで実は私たちの身近になったものである。タピオカはキャッサバの地下部にできるイモのデンプンを利用してつくられているからだ。また、このデンプンは某ドーナツチェーン店のもちもちとした食感のドーナツにも利用されていると聞く。キャッサバイモの加工デンプンは、食品用途のほかに繊維・製紙・段ボール製造などの工業用途、糖化・発酵原料などといろいろなものに利用されるようになっていて、関連する研究もさかんになっている。しかし、日本人の多くにとってキャッサバの植物体そのものはほとんど馴染みがないだろう。キャッサバとは、アメリカ大陸原産の植物で、地下に育つイモの部分を煮たり、焼いたり、揚げたりと、いろいろな料理法に利用される。同じイモでも、サツマイモほどは甘くはない、淡白な味のイモと考えてもらえばよい。アフリカなどでは、イモの部分を乾燥させて粉にし、それをお湯で練って団子状にしたものを主食にしている地域もある。また、地域によっては葉の部分を副食にする。土壌養分や水分の条件が保たれれば数年にわたってイモは肥大していき、管理の手間もあまりかからない。このような特性からしばしば熱帯の各地では食糧難の時に役に立つ「救荒作物」として重宝されてきた。国連食糧農業機関（ＦＡＯ）によれば、世界でキャッサバを主食としているのは八億人ともいわれている。

では、なぜ群馬なのだろうか？　キャッサバは多年生で、熱帯では一年以上栽培して、地下のイモを肥大させてから収穫する、というのが一般的である。群馬県の東南部の気候をみてみると、全国的ニュースにもなる夏の猛暑だけを考えれば、熱帯作物の栽培に耐えるようにみえる。しかし、冬は「からっ風」の名で有名なように、冷たい風が体感温度を低くする。降雪こそ頻繁ではないものの、冬の寒さからすれば熱帯とは程遠い。夏の暑さはキャッサバ栽培に有利に働きそうだが、冬の寒さにはどのように対処しているのだろうか。この地域でキャッサバが栽培されている実態については、後で詳しくみていこう。

キャッサバがこの地で栽培されるようになったわかりやすい理由は、住民の構成にある。つまり、キャッサバを必要とする外国人住民が増加したことが背景にある。総務省による統計情報を整理すると、群馬県内の在留外国人の人口は二〇二一年の時点で六万一九四五人であり、それを郡市別に分けてみると、上位五郡市が全体の約八割を占めている。そのなかでも上位三つが伊勢崎市・太田市・邑楽郡と東南部の郡市が占めている。とりわけ、邑楽郡の大泉町は「ブラジルタウン」と呼ばれるほど、突出してブラジルからの人びとが多く住んでいる。同地では、自動車工業や電気機器工業が盛んなことから、外国人住民がその働き手として多く来るようになったためである。その背景には日本の人口減少や人手不足などのほか、一九九〇年の入管法改正、地域の人びとによる就労環境を整備する努力などがあった。増加したブラジル系の住民が中心になってサンバ・カーニバルを実施していたことは、多文化が共生するまちのイメージを全国的に知らしめることになった。邑楽郡全体でみても、やはり圧倒的に多いのはブラジル出身で、次いでベトナム、ネパール、フィリピンとなっている。ほかにもペルーやインドなどから来ている人びとがいる。熱帯地方の出身でキャッサバを、日本人にとっての米のように主食とする人たちは多い。大泉町周辺には外国人住民向けの食材店はあるものの、生のキャッサバイモを手に入れる機会はほとんどない。身近なところで「生のキャッサバイモが手に入る」という情報は、キャッサバを求める人びとにとって福音となったに違いない。

2　キャッサバがブラジル人に「見つかった」

しかし、この地域でキャッサバが栽培されるようになったといっても、それはもともと外国人住民に向けてつくられたわけではなかった。どのような人びとがキャッサバを栽培しているかをみていこう。キャッサバ栽培を担っているのが、日本人主体で組織されたアグリファームと呼ばれる農事組合法人で、二〇一七年に正式に発足した。専業農家と兼業農家の組合員およそ一〇名によって構成されていて、それぞれが各自の裁量でキャッサバを育てている。現在では組合全体で一〇ヘクタール弱栽培されているという。この組合で収穫されたキャッサバが冒頭で述べた邑楽町役場近くの直売所に集められ、販売されているのである。もともとは二〇〇九年ごろから専業農家の組合員のひとりが、インドネシア出身の妻にキャッサバを食べさせたい思いで小規模に試してみたのが発端だった。鹿児島から種茎(後述)を入手し、手探りの状態で始めたが、だんだんと栽培に成功するようになった。そして、そのうちに一〇〇株程度の規模で栽培するようになると、それが道行くブラジル人に「見つかった」のだという。つまりもともと、販売目的でキャッサバを栽培し始めたわけではなく、後にお客となる人びとが自発的に商品としてキャッサバを「発見した」のだった。また、この時、知り合いのブラジル人が、大泉周辺のブラジル人社会でキャッサバの潜在的な需要が大きいということから、規模を拡大して栽培することをアドバイスしてきた。のちにアグリファームを組織する組合員たちは、「そんなにキャッサバが売れるものなのか?」と当時はキャッサバ栽培を拡大していくことに懐疑的だったが、収穫後すぐに完売するのを目の当たりにしたことで、本格的なキャッサバ栽培に着手していった。すでに述べたように、群馬の東南部は暑いことで全国的に有名だが、そのこともキャッサバ栽培を導入する気持ちを後押ししたという。口コミやSNSをもとに電話をしてきたり現地に来たりする人びとが増えていった。そこで、農事組合法人アグリファームのキャッサバ部門が立ち上げられ、アグリファームはこのような需要に応えるように栽培規模を大きくしていった。キャッサバ栽培を本格的に始めた当初、宣伝のために地域の産業まつりにキャッサバイモを材料とするブラジル式のコロッケ「コシーニャ」を試作して出店したり、大泉グルメ横丁というイベントに参加したりした。このような取り組みをとおしてだんだんと知名度は高まり、メディアからの取材も受けるようになった。キャッサバはいつしか需要に追いつかないほどの人気商品になっていった。

3 試行錯誤のなかのキャッサバ栽培

しかし、アグリファームのみならず、日本全国を見渡してもキャッサバ栽培のノウハウが確立されているわけではないので、毎年が試行錯誤となっている。キャッサバは、地上部の茎を切り取り、それを挿し木することで増やしていく。挿し木用に切り分けられた茎を種茎と呼ぶ。アグリファームのキャッサバ栽培でもっとも特徴的なのが、種茎の管理だろう。前述のように、キャッサバは多年生で熱帯では一年以上イモを収穫せずに畑においておくのは珍しくない。しかし日本では冬の寒さにキャッサバは耐えられず、越冬できずに枯れてしまう。キャッサバ栽培を始めた当初は、一年をとおしてビニールハウス内で育てることを試みたが、五月ごろにはすでに温度が上がりすぎて失敗してしまっていた。また、冬にビニールハウス内でストーブを焚いて地下にイモをつけたまま越冬させようとすると葉がジャングルのように茂ってしまい空気の循環がうまくいかず効率よく温められないことがわかった。そこで露地での栽培を始め、冬に種茎だけを越冬させるためにビニールハウスを使うというかたちに落ち着いていった。

写真 3　収穫されたキャッサバ

写真 4　ビニールハウスで越冬する種茎

具体的には、イモの収穫と同時に茎を細かく切り分け、それをポットに挿してビニールハウス内で越冬させて次年度の植えつけに利用している。植えつけは毎年、遅霜を警戒しつつ、五月の連休前後におこなわれる。畝立てをしたのち、マルチを張り、そこに二〇センチメートル弱の長さの種茎を植えつける。そして、九月から一〇月ごろにかけて収穫をする。実質圃場での生育期間は四〜五か月ではあるが、八月中旬を過ぎるころからイモが急に太りだして、収穫するころには商品として売れるほどにまで大きくなる。そして、収穫と同時に、また種茎を調達し、ビニールハウスで管理する。ビニールハウスでの温度・水管理をうまくおこなうことによって移植の時点である程度育った種茎を使用できる。このことが短い露地栽培の期間で販売できるほどの大きさになることに貢献している（写真3、写真4）。その一方、種茎が大きすぎても、生い茂った葉が風にあおられて倒れやすくなることが経験的にわ

写真5　チェーンブロックによる収穫風景

かっており、種茎の適正な大きさを見極めることに力が注がれている。

もうひとつ注目できる工夫が、収穫でのチェーンブロックの利用である。チェーンブロックとは滑車を利用して重いものを上にあげる機構を備えた道具である。井戸掘りに使われていたことから着想を得て、チェーンブロックをイモの引き抜きに応用している。キャッサバの周囲の地面を浅く掘り、アルミの脚立にチェーンブロックをセットした後、キャッサバイモにチェーンをくくりつける。力を加減しながら手動でチェーンを引っ張り、土をふるい落としながら真上にイモを引き抜くように収穫する。このようにすると、イモの部分が折れることが少なく引き抜けるのである（写真5）。当初はトラックで引っ張ることなども試みていた。トラックだと圧倒的に力はあるのだが、植物体に対して横に力がかかりやすく、イモは折れてしまう。チェーンブロックを利用することでイモが折れないように細かな力の加減が可能になった。キャッサバは折れていようがいまいが、味に変わりはない。しかしお客（とくにブラジル人）の「折れてない見栄えのいいキャッサバが欲しい」というニーズがあったために、それに応じて、この方法を開発したのだった。しかもこの方法によって一日に収穫できる量は飛躍的に増えることになった。

販売は電話による完全予約制で、現地直売のほか、日本各地から注文があるため地方発送もする。販売はすべて収穫したばかりの生イモのみとなる。生イモは収穫したらすぐに消費しなければならないために、その日のうちに宅急便で発送する必要がある。収穫物全体のおよそ二割が直売所での販売で八割が地方発送であるという。生イモを乾燥させて製粉したものを販売することも考えられるが、そうすると輸入品との競合で負けてしまう。なにより生イモを求める人が多くいるので、それを専門に販売している。

アグリファームとしてはできるだけ収穫期を後にずらしてイモを大きくさせたいのだが、はやくから売ってほしいという問い合わせが多いために、九月には収穫を始めるのである。注文が増える一方でマンパワーが追いついておらず、そのために作業効率のさらなる向上が必要になっている。また、収量を増やす余地はまだあると考えられており、組合員がそれぞれの考えの下で試行錯誤を実践するとともに、そのノウハウを共有する努力が続けられている。

4　にぎわう直売所、足りないキャッサバ

収穫の時期になると、一日で予約電話が一五〇件ぐらいかかってきているようだが、実際に対応できるのは四〇~五〇人ぐらいであるという。収穫の時期に訪れると、白いテントの直売所は多くの外国人客でにぎわっている。車が行列をつくり、南米系をはじめとし

て、東南アジア系、南アジア系などの人が行き交う。邑楽周辺から来ている人もいれば、話を聞きつけて別の県から買いに来る人たちもいる。富山から来て一〇〇キロ単位で購入する人もいるという。ある収穫の日に訪ねた際、販売所に大きな白い車が止まったかと思うと、なかから大勢が連れ立って現れた。ナンバーをみると「横浜」とある。ブラジル出身だという彼らは口コミをもとに横浜からわざわざキャッサバを買いに来たのである。完全予約制ということを知らずに横浜から来たために、キャッサバが用意できておらず、アグリファームは対応に苦慮した。そのまま帰すわけにもいかず、自分たちでイモを掘るなら売ってもいい、ということで折り合いがついたようだった。同じように完全予約制ということを知らずに直売所に来たインド出身の人は、売り物にならないとされた細いキャッサバをたくさんもらうと喜々として帰っていった。また、過去にはキャッサバのことを聞きつけて横浜からたった一人で買いに来たブラジル人のおばあさんがいたということだった。

並んでいる人に話を聞くと、人によっては料理の仕方などを詳しく説明しながら、それがどれほどおいしいかを教えてくれる。そのようなやりとりをとおして、人びとにとってキャッサバがいかに重要な食材かが理解できる。イモはもちろんのこと、一部のお客には葉の需要もある。すでに述べたように、葉は副食として利用される。イモの収穫時期に葉をみずから摘んでいる人がいたので話を聞いてみると、葉は収穫期に大量に持ち帰って冷凍し、一年をとおして使うのだという。キャッサバが人びとの食卓に貢献していることは間違いないだろう。

5　キャッサバ栽培の副産物

身内のためにたまたま始めたキャッサバ栽培がここまで続き、地域を巻き込んでいるのはなぜだろうか。アグリファームがキャッサバを手がけている背景には地域社会とのつながりや、購入者からの反応がある。日本でキャッサバは珍しいために、アグリファームの取り組みは新聞やテレビなどのメディアで取り上げられることがある。そうすると、地域の農業委員会や行政関係の人びとから好意的な反応が返ってくるので、地域に恩返しできたという気持ちになり、キャッサバを栽培していて良かったという気持ちになるという。ほかには、これまでに日系ブラジル人の子どもたちを招待して、キャッサバのイモ掘り体験を実施したこともある。これは、子どもたちが大きくなってお客になるという可能性も考えてのことだが、自分たちのルーツの文化を知ってもらう機会でもあり、地域貢献という意味合いもある。また、組合員の母校の小学校の校長に要請されて、小学校での行事の一環としてキャッサバ栽培体験も手がけている。

お客の口コミで情報が広がり、トンガ出身でラグビー日本代表の選手（当時、太田市を拠点としていたパナソニック・ワイルドナイツ所属）とも知り合うようになった。熱帯地域であるトンガでもキャッサバは主要な作物で、彼が知人らとのパーティにぜひとも必要だというのでキャッサバの生イモを届けて、とても喜ばれたという。プロ・スポーツ選手との思いがけない出会いが、キャッサバをとおしてもたらされたのである。

ハクサイ、ニガウリなどを市場に卸している専業農家の組合員は、市場に卸す商売の仕方だと、お客の顔が見られず、自分の作ったものがどのように食べられているのかがわからないところに物足りなさを感じていたという。その点、キャッサバの直売は基本的には一対一の関係にあり、生産の努力に対する反応をみることができる。お客が、アグリファームのキャッサバのことを、他のところにくらべてやわらかくておいしい、母国のものよりおいしいと評価してくれることもある。地方発送するお客には個別にこまかいエピソードやコメントを入れて送ると、購入者からの反応がよく、また継続的に関係を保とうとする原動力になる。こうした直接的な評価や反応がキャッサバ生産を続けていくうえでのモチベーションに影響しているという。

さらにいえば、アグリファームのキャッサバ栽培は研究者コミュニティとのつながりをもたらした。前述のように近年では、加工デンプンとしてキャッサバの可能性が研究されている。キャッサバを栽培していたことによって、筆者も含め日本のさまざまな地域から訪れる研究者が増えて、思わぬ人脈が広がっていったこと自体も面白く感じているという。

おわりに

一九九〇年の入管法の改正を大きな契機として「地域の国際化」が論じられるようになって三〇年余りたつが、この間、いわゆるニューカマーの外国人と日本人がともに生活する地域の動向は市民や研究者の関心の的となってきた。同法は二〇一九年に再び改正を経て新たな在留資格が追加され、さらなる外国人労働者や居住者の増加が見込まれている。入管法が改正されたことで、外国人住民は今後も増えていくだろうし、またそれにともなってキャッサバのニーズもさらに高まっていくだろう。

これまで、全国的に外国人住民と日本人住民がいかに「共生」するか、ということはあらゆるところで話題になってきた。ブラジルタウン・大泉町を擁する邑楽郡周辺はその先進地として多くの研究が蓄積されてきた。(2) しかし、筆者がキャッサバをとおして興味深くみていたのは、あえて「共生」や「課題解決」といった看板を掲げず、そこに生じたニーズに対応しようとして試行錯誤した結果が、ある種の多文化のネットワークをつくりあげていることである。キャッサバというそれまで未知であった作物に挑戦する面白さ、お客の存在と彼らからのレスポンス、日本人社会からの評価、夏の気温が高く台風被害も少ないという地域特性、それらが組み合わさり、新たなニッチ市場が形成されていった。キャッサバというそれまでになかった「モノ」が多文化をつなぎあわせて、地域の新たな動きをつくりだしているのである。

当分、キャッサバをめぐってローカルに文化混淆的なやりとりが展開されていくだろう。今のところ、アグリファームの周囲の農家がキャッサバ栽培に参入するという動きはみられないようだ。それでも、アグリファームによるキャッサバ栽培は着実に拡大しつつある。そのうちにキャッサバ畑が、この地域に広がる風景として定着するのかもしれない。拡大するキャッサバ畑は意図せざる多文化ネットワークが広がることも意味している。そういった点にもこの地域のキャッサバ栽培の見どころがあるのではないだろうか。

(2) 例えば代表的なものとして小内・酒井(二〇〇一)。最近の動向を読みやすくまとめた上毛新聞社(二〇二二)も参照されたい。

●写真2～5は筆者撮影

〔謝辞〕
本章の内容をまとめるにあたり、農事組合法人アグリファームの島田信成氏と大川則彦氏から多大なご協力を得ました。ここに記して厚くお礼申しあげます。

〔参考文献〕

小内透・酒井恵真『日系ブラジル人の定住化と地域社会―群馬県太田・大泉地区を事例として―』御茶の水書房、二〇〇一年
黒崎龍悟・原将也・中澤芽衣・佐藤孝宏「群馬県東南部におけるキャッサバ生産―農事組合法人アグリファームによる取り組み―」『産業研究』五七巻一号、一五―三〇頁、二〇二一年
坂上潤一・北原兼文・田丸翔太朗「国内外におけるキャッサバ生産とその諸問題」『月報砂糖類・でん粉情報』二〇二〇年一二月号、五一―五七頁
上毛新聞社『サンバの町それから―外国人と共に生きる群馬・大泉』上毛新聞社、二〇二二年

column4

草の根のイノベーター・永井長治郎 ——

黒崎龍悟

群馬県を南北に貫く大河川・利根川は、その流域に独自の文化を生み出してきた。そしてそこに流れ込む無数の小河川もまた、人びとの生活を支えていた。ガスや電気が一般的になる以前では、長きにわたって村々の河川に多くの水車がならび、精米・製粉をはじめとするさまざまな用途に利用され、人びとの生活に賑わいを与えていたのである。このような水車製作を手がけていた大工のひとりとして、永井長治郎（江戸時代・寛政年間の生まれ。現在の渋川市出身）という人物をここでは紹介してみたい。実はこの人物は水車大工というよりも、渋川市にある「上三原田の歌舞伎舞台」（国指定重要有形民俗文化財）の製作者として全国的に知られている。この歌舞伎舞台は、農山漁村における地芝居舞台のなかでも数々の工夫が盛り込まれた特殊な構造で知られ、とりわけ、舞台の上げ下げと回転を両立させた「柱立式廻転機構」と呼ばれる仕掛けは、世界的にも例がないといわれている。長治郎は、このような農村舞台のほかに、橋脚を少なくした「刎ね橋」や川に浮かべて利用する水車「船水車」を発明したともいわれる。また、飛行機のようなものをつくろうとした逸話もあり、発明や工夫に情熱を持った人物だったことが語り継がれている。

ここでとくに紹介したいのは、長治郎が四〇代の時に手がけたといわれる「突出水車（ツンダシ）」である。それは、利根川本流の大きく変動する水量に対応した機構を備える水車である。長治郎は四〇代の時、生まれた上三原田から利根川本流をはさんだ対岸（旧北群馬郡白郷井村（しろさとい））に居を移した。しかしこの周辺は、地形的に普通の水車を利用するための適した場所がなかった。また、利根川本流を利用することを考えてみても、川岸に水車を設置しやすい場所がなく、水位の変動も大きいため、この本流を直接活用するだけの技術はそれまでの水車大工には

写真1　突出（ツンダシ）水車（提供：赤城歴史資料館／渋川市教育委員会）

なかった。そこを長治郎がもちまえの発明家気質で利用できるようにしたのである。利根川の急流を臨む断崖の上に水車小屋を設置し、そこから長さ約九メートル、太さ約三〇センチメートルの心棒（シャフト）を流れの上に突き出させて、その心棒の先に直径約七メートル、幅約一・五メートルの水車を備えつけた。写真1がその水車と水車小屋の写真だが、心棒の上にいる人と比較してみても相当な大きさの水車であることがわかる。その水車部分が崖の上から突き出しているために「ツンダシ水車」の名で呼ばれるようになったのだろう。水車の反対側の心棒には、木製の歯車を組み合わせ、搗臼一二個を動かしていたという。そして、このような巨大な水車を水位の変動に合わせて上下させるために、かつてみずからが手がけた歌舞伎舞台の構造を応用していた。重い舞台を上下させるためには「しゃち」という太い縄と木の滑車を組み合わせた構造が用いられたのだが、それを心棒とともに水車を持ち上げるのに利用していたのである。図で心棒のところに固定された木とそれを上部で支える木が確認できるが、この上部の木が水車小屋のなかで「しゃち」に連結され、心棒を上下させていたと考えられる。「しゃち」の構造と切れ込みの深い歯車を組み合わせることによって、一メートル前後の水位変動に対応できたといわれている。このような水位の変動に応じて上下できる巨大な在来水車というのは全国的にも稀有なものだが、あまり知られてはいない。利根川の流れを眺めながら、そのような技術を担った先人がいたことも知ってもらえたらと思う。

〔参考文献〕

角田恵重『名工　永井長治郎傳』新光社、一九五二年
群馬県勢多郡横野村編纂委員会『横野村誌』群馬県勢多郡横野村編纂委員会、一九五六年

第5章　群馬が生んだ温泉文化と現代湯治のありかた

——井門隆夫

はじめに

群馬県は全国でも名だたる温泉県である。湧出量こそ大分県にトップを譲るが、自噴湧出量は草津の湯が全国一。観光旅行者のうち、温泉に入ることを目的とした旅行者の割合は五〇％に近く、大分県とともに全国の三本の指に入る。

表1は、群馬県の主要温泉地の一覧である。宿泊施設数が最多の草津温泉を筆頭に、五軒以上の宿泊施設のある温泉地が一九、二～四軒が一五、一軒宿の温泉地が六五、宿泊施設のない温泉地が一一〇か所、群馬県合計で二〇九か所の温泉が湧く。

全国でも有名な温泉地として、草津、伊香保、四万(しま)、水上等が思いつくと思うが、未知の温泉も少なくないのではないだろうか。例えば、宿泊施設数第三位は赤谷湖畔に湧く名湯、猿ヶ京(さるがきょう)温泉。かつて上杉謙信が「申が今日」と名付けたと伝わる温泉はかつて湯島温泉と呼ばれ、越後へと通ずる三国(みくに)街道沿いにあり、江戸時代に湯治で栄えた。旧温泉は

表1　群馬県の主要温泉

	温泉地名	宿泊施設数	源泉総数	主たる泉質名
1	草　津	201	25	酸性・含硫黄－アルミニウム－硫酸塩・塩化物温泉（硫化水素型）
2	伊香保	44	10	カルシウム・ナトリウム－硫酸塩・炭酸水素塩・塩化物温泉
3	猿ヶ京	35	7	ナトリウム・カルシウム－硫酸塩・塩化物温泉
4	四　万	34	42	ナトリウム・カルシウム－塩化物・硫酸塩温泉
5	片　品	31	8	アルカリ性単純温泉
6	尾　瀬	20	3	アルカリ性単純温泉
7	花　咲	18	2	アルカリ性単純温泉
8	老　神	15	15	単純温泉
9	沢　渡	11	1	カルシウム・ナトリウム－硫酸塩・塩化物温泉
10	湯の小屋	9	3	単純温泉
11	水　上	9	9	単純温泉
12	磯　部	7	4	ナトリウム－塩化物・炭酸水素塩強塩冷鉱泉
13	湯檜曽	7	14	単純温泉
14	万　座	6	20	酸性・含硫黄－マグネシウム・ナトリウム－硫酸塩温泉（硫化水素型）
15	鹿　沢	6	3	マグネシウム・ナトリウム－炭酸水素塩温泉
16	谷　川	6	18	単純温泉
17	川原湯	5	2	含硫黄－カルシウム・ナトリウム－塩化物・硫酸塩温泉
18	上　牧	5	4	ナトリウム・カルシウム－硫酸塩・塩化物温泉
19	湯　宿	5	6	ナトリウム・カルシウム－硫酸塩温泉
その他	15か所	2～4		
	65か所	1		
	110か所	0		
合計	209か所	579	452	

ダムに沈み、現在はダム湖を見下ろす高台に掘削した新源泉から湧く豊富な湯量を誇る温泉だ。あるいは、温泉地名では、片品・尾瀬・花咲と分かれている片品村の温泉郷。合宿のできる温泉地として民宿も多く、三温泉を合計すると県内では草津に次ぐ宿泊施設数となる。いずれの宿も源泉かけ流しを誇る湯量豊富な温泉郷で、湯面に鼻を近づけると薄っすらと硫黄の香りのするアルカリ単純泉で、湯上りには肌がすべすべになる美肌の湯だ。

1　群馬の湯の歴史

温泉といえば、古代に鳥獣や高僧が発見したと伝わる湯が多い。草津や伊香保も、奈良時代の僧行基が発見したと伝わる。草津に関しては、源頼朝が鷹狩りに来た際入浴したという言い伝えもあり、共同浴場に御座（ござ）の湯（白旗（しらはた）の湯）の名が残されている。

一方、史実として草津と伊香保の地名が登場するのは中世、室町時代になってからである。いずれも室町時代中期の僧尭恵（ぎょうえ）の「北国紀行」で温泉に滞在したことが記されている。草津では鎌倉時代に本白根山を霊場とする修験者が薬師堂を建て修験に励んだとされ、伊香保でも温泉神社、湯前明神等の神仏の名が古くから記されていることから、温泉は宗教と結びつき、徐々に知られるようになっていったと言えよう。西日本の有馬、白浜、道後等の温泉地が古事記や日本書紀に記されるのに比べて登場は遅めで、源頼朝が鎌倉幕府を開いて以後、知られるようになっていく。

ちなみに、かつて草津は強い硫化水素臭から臭水（くさうづ）と呼ばれていたが、後の時代になってから草津に転化した。四万や水上等の温泉地は、江戸時代になってからの開湯として記録されている。

さて、ここからは推理も含まれてくるが、群馬の温泉を全国区にならしめたきっかけは「気候」と「戦」であったと推測している。その中で、群馬の湯は、医療と密接に関係し、現代の病院の役割を果たしていた。

まず中世の北半球では戦いが多発したが、その背景として、一三五〇年代に地球上の温暖期が終わり、およそ五〇〇年間にわたり太陽の黒点数が減少し寒冷化が続いた小氷期(Little Ice Age)であったことが挙げられる。この間、地球上の火山活動も活発化し大噴火も集中した。

この頃、北半球はシュペーラー極小期で寒冷化し、ヨーロッパでは森林が消滅し、食料不足や社会不安が続き、魔女狩りが横行した。日本でも社会不安は増し、タイのアユタヤやベトナムのホイアンへと東南アジアへの移民も活況となった。

小氷期の最中である一五四三年、種子島に鉄砲が伝来した。一五五三年から川中島の戦いが、一五六〇年には桶狭間の戦い、一五七五年に長篠の戦いと歴史上に知られる戦が続くが、この戦国時代に、武田信玄や織田信長の家臣たちが草津へ湯治に訪れている。

それは戦傷の疵に草津の強酸性の湯が効くからに他ならなかったのだが、もうひとつ、草津地域で採掘される火薬の原料となる明礬(みょうばん)を目当てにしていたのではないだろうか。

2　温泉地は江戸期の総合病院

草津をはじめ、群馬県内の温泉がにぎわいを見せるのは、江戸時代になってからである。戦国末期の説話集「塵塚物語」には、草津は和国第一の熱泉で衆痾を治し、瘡毒、腫物の類はかならず一〇人中八、九人は治すとある。ここで書かれる瘡毒とは、江戸期に流行した梅毒のことであり、殺菌力の強い強酸性の湯にすがろうと多くの庶民が草津を目指した。ただし、草津の湯は熱く、現代でも湯冷ましをするための湯もみが伝わるが、病を治したい一心から忍耐をしながら身を任せる厳しい湯治だった。

草津温泉は今でも強酸性の湯は変わらず湧き続けているが、酸で溶けてしまうことから貴金属を身につけての入浴等は禁止されている。

江戸時代における湯治とは、七日を一廻りとして、二〜三廻り滞在することが一般的であったが、強い草津の湯での長逗留で、病は治っても皮膚が湯ただれを起こしてしまうことがあった。そのため、草津往還上にある温泉地、例えば沢渡温泉は草津の治し湯とされ、川原湯温泉は仕上げ湯と言われ、草津の湯で荒れた肌を整える役割を担った。沢渡温泉は「一浴玉の肌」とうたわれる肌に優しい湯である。吾妻渓谷一帯は、草津と違い、日本三美人湯のひとつである川中温泉をはじめ、保湿に優れた温泉が多く湧く。現代でも草津温泉の帰りに寄ってみてはどうだろう。

群馬県の温泉は、草津と万座が強酸性で殺菌力のある外科の湯である一方で、古くから保温効果のある子宝の湯として知られる伊香保温泉は、かつては蒸湯もあり、神経症や婦人病に効くとされた内科の湯である。上毛かるたで「世の塵洗う」とうたわれ、四万の病に効くとされる四万温泉は、温泉街で飲泉もできる胃腸の湯であり、江戸時代に群馬県は温泉療法の総合病院として機能していた。

現在でも、沢渡温泉や上牧(かみもく)温泉には温泉地を活用した病院もある。蘭学者で医師の高野長英は、沢渡温泉に住んでいたとされるが、おそらく草津を往復する病人たちの診察をしていたのだろう。こうした温泉療法の訴求は、現代では薬事法で禁止されているが、温泉は中世から変わることなく湧き続けており泉質も変わらない。

温泉は、滞在することにより湯治効果がみられることから、近代のような一泊旅行ではその効果を十分に享受できないが、今後新しく滞在型の現代湯治が芽生えることにより、中世に栄えた湯治に近い効果も得ることができるのではないだろうか。群馬県では、令和に入り、日常を離れて短期間滞在し心身のリセットを図る現代湯治についてリトリートと呼び、県を挙げてＰＲに努めているが、中世から続く温泉文化がその背景にある。

3　湯治から遊興の場へ

江戸時代まで栄えた湯治文化だが、明治に入り、長期間の逗留から一泊型へと変容していく。そのきっかけともなったターニングポイントが、江戸後期の一八〇五年に起きた箱根湯本温泉と小田原宿による、いわゆる一夜湯治事件である。江戸時代にはいくつかの宿

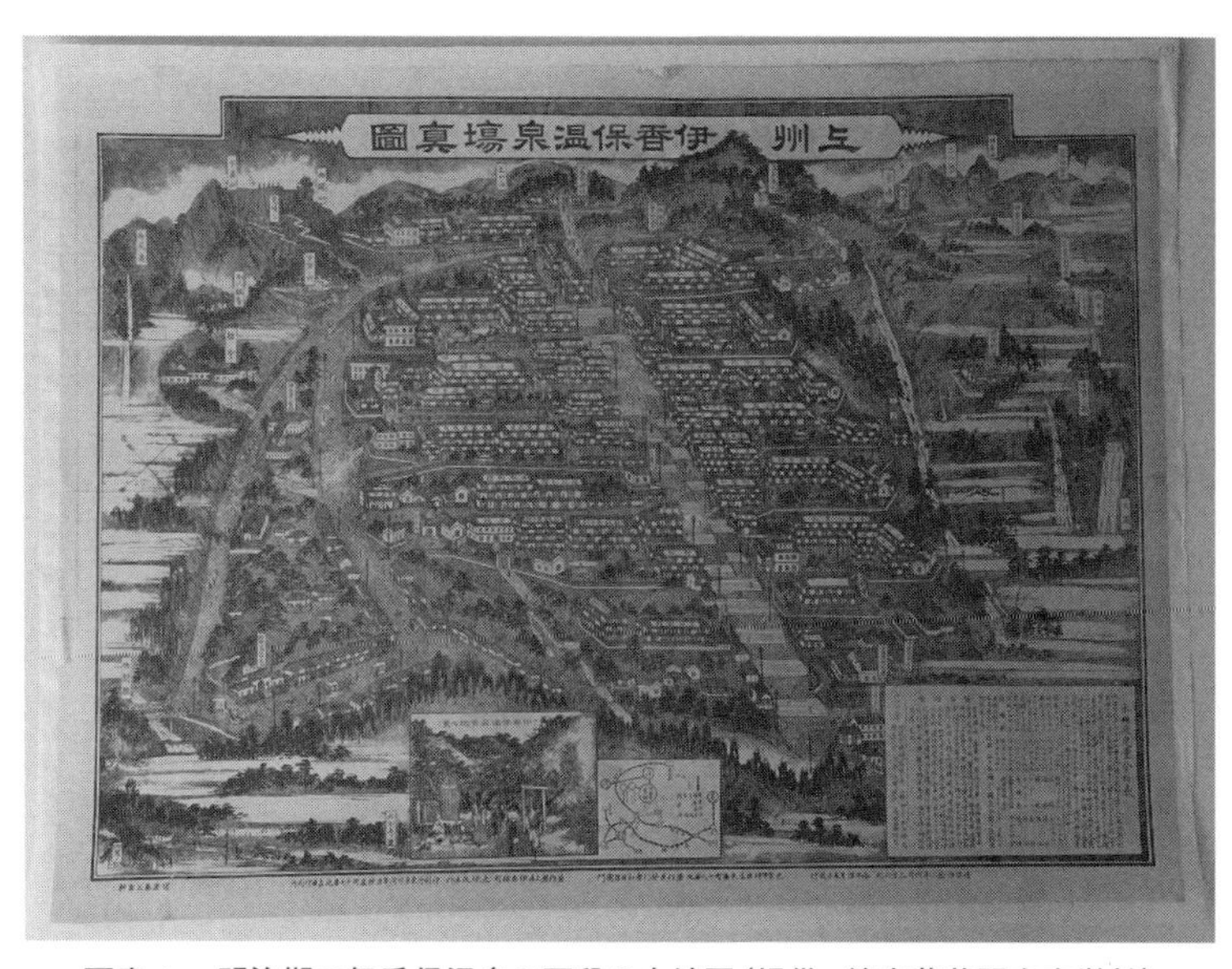

写真１　明治期の伊香保温泉の石段の古地図（提供：徳富蘆花記念文学館）

の形態があり、大名の宿泊する本陣、社寺参詣等の旅人が泊まる一泊限りの旅籠、長逗留して心身の治癒を図る湯治宿と目的によって区分され、泊数も決められていた。そうした中で、本来長逗留を原則とする湯治場の湯本の宿が、一夜湯治と称して一泊客（特に講と称する団体）を取っていたため、距離の近い宿場である小田原宿や箱根宿の旅籠が道中奉行に訴えた。結果として、既に一夜湯治は常態化していたと認められ、湯治場での一夜湯治が普及していく。

　この結果、伊勢や大山参詣のみならず、例えば善行寺参りでは精進落としの場として戸倉温泉や湯田中温泉で一夜湯治が行われ、にぎわったことから新たに一夜湯治を目的とした旅館も創業するなど、全国へと一夜湯治が広まっていった。その結果、人口が増えていく明治以後、温泉地は湯治の場から遊興の場へと変容していく。

温泉地の遊興化に伴い増えたのが湯女である。寒冷化して不作の時代が続いた江戸時代、年貢が支払えないと農家の女子は片道切符で旅籠屋に奉仕に出され飯盛女として働き、病から若くして亡くなっていったという歴史がある。飯盛女を置く旅籠屋は繁盛したことから湯女へと変遷したことも想定できるが、明治に入り、遊郭式の建築へと変化した記録が伊香保にも残る。医療の場から遊興の場への変化は、温泉にとってコペルニクス的な変化となった。

4　温泉地の活況と停滞

かつて石油の精製技術が確立して産業革命が起き、日本でも明治期に急増した人口は、二〇〇八年減少に転じた。人口が増えなかった江戸期の一夜湯治を起点とすれば、二〇〇年ぶりの人口減少期といえる。この間、温泉地は、一泊型の遊興型観光客でにぎわいを見せてきたが、変化が求められる時が来た。

最も温泉地がにぎわいを見せ、一九八〇年に最多軒数となる旅館業が栄華を極めたのが一九七〇年代だ。米国の思惑から一九七一年に変動相場制が導入されたニクソンショック以後、急激な円高シフトにより、製造業大国として輸出で経済成長を図っていた日本から工場の海外移転が始まった一方で、製造業に替わる産業として観光が注目され、旅行業が

写真２　現在の伊香保温泉の石段街（提供：渋川市）

活性化して海外旅行と国内旅行のパック旅行が発売されるようになり、ディスカバージャパンキャンペーンで国民は各地に観光に出かけていった。日本で最も人口の多い団塊の世代が社会に出る時期と重なり、その後温泉地は職場旅行や家族旅行でにぎわった。以後、団塊の世代は、二〇二〇年から新型コロナ感染症で自宅に籠らざるを得なくなるまで、五〇年間日本の観光市場をけん引した。

この間、日本の温泉宿の業態は、夕朝食が付き単価を稼ぐことのできる一泊二食型でほぼ固定化された。固定化された要因として、旅行業が構築した予約システムが旅館の料金形態や計算式を一泊二食型で標準化し、旅館業は旅行業に販売を依存したことが挙げられる。ただし、繁閑によって可変すべき室料と、原価により可変する食事料が合体してしまったがゆえに、食事なしの素泊まりや連泊・滞在など柔軟な宿泊に対応しにくくなった。

そして、コロナ禍を経て、現在、温泉地は

新たな需要創造を伴う抜本的な経営改革に迫られている。言い換えれば、人口減少期にみあった温泉地維新を果たす必要が生じていると言えよう。それは、かつて栄えた湯治場へと二〇〇年ぶりに回帰できるかどうかを試されていると言っても過言ではない。

5 湯治場への発展的回帰

二〇二一年、伊香保温泉では、国の補助金も活用し、温泉神社直下に建てられた鉄筋八階建ての廃屋が撤去された。同旅館は休業中の二〇二〇年に火災を起こし、煤で黒く汚れた建物が景観を損ねていた。こうした昭和遺産は各地に残っているが、人口減少時代に向けていかに撤去し、極論すればまた森や里山に戻していくかが課題となっている。同様に、水上温泉でも温泉街中央の鉄筋旅館の撤去が進められている。

こうした町の修景と再生が進むのと並行して、みなかみ町内に広がる赤谷の森と呼ばれる広大な水源林地帯では、イヌワシやオオタカが営巣する森の生態系を復元・保護し、後世に伝えようと赤谷（あかや）プロジェクトが行われている。そのエリア内で営業する一軒宿、法師温泉長寿館七代目館主の岡村建さんは「温泉は、半世紀前に森に降った雨が湧き出ており、森を守ることが温泉を守ることにつながる」と語る。

また、水上温泉で温泉宿蛍雪の宿尚文を営む阿部尚樹さんは「海のない群馬県で海の食材を使わず、地のものを使うことで、生産者をはじめ、旅館を取り巻く地域の方々を豊か

写真３　景観を損ねていた被災した休業旅館（伊香保温泉）（提供：渋川市）

写真４　廃屋撤去後、更地となり再生を待つ（提供：渋川市）

にしていく」と語り、旅館業は地域経済のハブとなり、地域にお金を循環させていく役割も担っていることを伝える。

今、人口減少をきっかけとして、温泉地のあり方の見直しと再生が進み始めている。

みなかみ町を含む雪国観光圏では、エコロッジジャパンというコンセプトに基づき温泉宿のソーシャルインパクトの追求を始めた。元来、温泉宿は、地域の環境や文化を守り、地域から食材等を仕入れ、地域の人々を雇用する、地域への還元の多い業種である。しかし、規模の経済に巻き込まれた結果、温泉を沸かすための燃油を大量消費し、日本全国どこに行っても輸入品のエビ、カニ、牛肉オンパレードの赤ものを使った宴会料理に変わり、大量に観光ごみを排出する業態に向かってしまった。実際に、住民一人当たり一日のごみ排出量の多い市町村には観光地が多い。群馬県では、草津町が最も多く、片品村がそれに次ぐ（二〇二三年現在）。リサイクル施設の有無も影響するが、観光客が残していくごみの影響も少なくない。こうした時代を省みて、もう一度原点に立ち返り、地域の環境と

Luxury Eco lodges in Japan

Eco Lodges surrounded by nature and with a good relationship with the local community

Choosing the right typography can be the difference in having a low bounce rate rather than a high one. Choosing a bold typography, especially in a big font size, can really grab the attention of your site user.

写真５　エコロッジジャパンホームページ（英文）

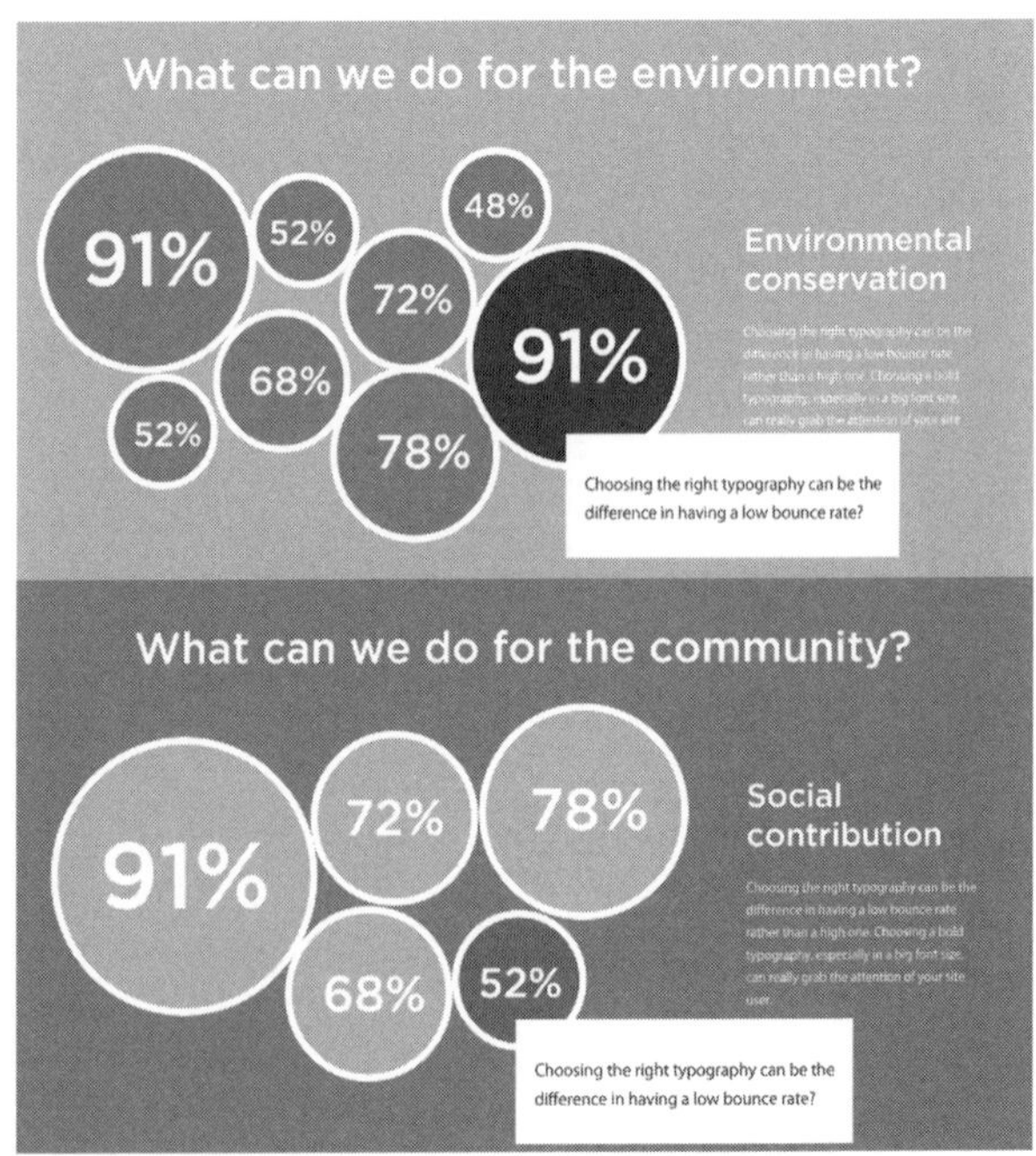

写真６　エコロッジジャパンホームページ（環境や地域社会への貢献）

産業を守るハブとして原点回帰を目指す試みがエコロッジジャパンである。

エコロッジジャパンの宿が立地するのは、首都圏の水源地の森であり、宿の水源は全て宿から五㎞圏内にある。しかし、その一方で、お客様が購入されたプラスチックのペットボトルは現地で捨てられ、ごみ収集として地元の負担となっている。そこで、宿ではおいしい冷水を飲んでいただくことによりごみを減らそうという取組みも行っている。世の中では脱炭素に向けた脱プラスチックが注目されがちだが、たとえプラスチックを減らしても焼却ごみを減らさない限り地域の環境や経済を守ることにはつながらない。例えば、ペットボトルをマテリアルリサイクルするためには洗浄しなくてはならないが、多くの宿泊客は中身を残したまま地域に捨てていく。その後、国内外の誰かが洗浄コストを負担するか、リサイクルされずに焼却されるかの運命をたどる可能性が高い。利用者に洗浄を強いるわけにもいかないサービス経済の現状をふまえ、エコロッジジャパンではリデュース（ごみを出さないこと）を選択し目標としている。

人口増加に伴う経済成長を経て日本は豊かになった。一方で経済成長期に身に付いた生活習慣を変えるにも時間がかかる。しかし、私たち消費者は、人口増加期はすでに終わっていることに気づくことも大切だ。現在は、人口構造が江戸期に回帰する過渡期にある。日本では、二〇二三年に、人口推計上（死亡高位・出生低位）の最多人口が団塊の世代（当時七四歳）から、団塊ジュニア世代（同五〇歳）にバトンタッチした。また、団塊ジュニアがリタイアを始める二〇四〇年に向けて人口ピラミッドはこれまでの正三角形から逆三角形へと変わっていく。それとともに生産性追求と都市化、少子化が進み、経済・社会が大きく変わることが予想される。

例えば、生産年齢人口が年々減少するため、女性や高齢者の労働参加が極限まで増えていく。労働生産性追求のため都市への人口流入が進み、結婚制度の見直し等がない限り、未婚・晩婚化も一層顕著となり、シングルエコノミーが到来する。一人の上司に複数の部下で成り立った日本型組織は崩壊し、ジョブ型給与で働く専門職化や起業してフリーランス化が進む。

こうした予測をした時、温泉地は、人口減少期でも持続可能となるための需要創造をもって生き残らなくてはならない。それは、増え続ける日常の不安や願いを需要として取り込み、生活者が滞在して自らのケアを行う異日常圏への転換である。温泉地の異日常化は、これまで余った時間に増え続けて余ったお金で旅をした非日常観光からの転換であり、かつて治療・療養の場であった湯治場への発展的回帰とも言える。

6　非日常から異日常へ

新しい湯治場へと回帰していくために、全国各地で様々な取り組みが行われるようになってきた。コロナ禍を経てリモートワーク機会が増えたことにより、日常の仕事をこなしながら第二のふるさとのような旅先で自分をみつめ、温泉で心身をケアしながら、費用をかけずに滞在する新たな需要などが典型であろう。

旅先での休暇中に一時的に仕事をする休み方、働き方をワーケーション（Work＋Vacationを組み合わせた造語）と呼び、リモートワークが一般化したホワイトカラーに旅先での滞在を呼びかける自治体も増えてきている。群馬県×ワーケーションでネット検索してもあちこちの温泉地の取組みが検索されることでもわかる。

人口減少時代に労働者は常に労働生産性が追求され、給与は、より長く、より多く業務をこなすことのできる能力をベースにした職能給から、より短期間に効率よく成果を上げることのできる個人スキルをベースにした職務給へと徐々にシフトし、管理職の業務も労

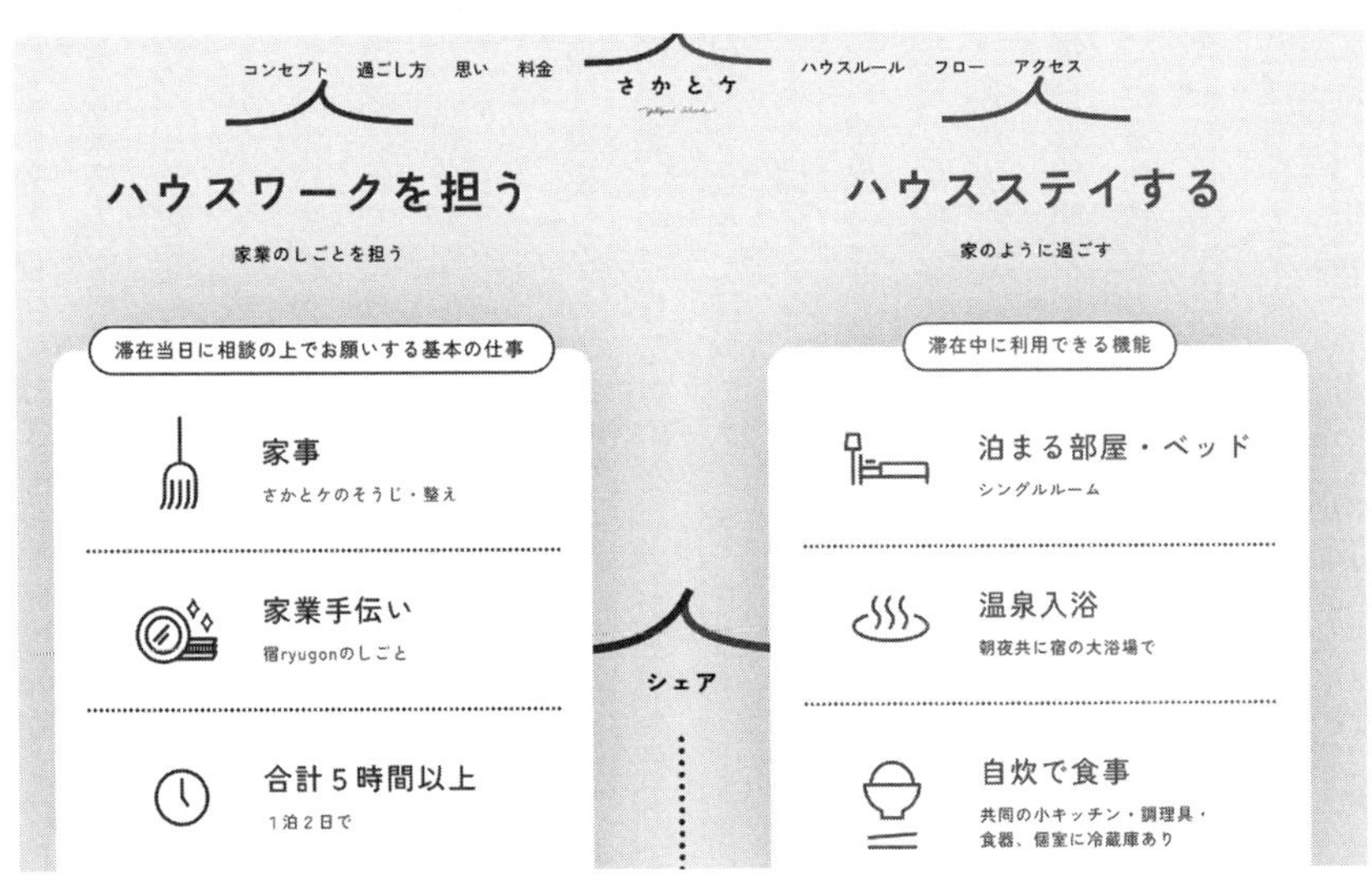

写真7　ryugonさかとケホームページ（さかとケの仕組み）

働時間の管理からチームビルディングや業務プロセス管理へと変わりつつある。それに伴い、同じ時間に同じ場所で働く必要が薄れ、働く時間や場所にこだわらず、最も生産性の上がる方法で働くことが求められるようになってきている。そのため、仕事に集中でき、時々リフレッシュできる旅先の環境も職場の選択肢に含まれるようになり、新たな需要となっているといえる。

しかし、ワーケーションの課題は、労働法上のリスク及び費用の負担者である。日本の労働法上、裁量労働ができるのは研究等の専門職に就く一部の労働者に限られ、多くの労働者は自己裁量での勤務はできない。その理由として裁量労働をすれば労働時間が長くなるおそれがあるためと言われるが、そもそもそれは個人のスキルを勘案しない労働を前提とした話であり、時代に合わせた運用にはまだ少し時間がかかりそうだ。また、費用負担者を雇用側とした場合、労働災害の対象としての扱いが課題となる。そのため、日本でのワーケーションは、個人が費用負担をした休暇中にリモートワークをすることを前提として考えられている。いずれにしても、労働時間をベースにした勤務体系のサラリーマンが温泉でワーケーションというのはまだまだ理想なのだろう。むしろ、サラリーマンをリタイアし、起業家やフリーランスとして独立する人が増え、働く時間と場所を問わない働き方が目立つようになっていくほうが早いと思う。

エコロッジジャパンの一軒、新潟県南魚沼市六日町温泉の古民家宿 ryugon では、自らの仕事をしながら、かつ旅館の仕事もお手伝いしつつ、事実上宿泊料免除で滞在する「さかとケ」の試行を始めた。さかと（坂戸）は地域名であり、ケは家の意味を指す。あるいはハレとケで示される「ケ（日常）」の意味も含んでいる。つまり、旅館は家であり、さかとケは戻ってくるところという意味合いを持つ。さかとケの背景には、若年層の地域外への流出と高齢層の引退や自然減により地域で働く人手不足が顕著となってきたことに加えて、環境を変えて働きたい都市住民の願いの顕在化がある。

さかとケは、宿の一角に造られたシングルルームに寝泊まりし、午前中または夕方以後、毎日五時間の宿の仕事を手伝い、その他の時間では自分の仕事や気分転換に費やすことができる仕組みで、二〇二三年から会員を募っている。ryugon を経営する株式会社いせん代表の井口智裕さんは、常に非日常から異日常へのシフトを訴え、その時代変化に対応した試みを様々実践しており、その一環といえる。

二〇〇〇年間続いた人口増加時代の観光は、非日常空間・時間での遊興と定義されていた。

しかし、これからの人口減少・停滞時代には、異日常における日常の拡張になっていくだろう。それは、労働や教育、あるいは育児や介護の拡張でもあり、温泉地はその空間提供を行う役割を担うようになっていくのではないかと想像している。

デンマークのコペンハーゲン市は、二〇一七年に「観光終焉宣言」を行った。これは、まさに日本の温泉地、ひいては観光の未来に対する予言であったと思える。終焉の背景は、観光客として扱われたい観光客は減少していることであり、今後、観光客は一時的な市民として迎え、コミュニティで協業していく時代に入ったと記されている。コペンハーゲンで二拠点生活経験のあるクリエイティブディレクターの宇田川裕喜氏は、コペンハーゲンの歩き方として一時的市民が体験すべきこととして、次の七つを例示している。

① コミュニティディナー（住民と観光客が共存するディナー）
② 自転車生活
③ キャッシュレス生活
④ 運河での遊泳（サウナイベントの後に入るのが典型例）
⑤ ダークトーンのコーディネート（黒やグレーのドレスコード）
⑥ リノベーションで花咲くスモールビジネス
⑦ 平日のピクニック

これらは、まさに遅ればせながら日本でも現象化している要素ではないだろうか。

日本の宿泊業の労働生産性は一九九三年をピークに、三〇年間、減少の一途をたどっている。その要因として営業利益率の低下があったが、言い換えれば、新しい需要を三〇年間創造してくることができなかったと言える。二〇〇〇年前に生まれ、人口増加時代の非日常なレジャー需要はすでに三〇年前からフェードアウトし、井口氏やコペンハーゲン市が気づいたように、異日常需要へとシフトしている。人口増加期の観光はまさに「終焉」を迎え、地域とともに生み出していく新しい観光（地域に一時的に暮らすように旅をする、温泉地で言えば現代湯治）が芽生えつつあると考えるのが妥当だろう。

おわりに

草津温泉では、後継者がなく廃業した旅館を地元の旅館が承継することによる素泊まり宿化が進んでいる。これまで一泊二食型で宴会料理を提供していた旅館の調理場を廃止し、宿泊客は自由に街で食事を取る形式に変えている。これにより、地域に飲食需要が生まれ、まち歩きでのにぎわいが戻りつつある。また、夕食が自由になることから、連泊・滞在もしやすくなるほか、宿泊料の五〇％を占める食事代がなくなることで料金はリーズナブルになる。また旅館にとって、室料のみの販売は利益率も高く、経営改善につながる。利用者・経営者いずれにとっても素泊まりは有難いシステムである。

なぜそうしたシステムにすぐ変えられなかったかといえば、一泊二食を前提とするパブリックスペースの多い建物に投資をし続けてきたためである。多くの旅館でその債務が残ったまま、業態を変えられずにいる。人口増加期において、温泉宿は宿泊業ではなく、飲食（泊まれる料亭）業としての業態化が進み、競合して価格競争にはまってしまったがゆえに、低収益業態となってしまったのである。

草津温泉は、まち歩きのできる町を目指し、再度、連泊のできる現代の湯治場へとシフトしようとしている。江戸時代に湯治宿は、人々が何度も通い、滞在することで成り立った。人口が減少していくこれからは、江戸時代の湯治宿同様に、生涯での訪問回数や一度当たりの滞在日数を延ばす工夫と仕組みづくりが求められている。

人口減少の時代にもおそらく減らない需要は、人々の不安や願いである。

例えば、少子化や生活のデジタル化が進み、子供にとって親子や特定の友人とのつながりが強くなる一方で大人と触れ合う社会化機会が不足し、成長が遅れ、メンタルに影響を来すようになったとすれば、温泉地は子供たちを受け入れ、様々な地域の人と触れ合う社会教育の場として機能することができる。

また、職場の労働環境が管理型から裁量労働型へと変化したとすれば、温泉地での滞在は、都市生活で失われた田舎生活を味わいながら一時的に職住近接で働くワーケーションの場となることもできるし、副業の場とすることも可能である。都市を離れ、地方に住んで子供を産み、子育てをするための移住先となることもできる。

そして、人々の寿命が延び、本格高齢社会が定常化した時、健康増進や介護予防のために人々は温泉地に滞在し、友人を作り、多様なアクティビティで教養を充足するようになる。

おそらく今後、不安な時代に生きる人々のため、心身のケアと自己実現を図る現代湯治の場として温泉地は進化し、機能するようになっていくだろう。その時、群馬の湯は都市からの近さを強みとして、一層脚光を浴びるようになっているに違いない。

さいごに、一つ願望がある。それは、地域に根ざした料理や調理法への回帰や訴求である。群馬県をはじめとする関東地方は、石灰岩系の地質をもつ山々に囲まれている。そのため、群馬県の温泉はカルシウムを含む泉質が多い。脊梁山脈をなす日本アルプスや谷川連峰などは花崗岩系であり、温泉の泉質も水質も異なってくる。大きく分けると、花崗岩系では軟水、石灰岩系では硬水が湧く傾向がある。これまで和食の主流となってきた京都の水は軟水であり、出汁がよく出る。旅館で働く調理師たちも京都流の調理法を学んできているとすれば、硬水系の関東では苦労してきたのではないかと推測もできる。むしろ、群馬県ではこれまで以上に群馬の水や風土に根ざした料理を提供していくことが理に適っているのではないかと思うのである。

群馬県は水の性質や乾燥する気候から小麦の生育に適している。そのため、水沢うどんや高崎パスタが有名であり、おっきりこみという郷土料理もある。そうした料理は、ややもするとB級グルメとしてくくられてしまいがちだが、そうではなく、地域の誇るガストロノミー（美食）の文脈に乗せていくことを願っている。前橋市中心部で廃業旅館をアートホテルとして再生した白井屋ホテルのダイニングでは、シェフたちの想像力に欧州で芽生えた分子調理の技法も加えて、焼きまんじゅうなど群馬県の食材、食文化の姿かたちを変えてコース料理へと展開し、新たな境地へといざなっている。

硬水のわく海なし県をポジティブにとらえ、日本では珍しい唯一の群馬ガストロノミーが生まれてくれれば、温泉の地力と合わせ鬼に金棒である。食べ歩きのできる温泉地こそ、群馬の新しい温泉文化になっていくのではないだろうか。

〔参考文献〕
群馬県『令和元年度温泉利用状況報告書（総括表明細）』群馬県、二〇二〇年
草津町『草津温泉誌　第二巻』草津町役場、一九九二年
伊香保町『伊香保誌』伊香保町役場、一九七〇年
田家康『気候文明史』日本経済新聞出版社、二〇一〇年
内田彩「温泉情報の流通からみる江戸後期の『湯治』の変容に関する研究」『観光研究』二三巻一号、二〇一一年
岩崎宗純『箱根七湯―歴史とその文化』有隣堂、一九七九年
宇佐美ミサ子『宿場と飯盛女』同成社、二〇〇〇年
雪国観光圏「（動画）一〇〇年後も雪国であるために―雪国のエコロッジ」『エコロッジジャパンin雪国』雪国観光圏、二〇二二年
宇田川裕喜「観光の終焉を宣言したコペンハーゲンの歩き方」『エコッツェリア　大丸有サステイナブルポータル』一般社団法人大丸有環境共生型まちづくり推進協会、二〇一九年
巽好幸『「美食地質学」入門』光文社、二〇二二年

column5

なぜ山の温泉宿でマグロが出るのか
――商圏と食文化のかかわり――

井門隆夫

群馬県でよく話題になるのが、民間調査による地域ブランド調査ランキングで評価が低いことである。同じく民間の地域元気指数では、全国の中くらいにランクインしていることから、地域ブランドは低くないと反論したくなる気持ちは理解できる。ちなみに、前者はその地域への訪問経験は抜きにした全国の消費者が対象で、後者は実際に住んでいる都道府県民を対象としている違いがある。全国の消費者は群馬県のブランドを低く評価し、群馬県に住んでいる県民はそうとは思わないということだ。

しかし、なぜ全国調査になると低くなるのだろうと考えた時、全国での知名度が低いからではという声がよく挙がる。たしかに、都道府県別の旅行者居住地との相関を調べてみると、域外からの旅行者が多い都道府県のほうが地域ブランド調査における魅力度が高い傾向がある。すなわち、全国各地から旅行者が来ている都道府県の魅力度は高くなると仮定することができる。

そうすると、群馬県はじめ北関東各県にもう少し遠方からの旅行者が増えれば、地域ブランドは高まるのかもしれない。しかし、それは裏返して考えれば、関東圏という巨大マーケットが控えているがゆえのぜいたくな悩みでもある。それほどＰＲに努めなくても、人口の多い関東圏からお客様が来てくれるからだ。

また、ある人は、群馬県は温泉がいくら強くても、食が弱みであり、食の魅力を高めなければ遠方からの旅行者の魅力度は高まらないという。たしかに「おいしいものを食べること」を目的とする旅行者比率は六・六％(1)と全国最低レベルである。群馬には、世界に輸出するほどの高品質なキャベツや上州地鶏、ソウルフードである豚のもつ煮や焼きまんじゅうなど個性的な食も多い。こんにゃくや上州牛も名産で、すき焼きの具材は全て県産で

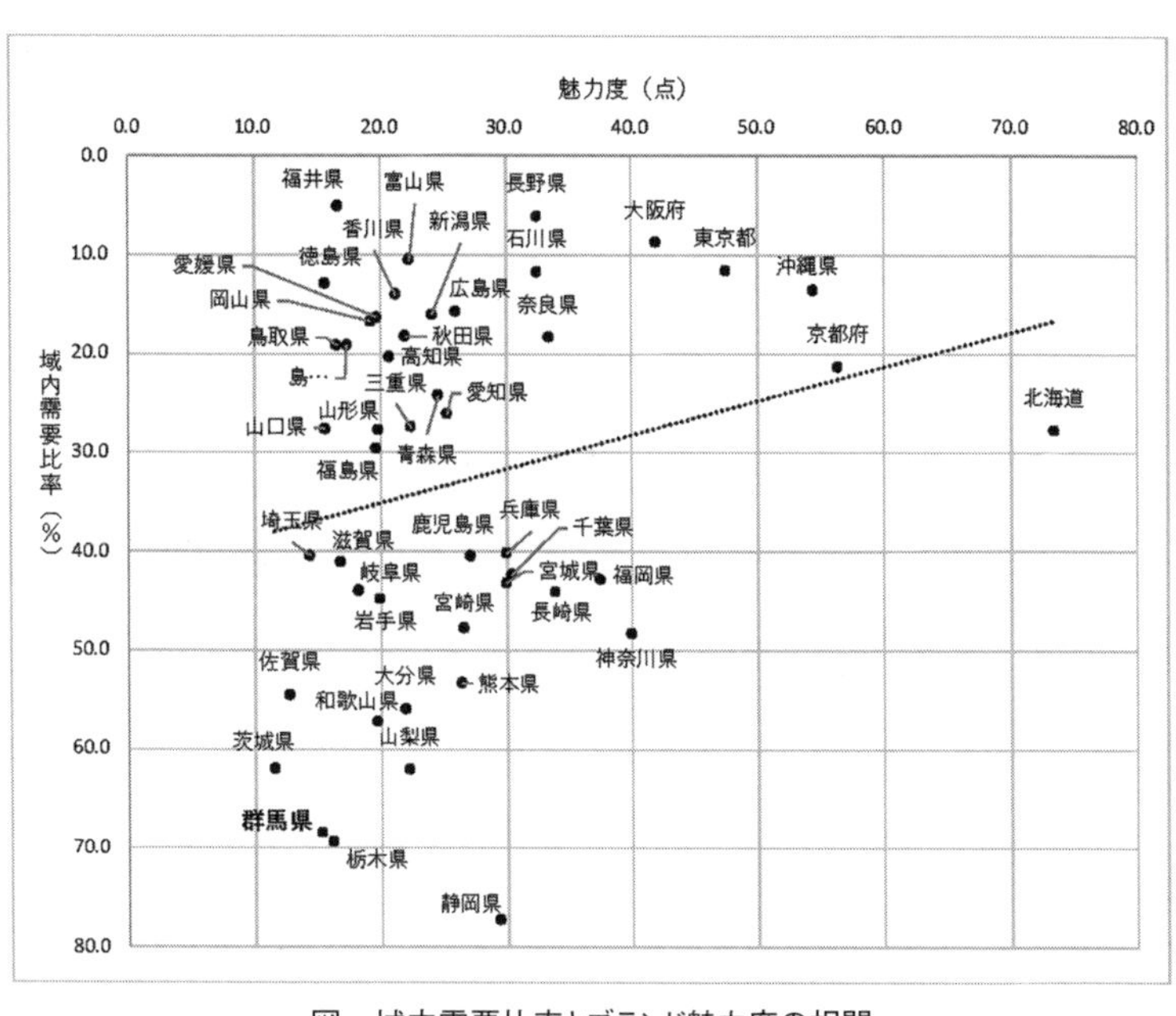

図　域内需要比率とブランド魅力度の相関

まかなえる。

ところが、いざ温泉宿に泊まってみると、目立つのは県産品よりもマグロの刺身だったりする。山の温泉でなぜマグロが出るのだと聞かれることも少なくない。温泉宿の女将に聞くと、それはおいしいからであり、かつお客様が喜ぶからだという。

海なし県の群馬でマグロが目立つのには理由がある。それは地域ブランド調査の背景と同じで、関東圏内からの旅行者が約七〇%と多くを占めるからである。

地域ブランド魅力度と域内需要比率をグラフにしてみると、域内需要が高く、地域ブランド魅力度の低い都道府県には北関東三軒がプロットされがちであるが、北関東三県は静岡県、山梨県と並び、マグロ消費量がトップクラスの県なのである。

マグロは主として関東圏で好まれる食材であるため、関東圏比率の高いエリアでは、旅行者を喜ばせるためにマグロを提供するというわけである。

しかし、山でマグロを提供することは、もしか

写真　マグロの刺身は群馬では定番。旅館の夕食（ホテル松本楼グレードアップ会席）

すると関東圏以外の遠方から来た旅行者にとっては、なぜ山でマグロが出るのかと思われ、地域ブランドを棄損するおそれもはらむ。解決策としては、県産品比率を高めることも大切だが、地元の食文化をストーリー化して伝えていくことが効果的だろう。例えば「群馬のマグロ」と称して、群馬県民が好んでマグロを食べる理由を物語化していく。

日本では数少ない硬水エリアである関東地方は、西日本のような昆布出汁や薄口醤油が生まれず、かつお出汁と濃口醤油が発達し、アジやサンマ、かつおやマグロなど脂身の多い魚との相性がよかった。特に脂分の多いマグロを濃口醤油に漬け込んでおくと保存がきいたことから、江戸時代のファストフードでもあった江戸前寿司の屋台では漬けマグロがよく売れた。そうして関東の人々にはマグロが浸透していったのである。

群馬県は、弁当の消費量も多く、大盛が好きな地でもある。マグロもしかり、たいそう食欲旺盛なイメージがあるが、それは、かつて陸軍の駐屯地があり、鉄道の要所であり、ガテン系の労働者が多かったからと推察もできる。昭和の時代に温泉地を支えた顧客層は、自衛隊であり、農協であり、地方公務員だった。今でこそ、団体は減り個人主体となったが、その頃に普遍化した群馬の温泉の食卓は今でもなおその残像を残し続けているのである。

〔付記〕地域ブランド魅力度は二〇二二年、域内需要比率は二〇一九年（新型コロナ感染症前）。新型コロナ期間はいずれの都道府県でも域内需要が高まる傾向が顕著であるため二〇一九年のデータを用いた。

〔注〕

（1）公益財団法人日本交通公社『旅行年報 二〇二二』、「旅行先（都道府県）別の最も楽しみにしていたこと」による。

〔参考文献〕
『地域ブランド調査二〇二一』株式会社ブランド総合研究所、二〇二二年
『地域元気指数調査二〇二一』株式会社アール・ピー・アイ、二〇二一年
『旅行年報二〇一九』公益財団法人日本交通公社、二〇二〇年
『旅行年報二〇二一』公益財団法人日本交通公社、二〇二二年

第2部 歴史・文化と関わる

第6章　歴史文化遺産の宝庫・桐生の魅力

――建築物と祭りを中心に――

石井清輝

はじめに

歴史的に見ると、養蚕、製糸、織物からなる絹産業は群馬県の重要な産業の一つとして欠かせないものである。群馬県は古くから養蚕製糸の一大産地として知られ、関連する文化遺産も数多く残されている。その代表的なものが、一八七二（明治五）年に設立された官営の富岡製糸場である。富岡製糸場は日本の製糸産業全体が衰退していく中で、一九八七年には操業を停止していたが、二〇一四年に関連する産業遺産群（田島弥平旧宅、高山社跡、荒船風穴）とあわせて世界遺産に登録されたため、改めて注目を集めることになった。群馬県が世界に誇る歴史文化遺産といえば、まずは「富岡製糸場と絹産業遺産群」をあげることに異論はなかろう。

もちろん富岡製糸場は群馬県民にとっても周知の絹遺産であるが、それ以外にも、「生糸のまち」で有名な前橋市、伊勢崎銘仙（めいせん）の産地である伊勢崎市、県内きっての機どころとされた桐生市などが群馬県では知られている。この中でも桐生市は、「西の西陣、東の桐生」という言葉が示すように、桐生御召・羽二重などの織物産業によって大いに栄えた町で、第二次世界大戦の空襲の被害をほとんど受けなかったこともあり、歴史的、文化的な遺産が今なお数多く残る魅力的な町である。固有の文化・伝統を語るストーリーを文化庁が認定する「日本遺産」事業の一つ「かかあ天下―ぐんまの絹遺産」を構成する文化財一三のうち、六つが桐生市内に位置していることからもその意義が知られるだろう。本章では、以下でまず簡単に桐生市の概要を確認した上で、「桐生新町」と呼ばれる旧市街地を中心に、歴史的な建築物や文化財、祭礼行事などの有形、無形の歴史文化遺産にスポットをあてて、関連する人々の営みにも目を向けつつ紹介していきたい。

1　桐生市の概要

桐生市は群馬県の東南部に位置しており、東は栃木県の足利市と接し、西は赤城山にまで達している。二〇二〇年の国勢調査によれば、人口は一〇万六四四五人である。かつては北関東有数の織物の町として名をはせたが、近年は人口減少、高齢化が急速に進んでいる（図1、図2）。背景には、桐生市の主たる産業であった繊維産業の衰退と、周辺の太田市や伊勢崎市のような機械産業への移行が順調に進まなかったという事情がある。

桐生市も多くの地方都市と同様、地場産業の衰退、中心市街地の空洞化、空き家の増加といった問題に直面しており、市民、行政共に様々な取り組みを進めてきた。その中でも、

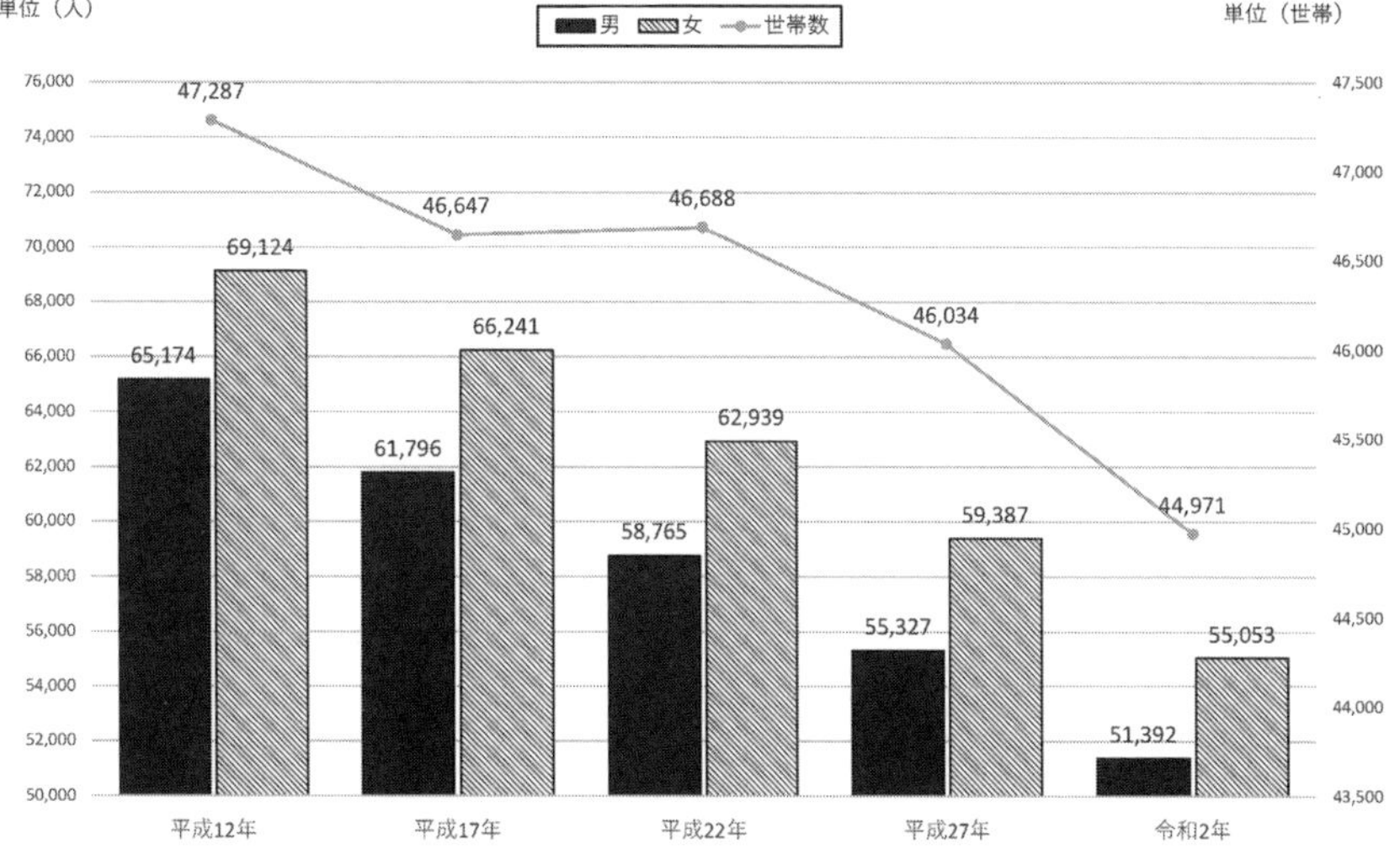

※平成12年については、平成17年に合併する黒保根村、新里村の2村を含んでいる。

図１　桐生市　男女別人口・世帯数の推移（出典：国勢調査より作成）

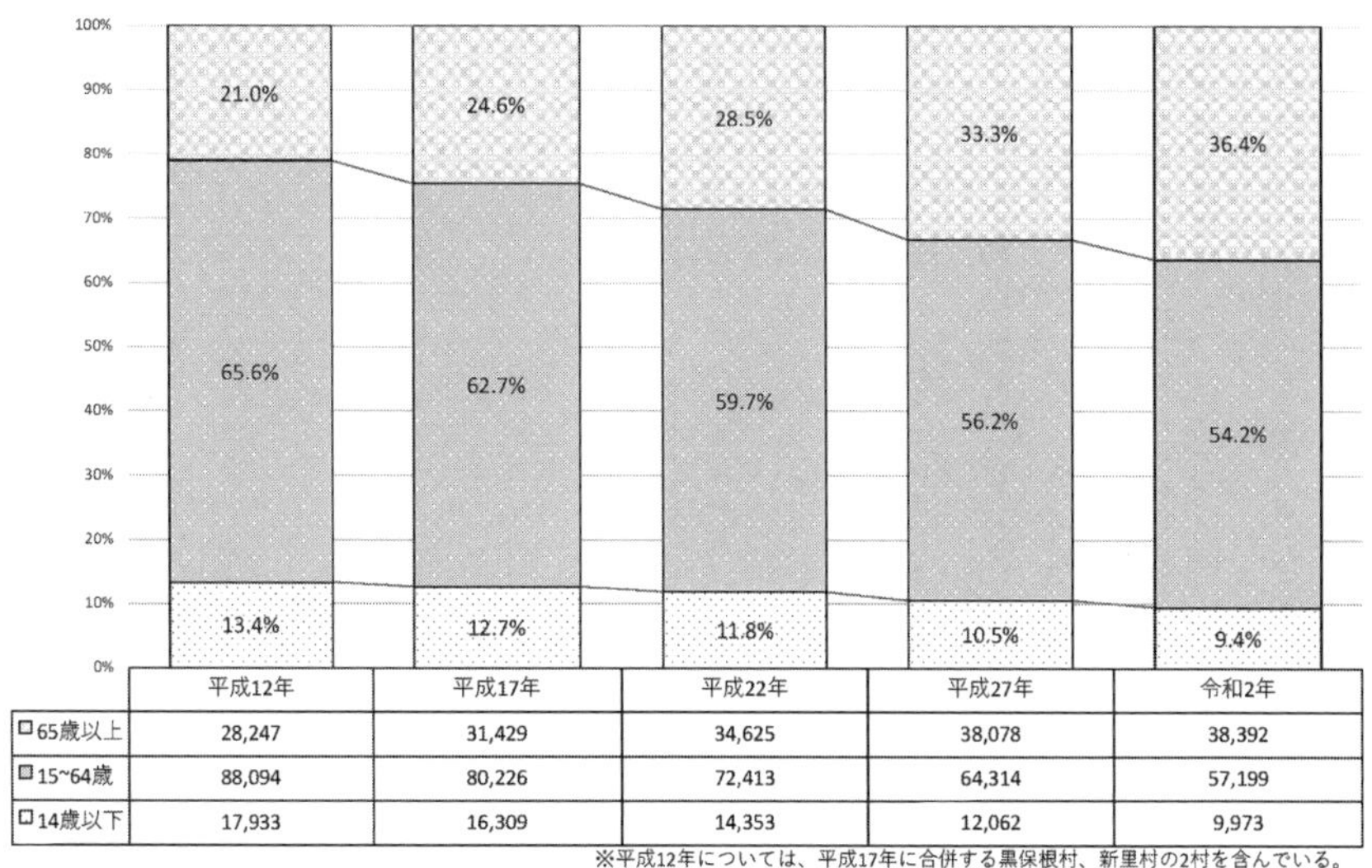

	平成12年	平成17年	平成22年	平成27年	令和2年
□65歳以上	28,247	31,429	34,625	38,078	38,392
□15~64歳	88,094	80,226	72,413	64,314	57,199
□14歳以下	17,933	16,309	14,353	12,062	9,973

※平成12年については、平成17年に合併する黒保根村、新里村の2村を含んでいる。

図２　桐生市　年齢３区分別人口の推移（出典：国勢調査より作成）

今後の桐生市を考える上で、残されてきた歴史文化遺産の保存、活用は重要な方向性の一つになっている。最近では、二〇〇八年に施行された「地域における歴史的風致の維持及び向上に関する法律」（通称歴史まちづくり法）に基づき、「歴史的風致維持向上計画」を策定し二〇一八年に認定を受け、歴史文化遺産を核としたまちづくりが進められている。

2　ノコギリ屋根と桐生新町重要伝統的建造物群保存地区

ノコギリ屋根工場の再生

まず桐生市内を歩いていると、独特の形状をした屋根を持つ建物が方々にあることに気づくはずである。これが、桐生市のマスコットキャラクター（キノピー）にもなっているノコギリ屋根の工場である。

ノコギリ屋根は、工場内の採光を一定にするため、屋根をノコギリ状にし、直射日光を避けて北向きに垂直面を設け、そこに明かり窓を付けることで生まれる独特の屋根の形状で、二〇〇四年時点の調査では二三七棟が確認されており、その半数は戦前に建設されたものである。ノコギリ屋根の工場群は桐生が誇る地域固有の資源として次第にその価値も見直され、活用に向けての議論も進められてきた。ただし、建物の構造上の問題、立地上の特性から取り壊される例も多く、順調に活用されてきたとは言い難い。具体的には、建物の構造的に屋根面が広く、また窪んだ箇所に落ち葉や雨がたまり雨漏りが起きやすいため、日常的なメンテナンスのコストが大きくなる。また、立地的にも、桐生の織物業が家

写真 1　ノコギリ屋根の工場

内工業的な形態を特徴としているため、住宅と工場が隣接している場合が多く、再利用の際にプライバシーの問題が生じやすいという問題がある。このような再活用に向けての構造上、立地上の困難を抱えつつも、ベーカリー、菓子店、美容院など、歴史的な雰囲気や大きな空間の魅力に着目した活用例も増えてきている。

「桐生新町」と重要伝統的建造物群保存地区

市内でも特に歴史的な建築物が集中し、桐生新町重要伝統的建造物群保存地区（以下、重伝建地区）に選定されているのが、本町一、二丁目を中心としたエリアである。

同地区の面積は約一三・四ヘクタール（東西約二六〇メートル、南北約八二〇メートル）で、二〇一二年に全国で九四番目、関東地方で五番目に重伝建地区に選定された。「桐生新町」とは、徳川家康の命を受け、一五九一年に代官大久保長安の手代大野八右衛門により新たに町立てされた、現在の本町一丁目から本町六丁目までと横山町を指し、いわば桐生という町の発祥の地といえる場所である。本町一、二丁目付近は現在でも町立て当初からの敷地形態（間口七間、奥行四〇間）と、江戸後期から昭和初期に建てられた主屋、土蔵、ノコギリ屋根工場などが残されており、地区内の約四〇〇棟の建物のうち、六割ほどが昭和初期までに建てられた建物となっている（図３）。

重伝建制度は、一九七五年の文化財保護法の改正で、歴史的集落・町並みを保存するた

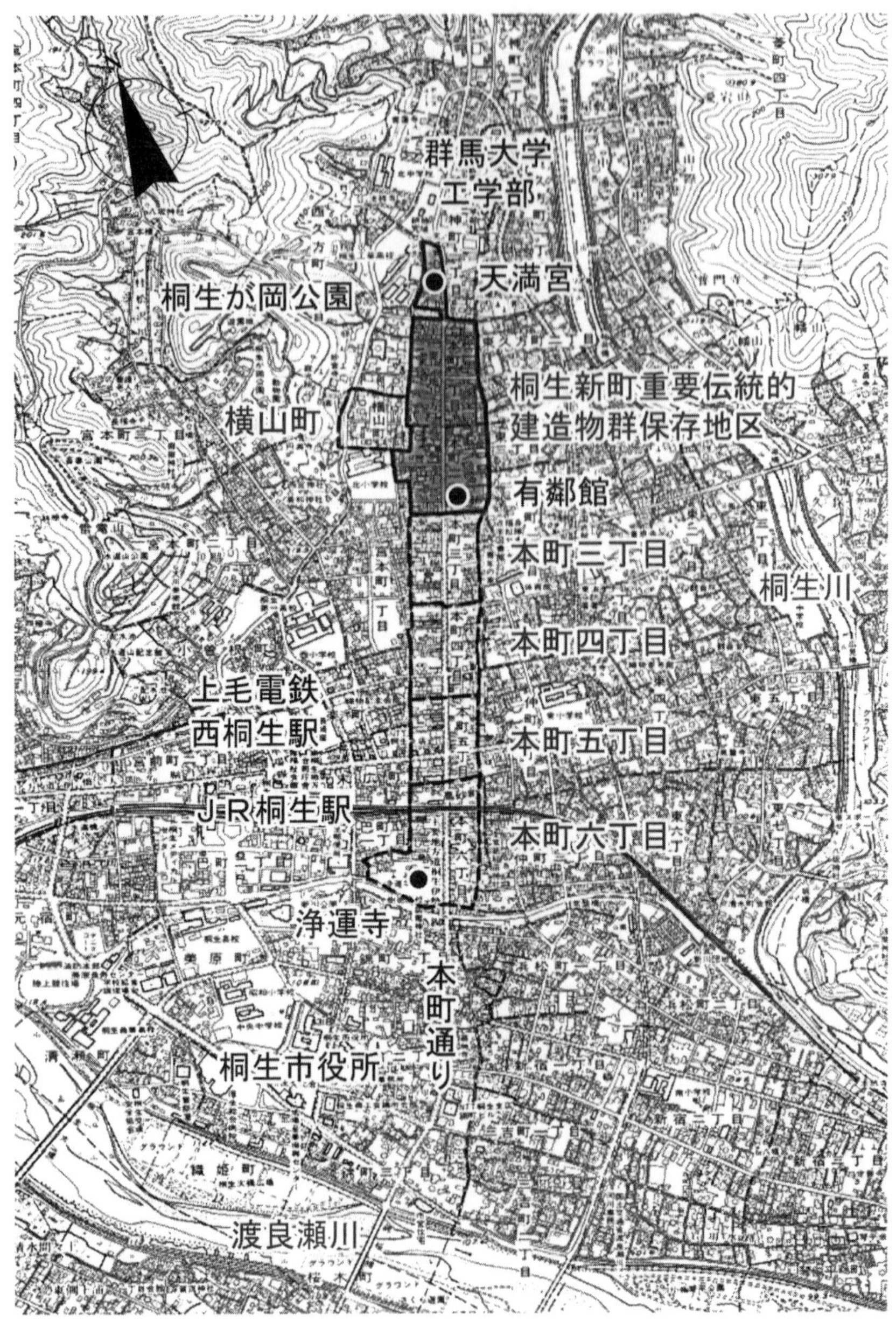

図 3　保存地区の位置（出典：リーフレット『桐生新町の町並み　第２版』2014年、桐生市産業経済部日本遺産活用室発行より）

めに設けられた制度である。「伝統的建造物群」（以下伝建）とは、「周囲の環境と一体をなして歴史的風致を形成している伝統的な建造物群で価値が高いもの」と定義され、市町村が都市計画、または条例によって伝建地区を定めることができる。さらに申請に基づいて、国が伝建地区のうち価値の高いものを重要伝統的建造物群保存地区に選定する。これまでの文化財の体系が、国―都道府県―市町村の三層からなるトップダウン型を中心としていたのに対し、伝建地区の場合は、市町村がイニシアティブをとり、これを国が支援する形で（指定ではなく）選定を行うというボトムアップ型の保全システムとなっている点に制度的な特徴がある（西村 二〇〇三、一二一―一三）。これは、保存対象の建物に住民が住んでおり、その選定が住民たちの生活に大きな影響を与えるため、指定の役割を住民との意思疎通が図りやすい基礎自治体が担うべきだという考え方によっている。二〇二三年現在、全国で一二六地区が選定されており、群馬県内には中之条町六合赤岩（山村・養蚕集落）と桐生新町（製織町）の二つが存在する。

重伝建地区への道のり

桐生新町の場合は、一九九〇年に二丁目にある一一棟の蔵群（現在は市が所有する有鄰館となっている）の活用に関する市民と行政の協議から歴史的建築物の保存活動が始まった。そもそも、この地区で重伝建を目指す動きが生まれた背景には、他地区とは異なる独自の状況があった。桐生新町の本町三～六丁目までは一九八〇年代までには既に大通りの拡幅工事と商店街の街路、景観整備が進んでいたのに対し、一、二丁目の道路拡幅は都市計画決定がされていたにも関わらず工事が止まっていた。その結果、歴史的な町並みが残さ

表1　歴史まちづくりの流れ（桐生市提供資料と取材に基づき筆者作成）

年度	出来事	備考
1990	群馬県近代化遺産総合調査（群馬県） 蔵活用会議開催	市民、行政による蔵群の活用に関する協議
1991	矢野蔵群（現有鄰館）桐生市が借受	
1992	まちづくりフォーラム開催	
1993	伝統的建造物群保存対策調査（国庫補助事業）	
1994	都市景観条例制定、景観形成基本計画策定	
1995	伝建群指定に向けた条例制定要望	本町1丁目町会より
1996	買場紗綾市開始	住民による伝建群指定活動の一環
1999	本一・本二まちづくりの会設立準備 伝建同意活動（206世帯、60％）	住民有志による
2000	本一・本二まちづくりの会発足	
2001	第4次総合計画に「伝建群指定支援」が盛り込まれる まちうち再生総合支援事業（県費補助事業）導入	以後、マップ作成、ワークショップ、視察、講演会、まちづくり塾の実施、まちづくり構造・基本計画の策定
2007	伝建群指定への要望	まちづくりの会より（同意約76％）
2008	伝建群推進室設置	
2009	保存審議会設置・開催 本町通り道路検討会の開催 桐生新町まちづくり事業推進計画の策定	地区内の道路のあり方を検討 地区を核とした広範囲な歴史まちづくりのあり方を位置づけ
2010	保存計画作成検討会の開催	官民共同での計画内容の検討
2012	重伝建選定の申出 重伝建選定の告示	

れることになったのだが、一方で同地区はある意味で開発から取り残されていたともいえ、その分、他地区よりも早く地域の将来像を考えざるを得ない状況に置かれていた。その際に浮上してきたのが、今ある歴史的町並みを残してまちづくりに活かすという方向性であった。

とはいえ、関係者の方々にお話を伺うと、当初は道路の拡幅は既定の流れで、そもそも重伝建の制度のことも知らず、建築物を保存、活用していくという発想も全くなかったという。それが、一部行政職員や専門家のアドバイスもあり、住民有志を中心にまちづくりフォーラムや講演会、各地の視察等を繰り返すことで、徐々に建築物の保存活動や重伝建制度について理解を深め、町並みの保存、活用を中心としたまちづくりを目指す、という合意が作られていったのである。歴史的環境保存の社会学的研究では、なぜ保存しようとするのか、という「保存の論理」が問われることが多いが（堀川 二〇一八など）、同地区においては、まちづくりの方法、方向性の一つとして町並みの保存、活用が選択された、と答えることが出来るだろう。

　重伝建のまちを目指す過程では、住民による様々な活動が派生していった。その一つが、現在も続いている買場紗綾市（かいばさやいち）である。買場紗綾市は毎月第一土曜日に開催される青空市で、「売るのは文化！」をキャッチフレーズに一九九六年に始まった。紗綾市は重伝建に選定された後の、にぎわいを取り戻した町の姿を実感してもらうための催しとして構想された。その経緯は、『伝建群を目指して～桐生・買場紗綾市の試み』に記録されており、伝建群を目指した人びとの考えや歩みを辿ることができる。そこから読み取ることができるのは、自分たちの町の建築物、歴史、文化を学びながら、改めてそれらを地域の「かけがえのない財産」と捉えなおし、残していくことの意義を自覚していく過程である。そして、このような取り組みを基盤に、二〇〇〇年には多くの住民の賛同を得て、歴史的な町並みを生かしたまちづくりをすすめるためのＮＰＯ「本一・本二まちづくりの会」も設立され、二〇一二年の選定に結実したのである（表1）。

3　桐生祇園祭――その変化と現在

桐生祇園祭の歴史的変遷

桐生新町という地区の由来は先述したが、この本町一～六丁目、横山町が担い手となって毎年夏に開催されているのが桐生祇園祭である。重伝建地区の一、二丁目に限らず、桐生新町の住民の方々と話していると、ほぼ確実に祇園祭についての話が出てくる。祇園祭を含む「桐生八木節まつり」は桐生の夏の風物詩となっており、近年では「八木節」の方が大きく取り上げられることが多くなってきたが、この地区に関して言えば、祇園祭に非常に強い思い入れを抱いている方が多い。それは、「祇園祭があるからこの地区の人間関係は維持されてきた」という言葉が住民からしばしば聞かれるように、地域社会の紐帯を形成、維持する役割を長らく果たしてきたためでもある。その意味で、桐生祇園祭はこの町の歴史的建築物というハード面を支えている、人間関係というソフト面を考える上で欠かせない要素の一つなのである。

写真２　桐生祇園祭

そもそも祇園祭とは、平安時代の八六九年に勅令により行われた祇園御霊会（ぎおんごりょうえ）が起源とされる。当時の国の数と同じ六六本の矛を立て、神泉苑（現在の八坂神社）に神輿を送って祀り、疫病退散を祈願したという。桐生の祇園祭は、一六五六（明暦二）年に、現在の本町三丁目市営住宅地内にあった衆生院の境内で、京都の祇園会に倣い、牛頭天王（ごずてんのう）を祀り疫病退散を祈願する子供の手踊りが行われたことが起源とされている。一七五九（宝暦九）年からは輪番で本町一〜六丁目が順に当番町となる輪番町制が導入されて現在に至っている。当番町は「天王町」ともよばれ、当年の祭礼を主宰するとともに、町内に御借屋（御旅所）を設置し、祭礼の期間中の神輿の保管責任を負う。また、神事である「本祭（ほんまつり）」を賑やかすための余興である「付祭（つけまつり）」に趣向を凝らすことも習わしとなっている。

祭りのこれまでの変化を辿ってみると、一八〇〇年代半ばまでは神輿渡御を中心に、小規模な屋台も出され付祭が組まれていたとされる。それが一八〇〇年代半ばから明治初年にかけて、各町で大店からの奉納もあり、趣向を凝らした屋台や鉾が続々と作られ、明治初期までは夜の屋台の曳違いが祭りのハイライトになっていたという。それが明治三七、八（一九〇四、五）年頃、電灯・電話線が町中にひきめぐらされたことで屋台の通行が困難になり、その曳違いを衰微させ、再び神輿中心の祭礼に戻っていった（松平一九八三、九〇）。その間、衆生院は明治維新の影響で一八七〇（明治三）年に廃寺になり、その後一九〇八年に他の神々と共に美和神社へ合祀されている。

江戸時代から続けられてきた祇園祭は、桐生の織物産業の盛衰と共に推移し、戦後になると次第に人手や資金が不足するようになっていった。例えば神輿担ぎについて見ると、かつては在郷から舁き手を集め、当番町の若者がその差配をして各町をねり歩く形式であったのが、昭和三〇年代半ばには人手も資金も不足し、各町内だけを自分達で舁く「肩送り」方式が採用されることになった。さらに、自主財源による祭礼の運営も難しくなり、行政の援助の下、一九六四年に春の商工祭、夏の七夕祭、花火などとひとくくりにした「桐生まつり」が誕生し、祇園祭礼もその中の一つに位置付けられることになった（松平一九八三、一九四）。その後の一九八八年に「桐生八木節まつり」と正式名称の変更があったことからも分かるように、以前は田舎芝居と屋台、鉾中心の付祭であったものが、六四年を境に、囃子方を櫓の上に乗せ、周りを踊り廻る八木節中心の祭りへと変質していったのである。

写真3　八木節

祇園祭から八木節へ――なぜ八木節が盛んになったのか

八木節の源流は盆踊りの民謡で、「超参加型まつり」とも宣伝されるように、誰でも踊りに加わることができる。そのため、期間中には市内各所で櫓が組まれ、踊りの輪が生まれる。

他にも、有志のグループによる全日本八木節競演大会、子ども大会も期間中に開催されている。さらに、一九九七年には商工会議所の青年部により、北海道の「ＹＯＳＡＫＯＩソーラン祭り」にヒントを得て「ダンス八木節」も創出され、例年およそ三〇チーム、五〇〇名前後が参加する一大イベントになっている。八木節以外には、ジャンボパレード、織物産品のセールなどが開催されており、様々な行事が複合し祭りを構成している。

祇園祭の衰退に比して八木節が隆盛になっていく流れは、現代の都市祭礼の大きな潮流を反映していると考えられる。松平誠は、現代の都市祝祭について、「伝統型」、「合衆型」、「盛り場型」に類型化してその傾向を説明している。「伝統型」は、地縁のカミを祭る近世的な生活共同の集団が運営する祭礼を祖型とするもので、「選べない縁」が組織の構成原理となり、閉鎖的で制度やしきたりの拘束力が大きい。それに対して、「合衆型」は、「不特定多数の個人が自分たちの意思で選択した、さまざまな縁につながって一時的に結びつき」祭礼に参加するもので、地縁から解放された「選べる縁」により人々が組織され、自由で開放的な特徴を有している。「盛り場型」は、偶発的に形成される個人の群である「衆」を中心とし、一時の祝祭的な空間に集まり、そこでの楽しみの過程そのものに自己充足をみいだす祝祭の形である（松平一九九〇、二〇〇〇）。

現在の桐生八木節まつりを上記の類型に従って分類すると、祇園祭が伝統型となり、八木節は合衆型で、さらに演奏、踊りの内容によって二つに分類できる。一つは郷土の伝統芸能としての八木節と踊りを継承していこうとする保存会を中心としたもので、いわば「正調」とでもよびうる。もう一つが、伝統芸能としての八木節から解放された「ダンス八木節」に参加するグループによるもので、若者の参加が多くより自由度の高いものである。これ以外に、祭りの当日に櫓のまわりで八木節の踊りの輪に加わることで即興的に生まれる大群衆は、「盛り場型」と捉えることが可能であろう。

現代社会では、血縁、地縁、社縁という「選べない縁」による集団の帰属意識は衰退し、「選べる縁」の原理によって、共通の関心、目的を持った人々が限定的な時間、空間内で集団を構成するようになる。さらには、集団を構成することもなく、あらゆる拘束を嫌い、祝祭的な空間においてその場限りの楽しみに自己充足を望む人々が増え、これらに対応して祭礼は「イベント志向」を強めていくことになる。このような都市祝祭全体の変化を踏まえれば、八木節が中心的な位置を占めるようになっていくのも時代の流れであったといえよう。

祇園祭の「復興」と町衆の心意気

ただし、一九九〇年頃を境に、次第に祇園祭関係者によりその「復興」が模索されるようになる。それは主に、各町が有する屋台や鉾、幟などの文化遺産の意義を再発見し、活用する形で進んでいった。各町の屋台はその組み立てに多額の費用を要する事もあり、一九六三年から二〇年以上展示されることが無くなっていた。それが、一九八九年に四丁目の屋台が展示されたことを始まりとして、一九九五年に四丁目の鉾が一〇二年ぶりに町内で巡行されると、各町も続々と屋台を出すようになり、二〇〇〇年には新たに三丁目と四丁目の鉾の曳き違いが考案、実施された。さらに、かつては祭りの開始を近郷近在に知らせるために立てられていた大幟も、その価値が見直され、新たにレプリカが作られ掲げられるようになった。そのため、現在目にすることができる祇園祭に関連する文化遺産は、かつて隆盛を誇った時代の町の文化を示しているだけでなく、この「復興」を支えた現代の「町衆」の心意気が示されたものなのである（表2）。

しかし同時に、一九九〇年代後半から、少子高齢化、商店街の衰退が進む中、祭りの担い手不足、資金不足などの課題が浮上してきていた。輪番制は各町会に負担を分散するこ

表2　各町所有の祭り関連文化遺産（出典：奈良、2019年より作成）

屋台・鉾				大幟	
町会	完成年	彫刻	備考	書家	制作年
1丁目屋台	1938	高松伍助	二階囃子座付	角田無幻	江戸期
2丁目屋台	1902	高松政吉	二階囃子座付	頼支峰	1874
3丁目屋台	1859	石原常八	切妻、千鳥破風、金塗が特色 二階囃子座付		
4丁目屋台	1854	岸亦八	明治2年に回り舞台を増設 二階囃子座付	萩原秋巌	1871
5丁目屋台	1859	岸亦八	龍柱付屋台 二階囃子座付		
6丁目屋台	1867	岸亦八	二階囃子座付		
3丁目鉾 「翁鉾」	1862	石原常八	二層四方幕江戸型、三味線銅金塗 人形＝翁人形（和泉屋勝五郎作）、約7.5 m		
4丁目鉾 「四丁目鉾」	1875	岸亦八	重層桐生江戸型、四方透かし彫り 人形＝素戔嗚尊（松本喜三郎作） 約9.2 m		

とを可能にする一方で、各町が全体として課題に対応した改革を行ったり、行政との折衝や補助金の申請を行ったりする上での統一的な対応を妨げる原因にもなっていた。そのため、二〇一六年には新町地区の全町会の参加の下、桐生祇園祭保存会が発足し、様々な課題や必要とされる改革についての協議が進められることになった。さらに、このような町会の垣根を越えた変革の方向性は、祭りの実働部隊（「世話方」）のリーダーである各町の行司の間でも共有されてきている。

これまでの都市祝祭の研究は、「伝統型」とされる祭礼であっても、時代の変化に合わせてその内実を変化させてきたことを明らかにしてきた。また、祝祭における伝統・聖性とイベント性との関係が議論され、その両者が相互に補完し互いにいかしあう関係を作れるかどうかが、祭礼全体の盛衰を左右してきたことも指摘されてきた。八木節は群馬県内で広く踊られる盆踊りの形式の一つであり、必ずしも桐生の地域性が強いわけではなく、カミを中心とする聖性やそれに付随する伝統を有しているわけでもない（群馬県文化事業団 一九八二）。この聖性、伝統という点では、長い歴史と神社祭礼としての特質を有する祇園祭が勝っている。とはいえ、八木節が桐生の祭りとして定着し、「伝統化」する傾向も見られ、八木節を排除することも現実的ではないだろう。これまでの研究の観点に立てば、祇園祭と八木節が相互に補完しあい、互いをいかしあう関係を作れるか否かが、今後の祭り全体の行方を左右することになるのではないだろうか。

おわりに

ここまで、桐生新町地区を中心に、歴史的町並み、祭礼行事について紹介してきた。いずれも、過去の歴史を受け継いでいるだけでなく、現代に生きる人々の様々な活動や意思決定によって今現在の姿が見られるようになっていることが分かってもらえるだろう。最後に新型コロナウイルスの影響も踏まえつつ、それぞれの今後の方向性を検討しておきたい。

重伝建地区に関しては、筆者の研究室で二〇一七年に行った住民意識調査から、全体的には前向きな評価がなされる一方で、選定の効果が未だ明確に実感されているとは言い難い段階にあることが明らかになっている。重伝建制度は予算の制約や建築物の修復に時間がかかることもあり、すぐに目に見える効果が現れるわけではない。そのため、重伝建選定後も急激な観光地化は進んでおらず、新型コロナウイルスの感染拡大以後も、観光客を対象とした店舗の閉店などの直接的な影響はほとんど見られなかった。ただし、二〇二三年現在、選定から一〇年が経ち、少しずつ建築物の修復も進みつつあり、地区内及び周辺部で新規に開業する店舗、ギャラリーなども増えてきている。[1]また、今後数年で本町通りの道路整備、地区の中心にある建築物の改修とイベントスペースとしての一体整備など、観光化にも直結するような環境整備が進んでいく予定であり、大きな変化が予想されている。

桐生八木節まつりに関しては、各地の祭礼行事がそうであったように、新型コロナウイルスの影響を大きく受けた。八木節に関しては二〇二〇、二一年は開催が見送られ、二二年は全日本八木節競演大会、ダンス八木節のみがホールで実施され、その他の行事は中止となった。祇園祭も二〇二〇年から二二年まで、関係者による神事のみ挙行し、神輿渡御を含むその他の行事は開催されなかった。このことについて関係者の方々は、伝統の継承が止まってしまうのではないか、という危機感から、感染予防対策を講じた上での開催の模索を続けていた。その後、新型コロナウイルスの感染症法上の位置づけの変更に伴い、二〇二三年はほぼ以前通りの形態で八木節、祇園祭共に再開された。ただし、祭礼継続に向けた課題が解消されたわけではなく、祇園祭保存会の設立に見られるように、町会の垣根を越えた協力関係を構築していくと共に、どのように社会の変化に対応した改革を進めていけるかが引き続き問われているといえよう。

いずれにしろ、どのような歴史文化遺産であっても、過去からそのままの形で凍結保存

(1) 桐生市内では新型コロナ発生以後にも戦後初期までに建てられた建築物を再活用した新規開業が増えている。その一部をコラム6で紹介している。

されてきたわけではない。それぞれの社会の変化に合わせて、様々な形で手が加えられることで人びとに受け入れられ、存続してきたものである。そして、そこには常に、社会の変化に向き合いながら、その遺産を現代の中で新たに作り変え、次代に継承していこうとする人びとの営みや思いが込められてきた。歴史文化遺産の魅力とは、ただのモノやコトとしてだけでなく、そこに関わる人びとによって常に創り出され続けているものなのであり、そのような営みにも目を向けていく必要がある。

●写真は筆者撮影

〔参考文献〕

堀川三郎『町並み保存運動の論理と帰結—小樽運河問題の社会学的分析』東京大学出版会、二〇一八年
群馬県文化事業団『群馬の八木節—伝承文化調査報告書』群馬県文化事業団、一九八二年
買場紗綾市実行委員会『伝建群を目指して—桐生・買場紗綾市の試み』買場紗綾市実行委員会、二〇〇七年
桐生市『桐生市歴史的風致維持向上計画』桐生市、二〇一八年
松平誠『祭の文化—都市がつくる生活文化のかたち』有斐閣、一九八三年
松平誠『都市祝祭の社会学』有斐閣、一九九〇年
松平誠「都市祝祭論の転回—『合衆型』都市祝祭再考」日本生活学会編『生活学第二十四冊　祝祭の一〇〇年』ドメス出版、二〇〇〇年
奈良彰一『桐生祇園祭礼考』私家版、二〇一九年
西村幸夫「歴史的環境の保全」西村幸夫他編著『都市工学講座　都市を保全する』鹿島出版会、二〇〇三年

column6

桐生建物再活用物件案内

石井清輝

近年、桐生市内には古い建物を再活用した店舗、ギャラリーが増えてきている。以下では、重伝建地区を中心に、近年新たに開業したスポットと経営者の横顔を紹介したい。

(1) コンポジション

コンポジション(com + position)は、本町二丁目に事務所・工房を構える帽子メーカーである。同社は二〇一六年に同地区内の石蔵に工房を構え、それに加えて、二〇一八年三月から本町通り沿いに店舗・ギャラリーをオープンさせた。現店舗では同社で製造した帽子の展示販売に加え、職人による帽子の生産工程が見られるようになっている。石蔵の工房は一九二〇(大正九)年、店舗は一九二八(昭和三)年に建設され、それぞれの建築物は内部の大幅なリフォームが施された上で貸し出されている。

写真1　コンポジション

埼玉県生まれの同社代表のS氏(五〇代・男性)は、古着店に勤務していたが、その後、桐生市内の相生町にある縫製工場で衣類の生産に携わった。S氏がこの地区を出店先として選んだ理由は、以前からの桐生市内の企業との関係に加えて、大きく二つあげられる。第一に桐生市にある繊維産業の工場と様々な技術の集積が本業にもたらすメリットであり、第二に自身の嗜好にも合う古い建物・町並みの存在である。桐生の織物産業の技術的蓄積と、古い建物の存在が新規出店に結び付いた事例といえる。

写真2　ふやふや堂

（2）ふやふや堂

ふやふや堂は、本町一丁目の旧早政織物の敷地内に事務所を構える「マップデザイン研究室」が運営する小さな書店である。同研究室は、ウェブサイトや情報誌・ガイドブックのマップ制作などを中心に手がけている。各種資料によると、旧早政織物は桐生新町の典型的な町割を残し、その内部に店、門、蔵、主屋、従業員宿舎といった機屋の構えをなす貴重な例となっている。事務所のある旧工場部分は昭和八年の建築で、内部は簡単なリフォームが施されているが以前の作りを多く留めている。

代表のN氏（四〇代・男性）は桐生市出身で、東京の大学を卒業後、雑誌、書籍のデザイン会社に就職し、二〇〇七年に京都で地図のデザイン事務所を始めた。二〇一二年に旧早政織物工場へ事務所を移転、市内にUターンし、「小さい出版社の様々な本を紹介したい」と考え、二〇一四年から同所で書店もオープンしている。次第に買場紗綾市の運営にも関わるようになり、同地区での各種の地域イベントの企画、運営も担ってきた。二〇二三年からはNPO法人「本一・本二まちづくりの会」の理事長職も引き継ぎ、同地区のまちづくりのキーパーソンのお一人となっている。

写真3　キリカ

（3）キリカ

キリカ（kirika）は、重伝建地区に隣接する横山町で木製家具の製造、販売を行う家具工房である。工房となっている建物（二〇二一年に桐生市が歴史的風致建造物に指定）は明治末頃の建設で、自身の手で工房用の改装を一年ほどかけて行い、二〇一七年にオープンした。隣接する旧住宅部分も自ら少しずつ改装し、二〇一八年から家具を展示するギャラリーやイベントスペースとして活用している。

代表のY氏（四〇代・男性）は、福岡県の出身で、地元の高専を卒業後、太田市や浜松市で機械関連の設計業務に従事していた。次第に設計だけではなく、自分の手でものを作りたいという気持ちがつのり、職業訓練校で一年、家具工房で三年の修行を経て、二〇一六年から桐生市に移住した。Y氏は、改修の自由度とスペースの広さを重視して物件を探し、知人の紹介から現在の物件にたどり着いた。もともと染色の工房だったこともありスペースも十分で、自由な改装が許容されたことからこの物件を選択したとのことである。市内に残る古い建築物の、工房としての活用の可能性を示唆している事例である。

●写真は筆者撮影

第7章　前橋のまちなかづくり——

井手拓郎

はじめに

「県都前橋生糸の市（けんとまえばしいとのまち）」

これは上毛かるたの「け」の札である。「県都」とある通り、前橋は群馬県庁所在地である。また、「生糸の市」とある通り、前橋は江戸時代から糸のまちとして発展してきた。特に、幕末の横浜開港以来、前橋の生糸は国際的脚光を浴びた。そして明治三（一八七〇）年には、日本で最初の洋式器械製糸所である前橋藩営洋式器械製糸所が設立された（前橋市史編さん委員会 一九七五、一二三八）。ちなみに、世界文化遺産に登録されている富岡製糸場（群馬県富岡市）は、その二年後の設立である。

前橋は、群馬県の中央南部に位置している。明治二五（一八九二）年四月の市制施行以降、合併などの隣接町村の編入により市域は徐々に拡大し、二〇二二年時点の面積は三一一・

五九平方㎞である。その中心市街地には、弁天通り・竪町通り・立川町大通り・中央通り・オリオン通り・千代田通り・銀座一丁目通り・銀座二丁目通り・馬場川通りという九つの商店街があり、数字の九とアルファベットのQの音をかけて、「Qのまち」と呼ばれている（前橋中心商店街協同組合 二〇〇四―二〇一六）。それらに前橋駅周辺・中央前橋駅周辺・官庁街などを加えた中心市街地を対象に、前橋市は「前橋市アーバンデザイン」を令和元（二〇一九）年九月に発表した。市の第七次総合計画でまちづくりのビジョンとして設定された「めぶく。～良いものが育つまち（Where good things grow.）～」に基づいて、都市空間の意匠や使い方を示したのである。このアーバンデザインのモデルプロジェクトが、前橋のまちなかで実施されてきている。

本章では、変わりゆく前橋のまちなかについて紹介していきたい。

1　前橋のまちなかを散策

筆者がはじめて前橋のまちなかを訪れたのは、令和三（二〇二一）年五月五日である。東日本旅客鉄道株式会社高崎支社（以下、JR東日本）と筆者が担当するゼミナールの協働で、JR前橋駅を起点とした「駅からハイキング」を同年秋に行うことになった。その下見のために訪れたのである。あえて地図をもたず、JR前橋駅からぶらりと三時間ほど探検気分で散策した。

JR前橋駅から北に伸びるケヤキ並木や、群馬県庁や前橋市役所がある官庁エリア、小

写真 1　るなぱあく

写真 2　臨江閣

写真 3　広瀬川河畔

写真 4　商店街の様子

さな遊園地「るなぱあく」や近代和風の木造建築で日本庭園も楽しむことができる臨江閣（りんこうかく）などがある公園エリア、前橋出身の詩人萩原朔太郎（はぎわらさくたろう）の詩碑や岡本太郎作「太陽の鐘」が置かれている広瀬川河畔、そして後述する馬場川通り、歴史や自然、文化・娯楽・商業など、さまざまな顔を持つ魅力的なまちなかであると感じた。

一方で、いくつかの商店街はシャッターの閉まっている店舗が多く、人通りも少ないという印象を持った。限られた時間の探査ではあったが、賑わいを生み出す資源が多くあると認識した一方で、まちなか全体に寂しさを感じた。コロナ禍であったことも要因として考えられるが、多様な資源をいかに活用するのか、それぞれの資源をつなぎ合わせて、まちなか全体の賑わいをどう創出するのか、課題であると感じた。

ここからは、前橋のまちなかの変化に大きく寄与し始めている「前橋市アーバンデザイン」について紹介する。

2　前橋市アーバンデザイン

前橋市の第七次総合計画でまちづくりのビジョンとして設定された「めぶく。～良いものが育つまち（Where good things grow.）～」には、「前橋の未来に向かって、これまで大切にしてきたまちの誇りや可能性を受け継ぎ、磨き育て、新たな価値を生み出しながら、将来を担う子や孫たちの世代に未来への襷として繋いでいくことを、ここに暮らすすべての人で実現する」（前橋市 二〇一八、二〇）という想いが込められている。それに基づいて、都市空間の意匠や使い方を示したのが「前橋市アーバンデザイン」である。

「前橋市アーバンデザイン」の策定にあたっては、まちなかに関わる多様な関係者のアイディアや要望を取り入れるため、平成三〇（二〇一八）年一〇月にワークショップが四回開催された。そこでは、建物・街路ネットワーク・オープンスペースなどについて改善案が出された。同年一二月には、前橋所在の二大学の学生を参加者に、まちなかの魅力や改善点を洗い出すワークショップが行われた。翌年の令和元（二〇一九）年は、地元関係者や市外の民間企業、専門性の高い学識者等で構成される策定協議会を開催しつつ、多様な関係者を対象としたワークショップも引き続き開催された（前橋市 二〇一九）。そして令和元（二〇一九）年九月に前橋市は、長期的視点のビジョンを共有する「ビジョン・プラン編」と民間のアクションにつながる「アクション・プラン編」からなる「前橋市アーバンデザイン」を発表した。前述の通り、その策定過程ではワークショップを幾度も実施し、アーバンデザインプロジェクトを前橋市民にとって「自分ごと」にする工夫がなされた。ビジョン策定にあたっての意見収集という意味のみならず、その後の民間主体のアクションへとつながる重要な土壌づくりであったと考えられる。

「ビジョン・プラン編」では三つの方向性が示されている（濱地 二〇二〇、五九）。一つ目は、エコディストリクトである。ＩＣＴの活用などによる便利で豊かな生活や、建物一階の工夫による賑わいの漏れ出しを図りながら、緑や水辺といった自然環境を感じられる居心地の良いオープンスペースを増やす計画である。それにより、歩きたくなるまちなかづくりを目指している。二つ目は、「住む」「働く」「商う」「学ぶ」など、複数用途が混在するまちづくりを示すミクストユースである。これにより、徒歩圏にて完結した生活を実現し、クリエイティブ人材や若者が行き交うまちにしていきたいという考えである。特に、日常からまちの賑わいを創出するためには、昼と夜の人口バランスを考慮する必要がある。昼は人が多く賑わっているが、夜は人がいないとなると、アンバランスである。そこで前橋市は、安定的な賑わい確保のため、中心市街地の職住比率を三対一にするという目標設定をしている（纐纈 二〇二一b、四三）。三つ目は、ローカルファーストである。前橋市の発展の礎となった絹産業の歴史的な背景や、それに関連するレンガ倉庫、広瀬川やケヤキ並木などの自然や景観、既存の遊休不動産など、前橋市固有の資源をリノベーションなどによって積極的に活用し、持続的な地域独自の魅力を作り出していくという方向性である。

また、これら三つの方向性に基づき、まちの構成要素である街路、オープンスペース、土地利用についての活用が示されている（濱地 二〇二〇、六〇）。街路ネットワークでは、まちなかの通過交通を減らし、街路を自動車中心の使い方から歩行者や自転車を含めた複数の交通手段に対応するよう改善することなどが示されている。オープンスペースでは、水や緑、歴史文化などの地域資源を可視化することや、空き地や平面駐車場などのオープンスペースを緑化した街路で繋ぎ、マルシェやキッチンカー、屋台村などとして活用することなどが示されている。土地利用では、中心市街地に昼夜を問わず人が行き交う仕組みをつくることを目標に、既存建物のリノベーションなどによって多様な人たちの多様な使い方を促すことが示されている。

以上のような方向性を打ち出しつつ、民間が主体的にアクションを起こしていくため、アーバンデザインガイドラインとモデルプロジェクトで構成される「アクション・プラン編」が策定されている（濱地 二〇二〇、六〇―六二）。まずアーバンデザインガイドラインとは、建築物や街路、オープンスペースのデザイン要素についての指針である。たとえば、屋内外のつながり促進のため、建物低層階では間口を広くとるといったことや、店舗では夜間や閉店時、シャッターを閉めずに極力明かりを灯すといったことが示されている。シャッターが閉まっていて暗いと、まちなかの寂しさが如実に感じられる。治安面でも心配である。明るく、賑わいを演出する工夫といえよう。もうひとつのモデルプロジェクトとは、民間主体によるアクションの足掛かりとするための取り組み例である。①道路空間の利活用、②水辺空間の利活用、③道路空間の再配分による利活用、④低未利用地の利活用といった視点で示されている。いずれのプロジェクトも、公共空間を単独で整備することや、民有地を敷地単位で開発するという限定的なものではない。エリア単位で核となる公共空間などを利活用し、周辺の遊休不動産をリノベーションすることや新規開発を行うことなど、複合的に改善していく方向性である。

「前橋市アーバンデザイン」の推進主体として令和元（二〇一九）年一一月に設立されたのが、一般社団法人前橋デザインコミッション（以降、ＭＤＣ）である。ＭＤＣは、商工会議所をはじめとした「まちを思う民間」の個人・法人の会費のみで運営している。具体的役割は、まちなかで活躍するプレイヤーの支援を通したアーバンデザインの定着であり、企画局長兼事務局長の日下田伸氏は「チャレンジの成功の累積を作り出すためバックアップする」と述べている。「前橋市アーバンデザイン」のリーディングプロジェクトの一つとしてＭＤＣが推進しているのが、馬場川通りアーバンデザインプロジェクトである。

3　馬場川通りアーバンデザインプロジェクト

（1）　プロジェクトの概要

馬場川は前橋のまちなかを流れる小さな川で、ほとりには遊歩道が整備されている。周辺は、飲食店やブティックなどの店舗が多く、またアートをコンセプトに創業三〇〇年の旅館を大規模改装して誕生した白井屋ホテル、かつての百貨店を芸術文化施設にリニューアルしたアーツ前橋があり、前橋のまちなかの中でも特に賑わいを感じられるエリアである。

このエリアを民間資金・民間主体で再整備していくのが、馬場川通りアーバンデザインプロジェクトである。「自分たちの街は自分たちでつくる」という精神のもと前橋市内に拠点を置く企業家有志により結成された「太陽の会」からの約三億円の寄付金を原資に、民間企業が資金提供を行い、ＭＤＣが幹事となって再整備を進める。令和四（二〇二二）年一一月には、前橋市と一般財団法人民間都市開発推進機構が共同で設立した「前橋市アーバンデザインファンド」の第一号事業としても採択され、令和四（二〇二二）年度・令和五（二〇二三）年度の二年間で、二億円の助成を受ける予定である。これらの資金によって、おもにハード面の整備が進められてきている。

（2）　「まちづかい」の検討・実証

このプロジェクトではハード面のみならずソフト面の充実も図られてきており、馬場川通りの改修工事が完了した後、どのようにその通りを使っていくのか、どのように通りを楽しむのか、「まちづかい」の検討・実証が進められてきている。具体的には、まちづくりに関する勉強会の開催や、通りのあり方・使い方に関するアイディアワークショップ、それらを踏まえた歩行空間の高質化を検証する社会実験が実施されてきた。令和三（二〇二一）年一〇月三〇日（土）～三一日（日）の二日間、最初の社会実験が実施された（一般社団法人前橋デザインコミッション 二〇二一）。令和三（二〇二一）年六月からMDCが準備委員会を立ち上げ、住民・学生・企業人・主婦など総勢一〇〇人以上が参加し、準備を進めてきた。社会実験当日は、馬場川通りを一部車両通行止めにして公園とし、チョークを使ったストリートアート（写真6）、あおぞら「こども図書館」、マルシェ（写真7）、ストリートファニチャー、ストリート音楽ライブなど、さまざまな企画が行われた。あわせて馬場川通り事業の地域関係者向けに、再整備の設計コンセプト説明会が開催された。さらに、親水空間の実物大モデルとして馬場川に木製のデッキを張り出してベンチを設置し、それに対する来訪者の意見聴取も行われた。ＡＩ動態モニタリングによる交通調査も行われ、社会実験当日（土日の二日間）は前週の二五八％（四二九四人）、開催一週間後の土日は実験前週の一四五％（二四一七人）、開催二週間後の土日は実験前週の一二八％（二一二六人）の歩行者通行量であった。令和四（二〇二二）年五月二八日（土）～二九日（日）には、二回目の社会実験が実施された。一回目の社会実験と同様、馬場川通りを一部車両通行止めにし、道路でのチョークアートや、通りに設置するプランター作りのワークショップ（写真8）、あおぞら「こども図書館」などの企画が行われた。それらに加え、通りの植栽の管理方法を考えるためのアンケート調査や、通りを通行する車両の走行速度を抑制するため

写真 6　馬場川パーク（社会実験）「チョークを使ったストリートアート」（提供：前橋デザインコミッション）

写真 5　工事前の馬場川通り

写真 8　馬場川パーク（社会実験）「プランター作りワークショップ」（提供：前橋デザインコミッション）

写真 7　馬場川パーク（社会実験）「マルシェ」（提供：前橋デザインコミッション）

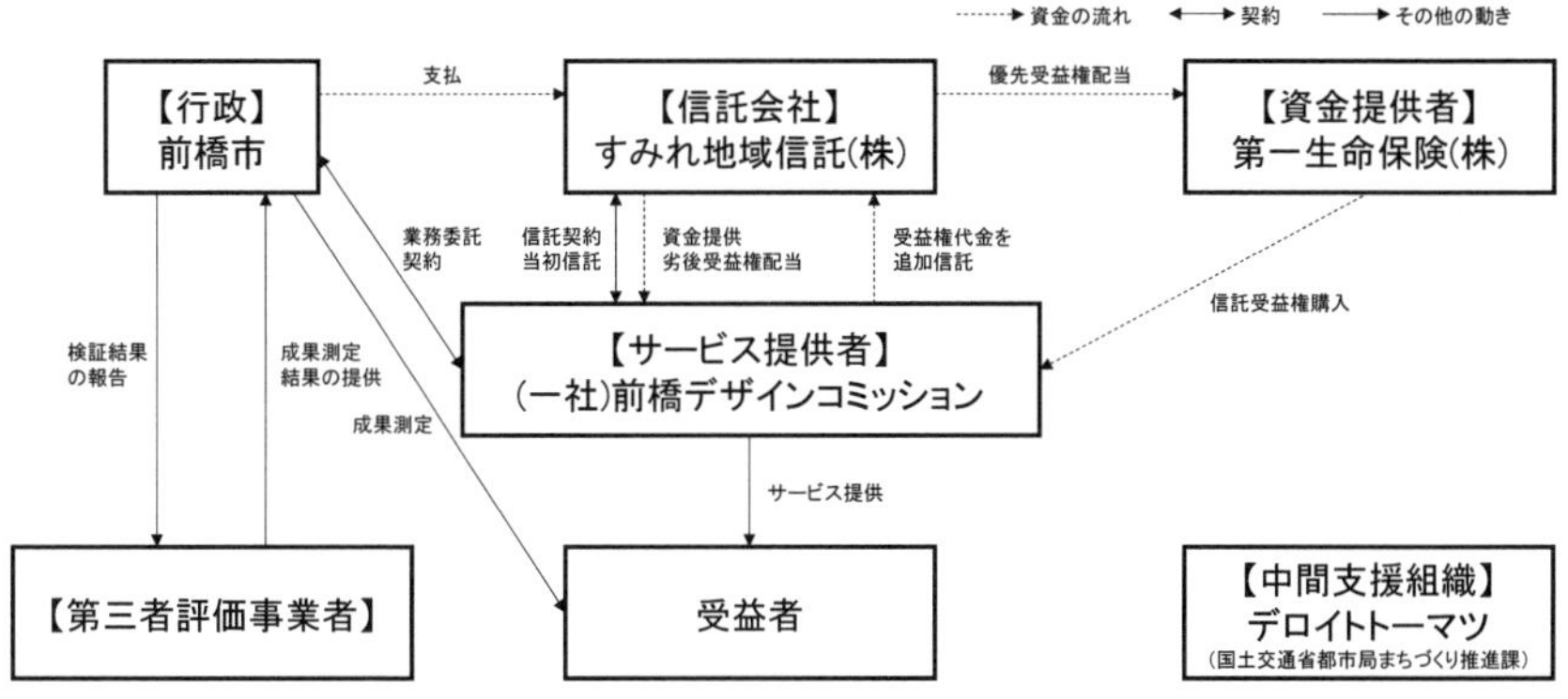

図１　馬場川通りアーバンデザインプロジェクトのSIBスキーム
※纐纈（2021ａ：80）に基づき筆者作成

のアイディア検討会、障害者や小さな子ども連れなど多様な人々が通りを楽しめる方法を考える会なども、同時開催された（一般社団法人前橋デザインコミッション 二〇二二）。二回目の社会実験にあたって準備委員会には、住民・店舗・高校生・大学生・シニアなどの市民が一三〇人以上参加した。

「まちづかい」検討・実証のための資金を確保するため、馬場川通りアーバンデザインプロジェクトではソーシャル・インパクト・ボンド（以降、ＳＩＢ）という方式を導入している（図１）。ＳＩＢは社会課題に対して民間資金を用いて民間事業者が解決を図ろうとする手法で、行政は成果を客観的な指標で評価し、その水準に応じて支払を行う（国土交通省 二〇二〇、九）。この制度は、おもに医療・健康・介護の分野で導入されてきたもので、まちづくり分野では馬場川通りアーバンデザインプロジェクトが全国初の導入である。馬場川通りアーバンデザインプロジェクトにおける成果指標は歩行者通行量であり、成果に応じて七四〇万円～一三一〇万円の範囲で報酬は変動する。馬場川通りにおける令和三（二〇二一）年二月時点の通行量四万二四八人／月をベースに、令和六（二〇二四）年二月時点の通行量が四万五九一五人／月以上に増加すれば、満額である一三一〇万円が支払われる予定である（纐纈 二〇二一ａ、八一）。前述の通り、馬場川通りではＡＩ動態モニタリングによる交通調査が行われ、ＳＩＢで求められる歩行者通行量の検証が継続して行われている。あわせて、先の社会実験では来街者へのアンケート調査も行われ、馬場川に「また来たい」と思う再訪意向が高いというデータが得られたそうである。これらのデータを参考に「まちづかい」を検討していくことにより、ＭＤＣの日下田伸氏は「持続的な賑わい創出、そしてＳＩＢで求められる通行量増加という結果を科学的に導き出したい」と述べている。

（3）馬場川通りの未来づくり

「まちづかい」の検討・実証で得られた馬場川通りの方向性は、改修工事の計画にも反映されている。ハードとソフトを分離せず、そこを使う人、そこで楽しむ人の視点を意識して再整備が進められているということである。改修工事が完了したら終わりではなく、むしろその後の馬場川通りのあり方を見据え、継続して未来づくりに取り組んでいるのである。前述した準備委員会とはまさに、この未来づくりのための準備をしているということであろう。

官民連携で馬場川通りの整備は着々と進められており、令和六（二〇二四）年二月末に工事完了予定である。この書籍が世に出る頃には新たな馬場川通りの姿が見られるだろう。同時に、馬場川通りを楽しむ人々、馬場川通りで新しいことにトライする人々、さまざまな「まちづかい」の姿も見られることであろう。馬場川通りの未来がとても楽しみである。

写真 9　レンガ舗装が進む馬場川通り

写真10　馬場川親水デッキ工事

4　前橋レンガ・プロジェクト

馬場川通りアーバンデザインプロジェクト以外にも、広瀬川河畔の歩道整備に関わるプロジェクトが実施されている。「前橋レンガ・プロジェクト」である。令和三（二〇二一）年七月から官民連携の取り組みとして、レンガの街並みや産業育成、文化創造を目的に開始された。明治時代から、前橋市街地の近代的まちなみ整備にレンガは大きな役割を果たして来ており、ＪＲ前橋駅前の上毛倉庫や、旧安田銀行担保倉庫といったレンガ倉庫が市内に今も存在している。そのようなレンガの歴史を継承し、前橋市ではレンガを使った広瀬川河畔の歩道整備に取り組んでいる（纐纈 二〇二一b、四四）。

この広瀬川河畔歩道整備の代表的な取り組みが、記名レンガのプロジェクトである。歩道整備のための工事に伴って市民から賛同者を募り、彼らは賛同金を支払い、歩道に敷設するレンガにアルファベットで姓・名を刻むものである。令和三（二〇二一）年七月から八月の募集では、レンガ一個あたり三〇〇〇円の賛同金であった。募集締切後、施工現場の見学やレンガ敷き体験、キッズ向けレンガ作り体験が、ＭＤＣ主導の下で行われた。

また、広瀬川河畔では緑地整備に向けた社会実験も、令和二（二〇二〇）年八月中旬から九月初旬の週末に行われた。「ミズベリング前橋広瀬川河畔緑地社会実験」である。公共空間の民間活用による「広瀬川ＮＩＧＨＴテラス」（キッチンカーの出店）も併催され、広瀬川河畔緑地整備後に目指す姿を仮設的に実現し、その場を利用者に体験してもらうものである（前橋市 二〇二〇）。利用者や出店者へのアンケートを行って広瀬川河畔緑地整備に活かすとともに、周辺遊休不動産を活用したリノベーションまちづくりの検討に活かすことが目的とされている。実施内容は、①民間団体による公共空間の利活用（キッチンカーの出店、空間演出等）、②広瀬川河畔緑地整備に係る仮設設置（手摺活用のカウンター、人工芝エリア等）、③周辺の駐車場や空き家の利活用であった。

おわりに

本章では、変わりゆく前橋のまちなかについて紹介してきた。前橋のまちなかには人を惹きつける可能性のある資源が多く存在する。これらの資源を活かし、「前橋市アーバンデザイン」に基づいた官民連携のまちづくりが着々と進んでいる。しかもそれは、建築物といったハードウェアの整備のみならず、「まちの使い方」といったソフトウェアも重視されている。また、ワークショップや社会実験を通して多様なプレイヤーの発掘が進んでおり、各プロジェクトが進むことによるまちなかのプレイヤーの成長、すなわちヒューマンウェアも充実していく。多様な人材がそれぞれリーダーシップを発揮しており、「チーム・メンバー間でリーダーシップの影響力が配分されているチーム状態」(石川 二〇一三、六八) というシェアド・リーダーシップが実現しているのである。このように、前橋のまちなかづくりとは、まちのハードウェア・ソフトウェア・ヒューマンウェアが一体となって充実していくこと、とも言える。

「前橋市アーバンデザイン」に基づく現在のまちなかの取り組みは、観光振興を強く意識しているものではない。しかし、観光まちづくりを進める上で頻繁に登場する「住んでよし、訪れてよし」という言葉の通り、まちなかが地元住民や近隣住民にとって魅力的になることは、ひいてはより遠方からの訪問者を呼び込むことにつながる可能性もある。そういった観点で、前橋のまちなかの変化が地域外の人びとにどう評価されるのか、という点も注目される。

［謝辞］

インタビューにご協力頂いた一般社団法人前橋デザインコミッション企画局長兼事務局長の日下田伸氏に厚く御礼申し上げます。なお、本稿はＪＳＰＳ科研費JP20K12434（研究代表者：井手拓郎）の助成を受けたものです。

●写真1～5、9、10は筆者撮影

［参考文献］

濱地淳史（二〇二〇）「前橋市アーバンデザインの取組」『新都市』七四巻八号：五八―六四

一般社団法人前橋デザインコミッション（二〇二一）「馬場川パーク（社会実験）を開催しました。」『前橋デザインコミッションＷＥＢサイト』https://www.maebashidc.jp/%e9%a6%ac%e5%a0%b4%e5%b7%9d%e3%83%91%e3%83%bc%e3%82%af%ef%bc%88%e7%a4%be%e4%bc%9a%e5%ae%9f%e9%a8%93%ef%bc%89%e3%82%92%e9%96%8b%e5%82%ac%e3%81%97%e3%81%be%e3%81%97%e3%81%9f%e3%80%82/（最終閲覧二〇二三年七月二九日）

一般社団法人前橋デザインコミッション（二〇二二）「馬場川パーク（社会実験）を開催しました。」『前橋デザインコミッションＷＥＢサイト』https://www.maebashidc.jp/%e9%a6%ac%e5%a0%b4%e5%b7%9d%e3%83%91%e3%83%bc%e3%82%af%ef%bc%88%e7%a4%be%e4%bc%9a%e5%ae%9f%e9%a8%93%ef%bc%89%e3%82%92%e9%96%8b%e5%82%ac%e3%81%97%e3%81%be%e3%81%97%e3%81%9f%e3%80%82%ef%bf%bc%ef%bf%bc/（最終閲覧二〇二三年七月二九日）

石川淳（二〇一三）「研究開発チームにおけるシェアド・リーダーシップ：チーム・リーダーのリーダーシップ，シェアド・リーダーシップ，チーム業績の関係」『組織科学』四六巻四号：六七―八二

国土交通省（二〇二〇）「【地方公共団体等向け】まちづくり分野へのソーシャル・インパクト・ボンド（ＳＩＢ）の導入に係る手引き」『国土交通省ＷＥＢサイト』https://www.mlit.go.jp/common/001344036.pdf（最終閲覧二〇二三年七月二九日）

纐纈正樹（二〇二一a）：「まちづくり分野で国内初となるソーシャル・インパクト・ボンドの導入について」『新都市』七五巻一二号：七九―八二

纐纈正樹（二〇二一b）：「前橋市アーバンデザインによる官民連携のまちづくり」『新都市』七五巻八号：四二―四六

前橋中心商店街協同組合（二〇〇四―二〇一六）『前橋中心商店街協同組合ＷＥＢサイト』http://maebashi.info/（最終閲覧二〇二三年七月二九日）

前橋市（二〇一八）『第七次前橋市総合計画』

前橋市（二〇一九）「前橋市アーバンデザインについて（策定状況を更新しました。）」『前橋市ＷＥＢサイト』https://www.city.maebashi.gunma.jp/soshiki/toshikeikakubu/shigaichiseibi/gyomu/kanminrenkeimatidukuri/17305.html（最終閲覧二〇二三年七月二九日）

前橋市（二〇二〇）「広瀬川河畔緑地の新たな使い方に関する社会実験（ミズベリング前橋）を実施しました」『前橋市ＷＥＢサイト』https://www.city.maebashi.gunma.jp/soshiki/toshikeikakubu/shigaichiseibi/gyomu/kanminrenkeimatidukuri/25260.html（最終閲覧二〇二三年七月二九日）

前橋市史編さん委員会（一九七五）『前橋市史 第三巻』前橋市

column7

みんなで前橋探検

井手拓郎ゼミナール(1)

はじめに

令和三(二〇二一)年四月、僕らのプロジェクトは始動した。プロジェクトとは、JR東日本高崎支社と高崎経済大学観光まちづくり研究室(井手拓郎ゼミナール)が、群馬県前橋市を舞台として協働で実施したハイキングイベントのことである。このイベントでは芸術をテーマに前橋を巡るハイキングを実施した。JR東日本が開催している「駅からハイキング」はおもに五〇代~七〇代が多く参加するイベントである。後ほど詳しく述べる通り今回は学生が考えた「駅からハイキング」であるため、新たな客層としてファミリー層の開拓に取組んだ。およそ半年間かけてJR東日本高崎支社及び前橋駅の方々と協働で、コースの作成やワークショップの準備など企画準備をおこなってきた。そして、令和三(二〇二一)年一一月一三日から一九日の七日間で、無事にハイキングイベントを開催することができた。

プロジェクトの企画にあたり、僕らはまず前橋探検をおこなった。

前橋の道をゆく

新緑が美しい五月、前橋駅から北へ伸びるケヤキ並木には、緑と銅像が共存している風景が広がっていて、僕らを出迎えてくれているようであった。ここから始まる前橋探検にワクワクが止まらなかった。ケヤキ並木を抜け、国道を東に進むとすぐに東福寺が目に入った。招かれるように東福寺に向かうと、にぎやかな国道沿いとは打って変わって静かな小道が続いていた。小川に沿って小道を進むと、正幸寺というお寺があった。そこで休憩を取りながらあたりを見回すと、大きなイチョウの木があった。イチョウが黄色く色づいた時を想像しながら正幸寺を出発した。

小道を抜け、北へ進むと、子どもたちの声が聞こえてきた。その声をたよりに歩みを進めると、前橋こども公園にたどりついた。公園を散策すると、文学の小道やライオンの銅像などの芸術作品をはじめ、ゴーカートや機関車、様々な遊具があり、子どもたちが楽しめる仕掛けに溢れていた。また、子どもだけでなく大人たちの交流の場にもなっており、前橋の人達にとって心安らぐ場所であると感じた。

公園を出発し、西へ進んでいくと、小さな森を見つけた。気になって中を覗くと人の顔をした不気味な鐘があった。僕らはこの顔に見覚えがあり、少し考えてみると、すぐにそれが太陽の塔と同じ顔をしていることに気がついた。目の前にあるこの鐘は、世界的な芸術家の岡本太郎氏が作った太陽の鐘であった。歩かなければ見つけることのできない、隠れた偉大な作品を見つけることができて喜びを感じた。さらなる発見に期待し、川沿いを進んだ。詩が刻まれた石碑や萩原朔太郎の銅像、埴輪のような馬など、多様な芸術作品がそこにはあった。また、朔太郎橋を渡った先には萩原朔太郎記念館があり、犬のオブジェには萩原朔太郎の孤独や絶望が表現された詩が刻まれていた。この空間に僕らはどこか寂しい気持ちになった。

食事も忘れ歩いてきた僕らは、昔ながらの洋食店の香りに食欲を掻き立てられた。弁天通り商店街であった。オムライスやクリームソーダを楽しんだ。食事を済ませ、商店街を歩いていると、駄菓子屋やおもちゃ屋などのお店を発見した。駄菓子屋にはコインゲームがあり、周りの子どもたちと同じように夢中になって遊んだ。商店街をあとにし、馬場川通りへ出ると、レトロな雰囲気を醸し出すガス灯や赤いカーペットが敷かれたような遊歩道が続く、なんともおしゃれな空間が広がっていた。

さらに馬場川通りを進むと、網がかかったような不思議なデザインをしたアーツ前橋という建物を見つけた。中に入ると、群馬県の芸術家たちが作ったビニールを使った名刺入れやユニークなデザインのTシャツなど、個性あふれる作品たちが販売されていた。しばらく作品を堪能し、前橋駅へ戻ることにした。

おわりに

僕らはおよそ六キロの探検を終えて前橋駅へ戻ってきた。前橋探検を通して、多くの発見ができたことに喜びを感じていた。「さあ、ハイキングイベントの企画を立てよう」、喜びを感じつつ、次を見据えていた。

〔注〕

（1）二〇二一年度井手拓郎ゼミナール一同：遠藤優亜*・大内彩・落合太陽・加藤倖花・國谷七瀬・坂本有彩・佐々木りの・徳山美樹・西野杏菜・樋口凜太郎・尾田千侑*・吉川圭市・井崎遥斗・石山卓弥・稲葉海太・榎木田晃生・小玉航・佐々木恒太・晋一・真貝駿祐・竹内雪乃・永松秀顕・橋本陸・丸山樹香・基大地（地域政策学部生・観光まちづくり研究室（井手拓郎ゼミナール）所属・*は草稿執筆者）

column8

僕らの「駅からハイキング」プロジェクト

井手拓郎ゼミナール

はじめに

ハイキングコースを考えるにあたり、まずテーマを話しあった。僕らが惹かれた前橋の一面は芸術であったため、満場一致でテーマは芸術に決まった。前橋の芸術の魅力を通して、子どもたちに前橋を知ってもらいたいという想いや、好きになってもらいたいという想いから、メインターゲットをファミリー層に設定した。そして新たなターゲットを開拓するにあたり、子どもたちを楽しませるにはどうしたら良いか、不安を抱えながら僕らのコースづくりは始まった。

新しい前橋ハイキングコースづくり

まずは、大きなマップを広げ、探検で気になった場所をＪＲ東日本高崎支社及び前橋駅の方々と書き込んでいった。官庁エリアの臨江閣や群馬県庁などのメジャーな場所が挙がったが、すでに前橋市役所や前橋観光コンベンション協会などが取り上げているため、今まで市外の人に注目されていなかった寺社エリアや前橋子ども公園エリアなどに焦点を当てたコースを作成することにした。そのコンセプトを「冒険・発見・才能開花」に決め、歩き進めていくと次から次へと文学作品や絵画、現代アートなど多様な芸術作品を発見することができるコースを目指した。エリアとコンセプトをもとに、正幸寺、前橋子ども公園、太陽の鐘、広瀬川詩の道、アーツ前橋、Gallery Art Soupをハイキングコースに組み込むことを決めた。

次に取り組んだのはマップ作成である。迷わず歩ける分かりやすさと、思わず先に進みたくなるワクワクする

図1　駅からハイキングマップ

図2　マップ裏の前橋クイズ

デザイン性を兼ね備えたマップを作り上げるために、僕らはＪＲ東日本高崎支社及び前橋駅の方々と共に試行錯誤してきた。前橋に何度も足を運び、道の幅や目印になりそうなもの、分かりづらい道などを調べ、マップに書き加えていった。それでも分かりづらい道には、コメントを付け加えることで分かりやすいマップを作り上げていった。また、マップ内の配色やイラストにこだわった。中でもイラストは、マップに芸術感や温かみを出すため学生たちが手書きで作成をした。さらに、マップの裏には前橋クイズを設けた。子どもたちが楽しみながら前橋について学べるクイズを考えた。こうして細部までこだわりぬいたマップが完成した（図１・図２）。

　コース・マップ作りに加えて、僕らはワークショップの企画をおこなった。実際に芸術を体験してもらうため、ちぎり絵体験を開催することにした。このワークショップを開催するまでに、関係者で何度も話し合いを重ね、

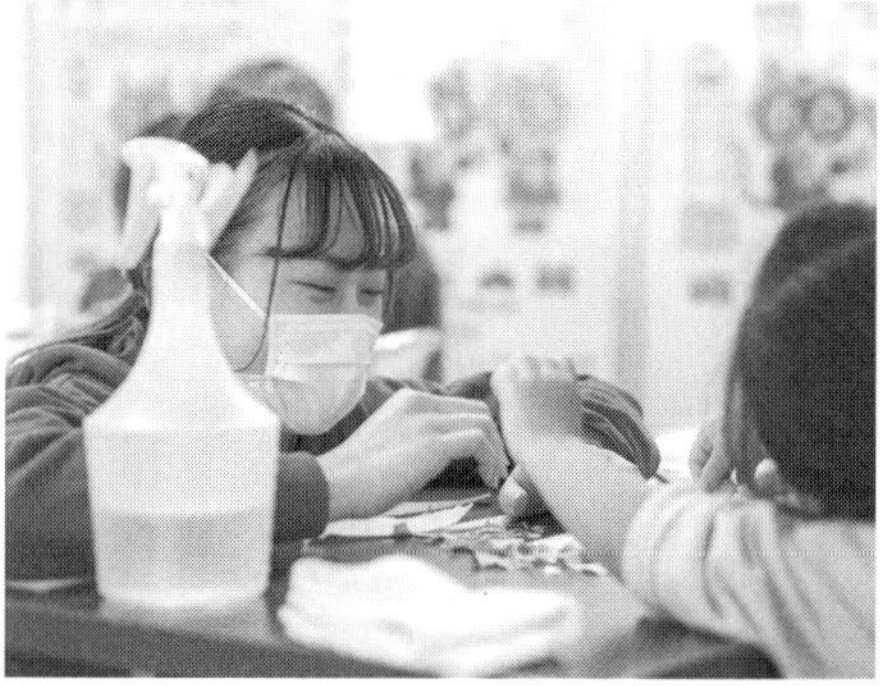

写真１　子どもとちぎり絵をする学生

写真２　ちぎり絵体験をする子ども

写真３　ちぎり絵の作品

運営方法や備品の準備などをおこなってきた。当日は僕らが運営をおこない、子どもから大人まで多くの方がワークショップを楽しむ姿を間近で見ることができた（写真1・写真2・写真3）。

おわりに

僕らは今回の「駅からハイキング」プロジェクトを、参加者の方々が満足できるイベントとなるように、全力で成し遂げることができた。その結果、ハイキング当日におこなった参加者アンケートで、多くの方から「満足した」という回答が得られた。参加者のことを考え、準備を進めてきた努力を認めて頂けたように感じ、あらためて「駅からハイキング」というプロジェクトに携わることができて良かったと感じた。そして、この経験から、参加者に満足してもらうためには自分たちに求められていることを真剣に考え、向き合うことが大切だということを学ぶことができた。この貴重な経験ができたことに感謝をし、次のステージでも今回の学びを活かしていきたい。

これを読んで、少しでも前橋に興味を持った方はぜひ現地に足を運んでみてほしい。きっと多くの発見をすることができるだろう。そして僕らが感じたような大きな喜びを皆さんにも感じていただきたい。

第8章　観光と女性の表象
――富岡製糸場の「工女さん」はどう見せられているか――

丸山奈穂

はじめに

群馬県のなかで、もっともよく知られている観光地として富岡製糸場が挙げられるだろう。富岡製糸場は世界遺産に登録されるまではそれほど有名な観光地ではなかった。「富岡製糸場」という場所そのものは歴史の授業等で取り上げられることから名前はよく知られており、県外出身の筆者もその名前は知っていた。しかし、それが群馬にあることはこちらに引っ越してきてから知った。群馬県民であってもそれは変わらず、富岡製糸場という古い建物がある、というくらいの認識だったらしい。

しかし、二〇一三年に世界遺産暫定リストに登録され、翌年には「富岡製糸場と絹産業遺産群」として日本で一八番目の世界遺産に正式に登録されてから知名度、観光客数ともに伸び、登録された年には来訪者は一三三万七七二〇人にのぼった[1]。このところはコロナ禍の影響もあり、令和三年度には二二万三一七八人まで落ち込んではいるが、令和四年度

(1)　http://www.tomioka-silk.jp/tomioka-silk-mill/（二〇二三年八月一九日閲覧）

写真1　おとみちゃんクッキー

写真2　おとみちゃんとお蚕さんクッキー

は三一万四五八三人に持ち直している。加えて近隣の小中学校の課外活動による訪問を含めて一定程度の観光客が継続的に訪れている場所である。

その理由の一つはアクセスの良さが挙げられよう。地方の観光地は自家用車やレンタカーがないといけない場所も少なくはないが、富岡製糸場は高崎駅から上信電鉄に乗り換え、最寄り駅である「上州富岡駅」から徒歩約一〇分で到着する。駅からの通り道にはおみやげ物屋さんも並び、散策するのが楽しい場所である。スカーフなどのシルク製品をはじめ、富岡市のゆるキャラである「おとみちゃん」関連グッズ、また富岡製糸場に関する書籍などいろいろなお土産が売られている。休日には保湿効果が高いとされる「シルク石鹸」のデモンストレーションも行われている。また上州名物である「おっきりこみ」が食べられる食堂、昭和レトロな雰囲気のラーメン屋さんやお団子屋さんなどの飲食店もいくつかある。

また、世界遺産登録と前後して売り出された、ほんものの蚕そっくりに作られたチョコレートがSNSやその他のメディアで話題になった。丸エイ食品が発売した蚕をかたどったチョコレートには、「蚕王国」「かいこの一生」「まゆこの夢」の三種類がある。第一弾である「蚕王国」には桑の葉にのせられたお蚕様（おこさま）と呼ばれる幼虫が入っている。葉っぱも幼虫ともにチョコレートであるが、これが「きもかわいい」「生々しすぎる」「怖いくらいリアル」とかなり話題に上った。第二弾として発売されたものが「かいこの一生」でこちらにはお蚕様に加えて、まゆ（さなぎ）、カイコガ（成虫）が入っていてかいこの一生がわかるようになっている。第三弾の「まゆこの夢」はまゆ型のチョコレートが入っており、こちらがシリーズのなかでは「もっとも無難」らしい[(2)]。

群馬県はもともと「蚕」が身近な地域であると思われるが、世界遺産登録をきっかけに地域でも「かいこ愛」が強まったように感じられる。四国出身の筆者は今から一二年ほどまえに群馬に引っ越してくるまでは蚕を見たことがなかった。それは本の中の生き物であり、かつ昔の生き物だった。しかし、群馬で学校や資料館では蚕を育ててみたい人のために無償、もしくは有償で「おかいこさん」が配布されるし、学校でも育てている。高崎市金古町にある「絹資料館」では蚕に触れたり、蚕を育てるゲームがあり、餌をやったり掃除をしたりして蚕マスターになれるし、失敗すると師匠から怒られる、というゲームで結構楽しい。

そのように世界遺産として盛り上がった一方で、残念ながら富岡製糸場は「がっかり観光地」と揶揄されることもある。これは、富岡製糸場は建設当時の状態のまま保存されているという建物を「見る」ことがウリであり、観光客自身が手で触れ体験できる体験型、または地域との出会い・交流を中心とした交流型施設[(3)]ではないためだと考えられる。そのウリである建物も「工場」という性質上、決して日光東照宮のような豪華絢爛な建物ではない。色合いもレンガづくりで統一されており、かなり地味目である。

（2） これらのチョコレートは、高崎駅併設のお土産屋さん「いろは」でも購入できる。

（3） 高橋ら（二〇一二）や才原（二〇一五）によると、近年の観光は「見る」だけではなく体験や交流ができるものがメインとなっている。

また内部での飲食は禁止されているため、平均滞在時間は一時間から一時間半とかなり短い。複合遺産ではあるが、他の三か所はそれぞれ富岡製糸場から高山社へは車で七五分、田島弥平旧宅へは車で四五分、荒船風穴は車で一〇〇分とかなり距離があり、ほとんどの観光客はそれらの場所には向かわない。言い換えれば、「富岡製糸場と絹産業遺産群」は例えば「日光の社寺」ように近隣にいくつかの遺産が固まって存在し、町全体が観光地になって宿泊して散策できるような場所ではないのである。そのため、一度来たら十分と感じる観光客が多くてもおかしくないかもしれない。加えて富岡市やその周辺には群馬サファリパークやこんにゃくパークなどよく知られた観光地があり、製糸場で過ごす時間は短時間でほかに流れてしまうという地元の人の声も聞かれる。

ただ、富岡製糸場の見学は、一見するだけではなくその歴史や隠された史実等を知ることで、さらに面白くなる。本章では、特に富岡製糸場での主な働き手であった女性（通称・工女さん）がどのように展示されているかを論じる。

1　富岡製糸場の歴史

富岡製糸場は一八七二（明治五）年に明治維新後の富国強兵制度のもと日本初の官営模範工場して設立された[4]。開国後、外貨獲得を獲得し西欧諸国に追いつくために、質の良い生糸を生産輸出することが目的だった。

遊子谷（二〇一四）は富岡市が工場の立地として選ばれた理由として、この地域では原

（4）https://www.tomioka-silk.jp/tomioka-silk-mill/guide/history.html（二〇二三年八月一九日閲覧）

料となる繭の生産が盛んであったことと、糸を生産するのに必要な水と工場建設のための平地が確保できたこと、利根川をルートとして当時の積出港であった横浜へのアクセスがスムーズであったことを挙げている。官営工場として創業を始めた富岡製糸場だが、経営状態の悪化や、「モデル工場」としての役割を果たしたという理由から、一八九三年に民営化してからは幾度か経営母体や名称が変わった。しかし、一九八七年まで一貫して製糸工場として操業を続けた。

富岡製糸場が創設された当時、全国から工女を募集したものの、「フランス人が生き血をとって飲む」という噂が流れたため、工女が集まらなかったと言われている。[5] そこで、明治政府は創設の意味を説明するなどして不安を払しょくするために努めたという。全国から集まった工女は良家の子女がメインだったと記されている。

2　世界遺産と富岡製糸場

日本ユネスコ連盟によると、世界文化遺産の登録にあたってはいくつかの評価基準があり、そのうちひとつ以上満たすことに加えて、真実性や完全性の条件に合うことや締結国内で法律によって適切な保護管理体制がとられていることが必要となる。[6] 富岡製糸場の場合は（ii）「建築、科学技術、記念碑、都市計画、景観設計の発展に重要な影響を与えた、ある期間にわたる価値観の交流又はある文化圏内での価値観の交流を示すものである」ことと「（iv）歴史上の重要な段階を物語る建造物、その集合体、科学技術の集合体、或い

（5）　https://www.tomioka-silk.jp/tomioka-silk-mill/guide/history.html（二〇二三年八月一九日閲覧）

（6）　https://www.unesco.or.jp/activities/isan/（二〇二三年八月一九日閲覧）

は景観を大行する顕著な見本であるもの」の二つの基準に当てはまる。[7] さらに詳しく述べると、評価基準（ii）に関しては、「明治政府による高品質生糸の大量生産のための近代西欧技術導入」「日本国内での養蚕・製糸技術改良の促進」「日本の高度な養蚕・製糸技術の海外移転による世界の絹産業の発展」に貢献したことが認められた。また、評価基準（iv）に関しては、自動繰糸機での製糸技術の発達の見本であり、その革新的な技術の開発と普及を伝える建築の代表例としての登録が決定した。

富岡製糸場の世界遺産登録決定にはユネスコの世界遺産委員会であるイコモスによる当時の世界遺産戦略も関係している。松浦（二〇一六）によると、世界遺産はベルサイユ元来宮殿やピラミッドのような芸術的に優れたものや巨大なもの、いわゆる「見ればわかるもの」（例：ベルサイユ宮殿、タージマハル等）を中心に選出されていた。しかし、一九九〇年代から見栄えがしなくても歴史的な意義のある、「見て聞けばわかるもの」も登録の対象とすべきという方針に変化していた。同時に一つの遺産ではなく複数の関連する遺産を一つの群として推薦するシリアルノミネーションが主流になってきた。二〇〇四（平成一六）年に登録された、「紀伊山地の霊場と参詣道」（三重・奈良・和歌山県）や、二〇一五年に登録された「明治日本の産業革命遺産　製鉄・製鋼、造船、石炭産業」（山口、静岡、岩手など八県）がその例である。この流れからすれば、富岡製糸場は日本の産業近代化の原点という歴史的意義に加えて、その周辺に絹産業に関わる遺産が複数個残されていたという強みがあり、登録が決定した。

しかし、遺産が一見すればわかるものから「見て聞けばわかるもの」に変わるということは、その遺産がもつ歴史的な物語をどう編成するのか、遺産がどのような歴史をどう代

（7）http://worldheritage.pref.gunma.jp/ja/wh-Rg/（二〇一三年八月一九日閲覧）

表するのかを見学者に分かりやすく明記する必要があると言える。一つの遺産において、どの時代の歴史を誰の目線から表象するかは観光地づくりの上で決定が最も複雑な点の一つである。

富岡製糸場においては、この製糸場の発展に重要であるにもかかわらず、見ただけでは分からない歴史的な物語のひとつは、そこで働いていた女性「工女さん」（ほかの製糸場では「女工」と呼ばれることもあるが、富岡では「工女」と呼ばれている）の歴史が含まれると考えられる。

3　富岡製糸場における見どころと工女の見せ方

富岡製糸場の面白さの一つは、その内と外で展示の焦点がかなり違っていることが挙げられる。富岡製糸場の内部の説明や展示は、テクニカルなものに重点が置かれている。ガイドツアーに参加すると、まず外壁の「フランドル積み」と呼ばれるフランス式のレンガの積み方に関する説明や、なぜ富岡に製糸工場が作られたかの説明がなされる。その後見学者は、実際に使われていた繰糸場、繭置所などは工場内に入り、ガイドの説明や動画などを通して製糸の技術について学ぶことができる。また糸繰の機械が数多く並んでいるのを実際に見ることで、当時の工場としては規模が大きなものだったことがよく分かる展示となっている。

一方、当時製糸場で働いていた工女たちがどこから来たか、どのように集められたかの

写真 4　富岡製糸場外観2

写真 3　富岡製糸場外観1

写真 6　富岡製糸場内部1

写真 5　富岡製糸場外観3

写真 8　富岡製糸場内部3

写真 7　富岡製糸場内部2

話は簡単にはなされるが、実際の彼女たちの暮らしに関する展示はかなり少ない。当時実際に使われていた夜学のための教室や宿舎は、老朽化のため、その外観しかみることができない。

しかし、いったん工場から外に出ると製糸場周辺は製糸場外では当時そこで働いていた工女さんに関するモノが数多く売られている。たとえば、富岡市の公式キャラクターであるおとみちゃんグッズが販売されていたり、「工女さんも愛したカレー」などを売りとしたカフェがあったり[8]、また袴のレンタルができて富岡の町を歩くことができたりする。明るい色合いのシルク製品も販売されている。

一般的に製糸場で働く女性には「女工哀史」や「ああ、野麦峠」で知られるような悲惨なイメージが付きまとう。しかし、富岡製糸場ではそのようなネガティブな面は見せられていない。逆に女工たちの明るい面が見せられ、女工たちは仕事や余暇を楽しんでいた若い女性として表象されている。

実際に富岡製糸場は当時モデル工場であり女性の労働条件は恵まれていたと述べられている（高瀬 二〇一四）。一日の労働時間は八時間程度であり、休日も夏と冬に一〇日程度ずつ保障されていた。一日三度の食事も無料で提供され、製糸場のなかには医師が常駐している診療所、寄宿舎、学校などもあり、仕事が終ってから読み書きや裁縫などを学ぶ女性も多かった。また、当時の富岡製糸場の工女たちは全国から集まった良家の娘が多く、富岡製糸場で技術を学んだ工女は後に地元の工場で指導者的な立場につくことができたことなどから、工場でありながら伝習機関的な意味合いもあったといわれている。

当時の様子を知る資料としては、初期の工女の一人であった和田英によって書かれた『富

（8） 富岡製糸場近くの高田食堂でこのカレーを食べることができる。

岡日記』がよく知られているが、さらに読みやすい本として、和田英の経験をティーン向けに書いた『明治ガールズ　富岡製糸場で青春を』（藤井清美著）がある。[9]この本によると、和田（横田）英は信州松代の元武家の娘だった。父親の数馬は、富岡に新しくできる製糸場で働く女性一五人を自分が区長を勤める地域で集めるために奔走していた。これは、富岡での人材不足解消とともに、松代に将来的に建設が予定されていた製糸場での指導者としての役割を担う人材を育てるための、いわば「研修生」の募集だった。しかし前述のように当初は「異人に生き血を吸われる」（これはフランス人がワインを飲んでいるのを見て、血だと思ったらしい）などの噂が立ち、多くの家の親は自分の娘を富岡に行かせることを拒否しており、数馬は肩身の狭い思いをしていたらしい。その時、英の母親である亀代は子供たちに対して、富岡製糸場は最新式の製糸場であり、そこで働くのは技術を学ぶことが目的であることを説明し「これはお国のためであり、お父様はお国のために人集めをなさっています」と家族に向けて言い切る。そして英が富岡に行くことを決心すると、祖父は「女ながらにお国のためになろうとは立派だ」とほめたたえた。ここからも、富岡製糸場で働くことはいわゆる「身売り」「人身御供」ではなく将来の国や地域の発展を見据えたものだったことがわかる。そして英が富岡に行くことが決まると、「それならうちの娘も」ということで、そのあとはあっという間に一六人が決まったという。

そこからは同年代の少女たちとの集団生活の楽しさやわずらわしさ、ホームシック、ほかの藩からきた工女さんたちとのライバル関係、フランス人上司に対するカルチャーショックなどが生き生きと描かれている。初任給で初めての口紅を買い工場のフランス人女性にあこがれて自分磨きをしてみたり、他の人のお化粧を派手すぎると批判する人がい

（9）角川書店より二〇一七年に発売された。電子書籍としても読むことができる。

たりと、女子あるあるのエピソードもあり工女さんがとても身近に感じられる。同時に、将来は自分たちが地域の製糸産業のリーダーになるのだという初志を忘れず、プライドをもって技術習得に励む姿も書かれている。一年と少しにわたる富岡製糸場での寮生活のあと、松代に帰る全日の様子は彼女たちの富岡におけるまさに「青春」だった日々を良く表している。(10)

富岡を去る前の夜、誰が言うともなく英の部屋にみんなが集まった。一四人。お互いの顔を見る。（中略）生活は変わる。今のここでの生活とは何もかもが違う。皆がいつもちかくにいるわけではない。一緒に食事をして、一緒に眠ることもない。この一年と三か月、すべてを一緒に乗り越えてきたのに。高がいう「英ちゃん、挨拶してよ」。英はみんなの顔をみた。こうやって狭い一部屋に集まって、なんでも相談するのも最後だ。「みんなで、明日、かえりましょう。その前に…」一四人が一斉に立ち上がった。

この翌日、英たちは新しい製糸場のリーダーになるという使命感のもとに松代に戻っていくのだ。

（10）『明治ガールズ』一七六―一七七頁より引用、一部改変。

このように富岡製糸場を発端とした絹産業の発展が、女性の社会進出やそれに伴う経済力の向上に寄与し、群馬県の女性を表象する「かかあ天下と空っ風」という言葉を生み、内に外に活躍する女性像の代名詞ともなっているといえよう。

言い換えれば、富岡製糸場やその周辺を観光地化し、女工たちの明るい面を強調することで、「女性が製糸工場で働く」＝「搾取」という図式を、「女性が製糸工場で働く」＝「女性の自立の始まり」というイメージに描き変えることが可能であり、まさに富岡製糸場がその出発の地だったといえるのではないだろうか。

しかし筆者が少し気になるのは、これらの工女たちの見せ方が「男性目線」に偏っていることである。このことは、ジェンダー的な観点から言うと、歴史的な女性差別が続いている状態といえるかもしれない。[11] これは一度支配者グループ（例：白人、男性等）によって支配されたグループ（例：少数民族、女性など）は、支配時代が終わっても形を変えて、時には無意識に、支配された状態が続くことが多く、支配された側の経験はあまり公に語られないという状態を指す（McGregor, 2009）。富岡製糸場では、良質の絹を生産するために女性たちは実際は立役者であったはずだが、そのほとんどはあくまで「労働者」として描かれており、その設立に寄与したり、経営陣の一員として名前が挙がるのは、渋沢栄一、伊藤博文など、男性がほとんどである。同様に前述のとおり製糸場内では女性のリアルな働きぶりや生活の展示は限られている。

工女たちに関係するもので表象されているのは、おとみちゃんなどのキャラクターや「工女さんが食べたカレー」などのメニューなどであり、それは「若い工女さん」に対する男性のファンタジーを具象化したものであり、長く続く男性優位性を表しているとも考えられる。例えば、おとみちゃん等のキャラクターにおいては強さやリーダーシップではなく、「かわいさ」や「従順さ」「おしとやかさ」などが強調されている。

これは男性からみた女性の「利点」であり、男性目線による観光地の表象は決して珍しくはないと言われている（Sirakaya & Sonmez, 2000）。例えば、アメリカで使われている観光パンフレットやガイドブック、カレンダーなどでは、ほとんどの写真で男性のほうが女

（11） 観光地における女性の表象については、拙稿（Maruyama and Woosnam, 2021）にくわしく紹介しているので参照されたい。

写真9　富岡市のゆるキャラおとみちゃん

性より背が高く、男性より女性のほうが何かの「世話をしている人」として描かれている。また、女性は男性を頼っていたり、男性より多く微笑んでいたりする場面が使われていた。

　さらに官営よりも民営時代のほうが長いにも関わらず、民営時代のことはあまり説明がなされていない。例えば、一九三三年に発行された政府の資料には、民営になってからの女性の労働環境はそれほど恵まれていなかったことが記されている。[12]衛生環境が悪く、工場内にあった病院もパートタイムの看護師がいるだけの状態であり、また工女たちは一日八時間以上の勤務が求められ、休日も月に一、二日だけだった。

　加えて、昭和に入ってからは工女たちは「おとみちゃん」のような着物と袴ではなく、普通の洋服を着て作業をしていたと言われている。ただそれでは「見栄え」がしないので、着物の時代が強調されているのかもしれない。これらの表象方法を決定するときに、当時働いていた女性や現代の働く女性の意見は取り入れられただろうか。

　前述の「明治ガールズ」の中で、工女の一人が上司に仕事内容について交渉をする場面もある。その工女は「繭選り」という基礎的な作業ばかりで、「糸繰り」という次のステップになかなか進ませてくれない上司に自分たちは養蚕が盛んな場所の出身でもともと繭の

(12)　脚注(11)同様、当時の労働状況について、拙稿(Maruyama and Woosnam, 2021)にくわしく紹介しているので参照されたい。

扱いには慣れていたことに加えて、上司の丁寧な指導のおかげもあり、繭選りの作業は覚えたことを冷静に伝える。そのうえで「私共は、松代に製糸場が出来ました時に技術指導をするという役目を負っております。そのためには、すべての作業を覚えておかねばなりません。それを思いますと、気がせいております。いつになりましたら繰糸所にだしていただけますものか、教えていただけますでしょうか」と聞く。ただ次の作業に移りたいと伝えるのではなく、今の自分たちが上司の教えのもとで成長したことを伝えつつ、すべての作業を覚えるという「目的」のために「いつ」次の作業に進めるのかを聞いている。従順ではない、相当できる女性である。

観光人類学者のエドワード・ブルーナーは一つの遺産において、「どの時代の歴史」を「誰の目線から」表象するかによって観光者への印象は大きく変わる。[13] 見せられるものがある反面、見せられないものがある。深見・沈（二〇一六）は、日本において世界遺産の「光」の側面に注目が集まる傾向があると述べている。だとすると、富岡製糸場の光の部分である世界の絹産業の発展に貢献したことは強調されても、それを支えた女性の労働状況は「影」の部分であり、注目を集めないのかもしれない。表象方法の決定に誰が関わっているか、何のためにそのような決定がなされたのかを研究するのが観光という学問の魅力的なところでもある。

（13） エドワード・ブルーナーはアメリカの人類学者であり、観光人類学の先駆者である。

おわりに

このように、富岡製糸場には様々な側面があり、見せられていない側面もある。この「見せ方」は今後変わるかもしれない。もし皆さんが富岡製糸場とその周辺を観光されるなら、自分ならどの時代を誰の目線から強調して展示してみたいか考えながら観光するのも楽しいと思われる。

●写真は筆者撮影

〔参考文献〕

才原清一郎「観光客視点からの着地型観光の課題の考察」『日本国際観光学会論文集』二二号、二一―二七頁、二〇一五年

深見聡・沈智炫「長崎における世界遺産観光―『明治日本の産業革命遺産』と『長崎と天草地方の潜伏キリシタン関連遺産』のこれから―」『九州地区国立大学教育系・文系研究論文集』四（一―二）、№一四、二〇一七年

高瀬豊二『異郷に散った若い命：官営富岡製糸所女工の墓』オリオン舎、二〇一四年

高橋恭平・市川尚・窪田諭・阿部昭博「意識的注意を喚起する対面協調型観光情報システムの開発と評価」『情報処理学会論文誌』五二巻七号、二三一八―二三三二頁、二〇一一年

遊子谷玲『世界遺産富岡製糸場』勁草書房、二〇一四年

Maruyama, N. U., & Woosnam, K. M. (2021). Representation of “mill girls” at a UNESCO World Heritage Site in Gunma, Japan. *Journal of Sustainable Tourism, 29*(2-3), 277-294.

McGregor, D. (2009). Honouring our relations: An Anishnaabe perspective. *Speaking for ourselves:*

Environmental justice in Canada, 27, 27-41.

Sirakaya, E., & Sonmez, S. (2000). Gender images in state tourism brochures: An overlooked area in socially responsible tourism marketing. *Journal of Travel Research, 38*(4), 353-362.

column9

群馬県民はカルタ好き

丸山奈穂

筆者は群馬県在住一二年ほどになるが、住み始めて数年で驚いたのが、群馬県民にはカルタ好きが多いことである。こちらで住むようになってすぐ「上毛かるた」というものがあり、それは単なるご当地カルタの域を大きく超えていることが分かった。遊ぶだけではなく、地区大会、市の大会、県大会まである。群馬県出身のゼミ生に聞いてみると二人に一人くらいは小学校の時に大会参加したことがあり、中には選抜選手として、放課後に毎日特訓を受けたうえで市の大会で優勝した学生もいる。優勝すると翌日の新聞に載るらしい。最初は笑っていた筆者だが、猛者たちが実際にカルタに取り組む姿をみて圧倒されてしまった。並べ方から始まり、覚える時間、「役札」と言われる札の強さなど様々なルールがあり、これはスポーツの域である[1]。そして、カルタについて語りだ

写真1　上毛かるた

写真2　上毛かるたに取り組む大学生

すとエピソードがどんどん出てくる。完全に生活の一部である。

この群馬県民のカルタ好きは、小さいころからの訓練の賜物だと考えられる。筆者は娘を群馬県内の保育園に通わせていたが、冬場になると毎日カルタ遊びが行われていることに気づいた。もちろん上毛かるたではなく、もっと簡単なものだけれど順位を競う。そして小学校に入って冬が近づくと上毛かるたを真剣にやる子とそうでない子にはっきり分かれていく（気がする）。そして、この分かれ目は親が群馬出身で上毛かるたをやっていたかどうかにある（気がする）。こうやって無類のカルタ好きが育ってゆくのである。ちなみに県外出身の筆者自身はカルタはお正月に家族とやったくらいの記憶しかない。

上毛かるたは戦後である昭和二二年に作られた。戦後の混乱の中で、衣食住が不自由で子ども達も生きていくだけで必死なか、子供たちの希望になるようなものはないかということで作成された（原口・山口二〇一〇）。

上毛かるたは、ご当地カルタだけに歴史上の人物のみならず、群馬県の由緒ある観光地がまんべんなく組み込

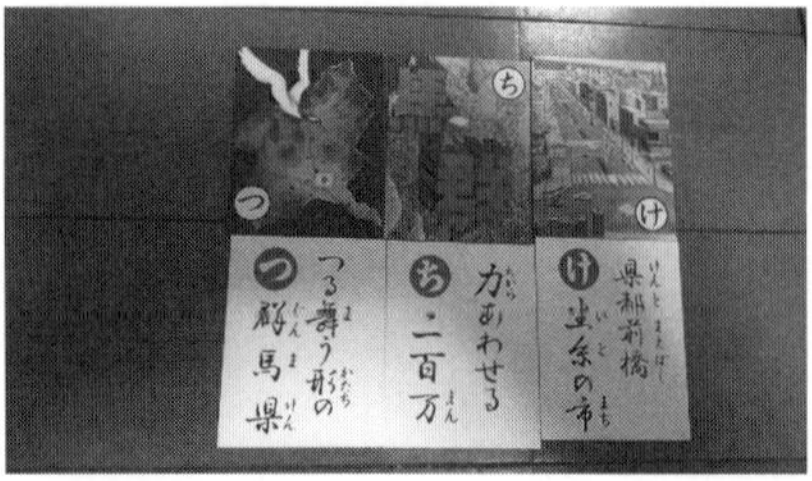

写真3　役札（親札）「つ・ち・け」が揃うと7点加点

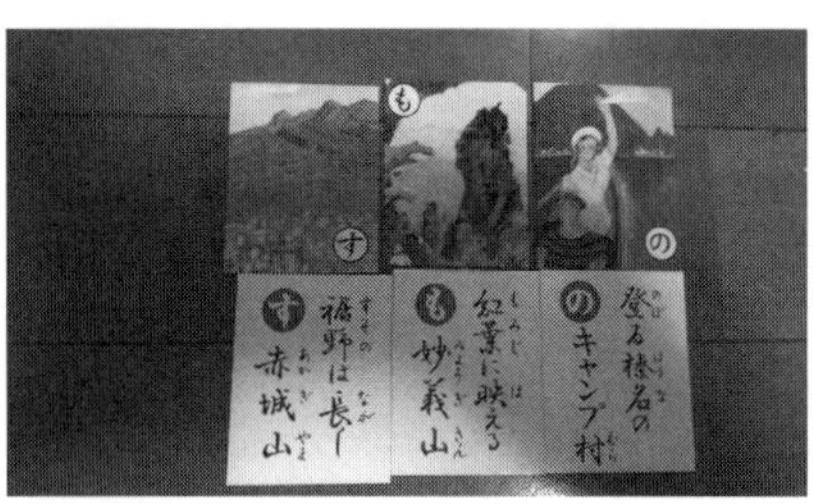

写真4　役札（三山札）「す・も・の」が揃うと7点加算

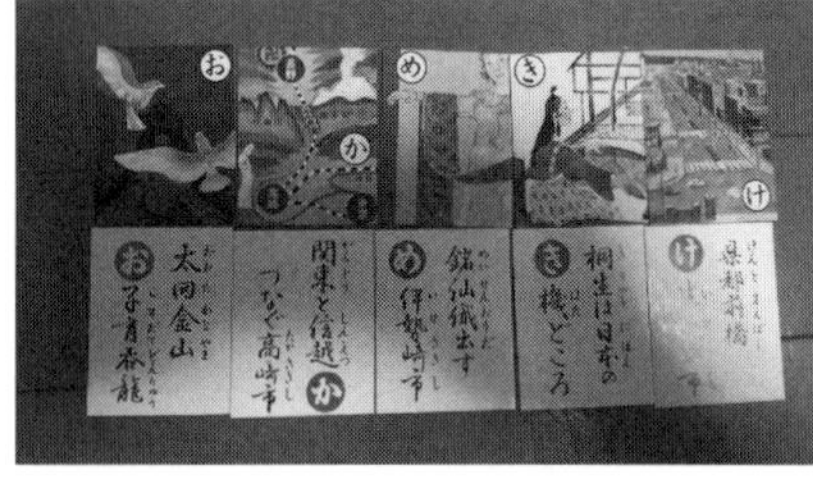

写真5　役札（五市札）「お・か・め・き・け」が揃うと5枚で15点

まれている。上毛かるたはガイドブック的な役割も果たしてくれるのである。草津や伊香保など有名どころ以外にも、少林山、榛名湖、吹割の滝なども上毛かるたで名前を知ることができる。またスタンプラリーアプリ等があり、楽しみながら上毛かるたに乗っている場所をコンプリート出来るようになっている。「札ッシュ　上毛かるたGo」というアプリは無料でダウンロードでき、群馬の名所を訪れるとカードが浮かび上がってきてポイントを得られる。(2)

ちなみに大阪の家庭にはタコ焼き器が必ずあるという都市伝説があり、大阪の人に聞くと「そんな皆がもってるわけないいやん。うちにはあったけど」という返事が皆からあるらしいけれど、群馬県民の家には上毛かるたが必ずひと箱あるという都市伝説もこれに似た感覚だと思う。我が家にも買った記憶は一切ないのだけれど上毛かるたが二箱ある。駅のおみやげ物屋さんにも必ず売っているので興味がある方はぜひ手にとってみていただきたい。

●写真は筆者撮影

〔参考文献〕
原口美貴子・山口幸男「郷土かるた：上毛かるたの魅力と意義」『群馬大学教育学部紀要』五九巻、九一—二〇、二〇一〇年

〔注〕
（1）https://note.com/lactivator/n/n8b858bbd9653（二〇二三年八月一九日閲覧）
（2）株式会社クライムによって開発されたアプリであり、集めたポイントによって「カルカ」と呼ばれる記念品がもらえる。

第9章　神社と自然を生かした観光と地域活性化
――榛名神社社家町の事例――

八木橋慶一

はじめに

高崎市の中心部から自動車で一時間ほど、緑豊かな榛名山に向かう山道を走り抜けていくと、同じ高崎市でありながら、市中心部とは全く異なる景観が山中に急に広がる。道をまたがる形で横たわる大きな鳥居と、その周辺に広がる門前町が、当地が宗教的に重要な場所であることを私たちに教えてくれる。門前町を進んで山門（随神門）をくぐると、榛名川の清流に沿って自然豊かな参道が続く。参道沿いに広がる滝や奇岩の情景を眺めつつ一五分ほど進むと、そびえ立つ岩々に囲まれた場所に、本殿をはじめとした建物が、ところ狭しと連なっている。

高崎市の榛名地区（旧榛名町）に位置するこの場所は、榛名山をはじめ、中腹にある榛名神社やその麓にある門前町である榛名社家町と呼ばれる区域によって構成される地域である。榛名山周辺をめぐる豊かな自然環境は信仰対象として、各地から人びとが訪れる聖地となってきた。さらに、榛名神社を中心とする歴史的建造物は、文化遺産としての魅力も発信していくこととなった。実際、榛名山や榛名神社は、高崎市を代表する観光資源として、高崎観光協会やシティ・プロモーションのなかでもたびたび登場している。

しかし、高崎市中心部や他の地域から隔絶された地理的な位置や、現代社会におけるライフスタイルの変化と社会における宗教の役割の低下は、観光資源としてのポテンシャルを持つ榛名山や榛名神社にはマイナスに作用してきた。榛名山周辺への訪問者の減少は、地域コミュニティの活力を徐々に奪っていき、高齢化や人口減少をはじめとするさまざまな社会問題や課題を生み出してきた。特に、二〇二三年には七〇％を超える高齢化率は、地域コミュニティを維持していくことそのものを困難なものにしてきた。その点、榛名社家町は基本的には「限界集落」として位置づけることができるであろう。一連の社会問題が発生するなかで、地域コミュニティをいかに活性化させていくのかが、ここ二〇年ほどの榛名山周辺の主要な課題となってきた。

榛名山周辺のなかでも、榛名神社の門前町として麓に広がってきた榛名社家町は、当地域の地域的課題が集約された場所でもある。二〇世紀中葉までは榛名神社を訪れる参拝客でにぎわっていたものの、さまざまな社会環境の変化から、訪問者を減らしていく。それとともに、門前町としての社家町の規模も縮小し、地域コミュニティそのものが消滅の危機に瀕するようになってきた。

議論を先取りするのであれば、二一世紀に入って、榛名社家町の地域住民たちは、榛名神社と榛名山の自然を生かした、他の地域にはない地域独自の観光資源を育成していくための協力体制を構築していく。その成果は榛名山をめぐる新たな観光資源を生み出していくとともに、榛名社家町に新たな価値を生み出し、地域コミュニティを活性化させる一つの重要な契機となっている。その際、地域住民だけでなく、外部の多様な主体の協力を仰ぎながら、事業を展開してきた点があげられる。

以上の論点を踏まえたうえで、本章では榛名社家町の地域コミュニティが行ってきた活動を事例に、過疎地域における観光地の持続可能性をみていきたい。

1　榛名神社と社家町(門前町)

本章で紹介する榛名山のさまざまな観光スポットのなかでも、近年ではとくに榛名神社が地域を代表する観光資源となっている。その理由のひとつに、関東地方屈指の開運のパワースポットとしてさまざまなメディア媒体で紹介されてきた点があげられる。市の観光協会の会報でも、パワースポットとしての榛名神社を紹介しているほどである。二〇〇〇年代中葉の全国的なパワースポット・ブームによって、一時期は大量の参拝客が榛名神社を訪れるとともに、麓の榛名社家町では自動車やバスによる渋滞が発生するほどの活況を呈していた。ブームが落ち着いた現在では、参道や社家町は往時の姿を取り戻し、静かに時が流れている。

榛名山周辺の中心的な観光スポットである榛名神社は、榛名山(標高一四四九m)の南側の中腹、標高九〇〇mの地点に鎮座している。その麓の部分の標高約八二〇mのところに、榛名神社の門前町としての社家町が広がっている。二〇〇六年までは群馬郡榛名町として、榛名山とふもとの平地を中心とした地方自治体であったが、二〇〇六年一〇月に高崎市に吸収合併されている。高崎市に吸収合併される過程で、榛名山と榛名社家町もまた、高崎市という広範な市域に位置づけ直されるなかで、社会環境が大きく変貌してきた。

同神社が歴史書にはじめて取り上げられたのは、平安時代の『延喜式神名帳』（九二七年完成）である。上野国十二社の一つとして登録されており、この中で記録された神社は「式内社」という格式の高い神社とされる。一〇世紀の時点で、すでに地域の信仰を集める神社に成長していたと考えられる。主祭神は、火の神「火産霊神（ほむすびのかみ）」と土の神「埴山毘売神（はにやまひめのかみ）」の二柱である。社伝によれば、用明天皇元（五八六）年に祭祀の場が創建されたことがはじまりとされる。

榛名神社の敷地にある、本殿・幣殿・拝殿、国祖殿・額殿、神楽殿、双龍門、神幸殿、随神門（旧仁王門）は、二〇〇五年に国の重要文化財に指定されている。神社の本殿近く、石段脇にある矢立杉は、約四四〇年前、武田信玄が箕輪城攻略に際し矢を立て、戦勝祈願したいわれを持つ杉の巨木で、国指定の天然記念物である。また、境内のいたる場所でみられる奇岩の数々は、当地域の独特の景観を生み出すとともに、近年ではパワースポットとして、多くの訪問客を集める場所となっている。榛名神社を訪れると、参道沿いに広がる景観を写真に収めようする訪問者を頻繁に見かけることができる。

戦国時代には一時的に衰退するも、近世には講組織によって日本各地から参拝者でにぎわうようになると、宿坊（寺社の宿泊施設のこと）を中心とした門前町としての社家町も拡大し、江戸時代の終わりまで繁栄を続けてきた。明治時代以降は廃仏毀釈の動きによって一時的な衰退はありながらも、全国各地に点在する伝統的な講組織をはじめ、榛名山を訪

写真１　榛名神社本殿

写真２　榛名神社双龍門

れるレジャー客の増加にともなって、社家町は活況を呈してきた（榛名町 二〇一二）。

榛名神社の麓に位置する榛名社家町は、県道安中榛名湖線に沿う部分と、歴史民俗資料館から神社に向かう参道沿いからなる。榛名神社の門前町である社家町には、宿坊や土産物店、食堂などが立ち並び、二〇二〇年現在には二一世帯四一人が暮らしている。また、宿坊のうち四棟は国の登録有形文化財に指定されている点からも、歴史的にも観光的にも極めて重要な場所であることをうかがい知ることができる。新型コロナウイルス感染症による、いわゆる「コロナ禍」以前の二〇一七年には、榛名神社に約五二万人が参拝に訪れていた。週末や連休では多くの観光客でにぎわっていたが、コロナ禍の影響で参拝者や観光客の足は遠のいた。二〇二三年には団体ツアーや、個人やグループによる観光客の姿もみられるようになっているが、コロナ以前の規模に回復するには、まだ時間を要するであろう。この影響からの脱却が、これから数年間の課題であろうと筆者は考えている。

地域コミュニティの活性化事業を相次いで展開するようになった二〇〇三年当時に、当地を研究対象としてい

写真３　榛名社家町

写真４　榛名社家町

た戸所隆（当時高崎経済大学・地域政策学部教授）は、この地域では四六棟の建物が有り、二四世帯六三名が生活していると報告している（戸所 二〇〇六）。また、二〇〇三年当時では宿坊数は一三、店舗は一二あり、店舗の約半数は宿坊の営業であった点を述べている。

　しかし、この当時の榛名社家町が置かれた環境は、現在とは異なったものであった。二〇〇〇年代初頭、既に参拝客の減少や高齢化の進展にともなう人口減少による地域コミュニティの衰退は、地域における喫緊の課題となってきた。簡易郵便局や公立の歴史民俗資料館といった一部の社会インフラが存在するものの、二〇〇四年には一〇〇年近い歴史をもった小学校（旧榛名第三小学校）が閉校となり、地域コミュニティの持続可能性が真剣に議論されるようになった時期でもある。それゆえ、当時の榛名社家町が抱えていた危機感は、現在からは考えられないほど深刻なものであったと言える。

　しかし、榛名社家町は周囲に土地がなく、周囲からも途絶された環境のなかで、伝統的に榛名神社を訪れる参拝客に対するさまざまなサービスを提供することによってしか、地域経済を成り立たせることができなかった。

戸所（二〇〇六）が指摘するように、この地区では山間部の谷筋に形成された神社を中心に神官、宿坊経営者、土産物・食堂経営者などで構成される都市的小集落である点を特徴として指摘している点からも、うかがい知ることができる。この他地域とは異なった町の特徴が、榛名神社への来訪者の増減という、外部の社会環境の変化の影響を強く受ける、脆弱性を常に内包してきた。

2 社家町の地域活性化の歩みと現況

そもそも榛名神社は、関東一円の農民の「榛名講」を各地で組織することで、多くの参拝者を集めてきた歴史があった。社家町もかつては宿坊が一〇〇近くもあり、繁栄の歴史があった（榛名町 二〇一二）。昭和の時代も中小企業の社内の講組織や会社の団体旅行などもあり、一定の参拝者を集めてきた。しかし、一九八〇年代ごろから、榛名神社への参詣の目的が信仰から、非日常性を楽しむ観光重視へ変化し、また旅行スタイルも団体旅行から家族・個人単位に変わるようになった。結果として、榛名神社への参拝者は徐々に減少していった（戸所 二〇〇七、二〇一〇）。

参拝者の数が減少していくなかで、榛名神社や社家町もかつての賑わいを失うこととなる。特に、講組織を通じて団体で榛名神社を訪れる人びとに食事や宿泊といったサービスを提供してきた社家町では、団体参拝客の減少にともなって往時の賑わいをみせることができなくなり、宿坊や店舗をたたむ場所が増えていった。宿坊や店舗が減少していく過程で、社家町の住民の数も減少していき、空き家となった場所が更地や駐車場になっていった。

二〇〇六年一〇月に旧榛名町が高崎市と合併し、現在では榛名神社・社家町は高崎市榛名山町の一部となっている。そして、榛名神社社家町は既に指摘した通り、わずか二〇世帯ほどにまで減少し、その住民の多くが高齢者である。つまり、過疎化が進み、地域コミュニティそのものが維持できない段階にまで足を踏み入れている。高崎市も行政として、地域コミュニティを維持するためのさまざまな対策は講じている。たとえば、高崎市が実施している「空き家緊急総合対策事業」における「空き家活用促進改修助成金」という制度では、人口減少地区として、空き家への定住を促進するための市からの助成金の上限が、五〇〇万円へと引き上げられている（高崎市 二〇二三）。榛名地域は、典型的な過疎化が進む中山間地域としての特徴を備えた地区と捉えることができる。急激に減少する参拝客や社会環境の変化に社家町の関係者たちがついていくことができずに、ただ単に手をこまねいているだけの状況であった。

しかし、榛名社家町の現在をみてみると、二〇〇〇年代当初に描き出されていた暗い未来とは異なった現状が横たわっている。社家町の街並みや景観が整備されるとともに、門前そばに代表される地域の特産品の発展や、学生ボランティアによるガイドといった、新たな取組みも行われている。さらに、五月の幽玄の杜音楽会や、一一月の新そば祭りのように、榛名社家町を舞台とした季節ごとのイベントも開催されるようになり、内外の人びとの協力体制が整ってきている。

地域コミュニティが衰退していくなかでも、地域活性化が進んでいる背景として、行政と地域住民や、地域の大学関係者や学生といった外部の支援者たちとの連携が、この二〇年間近くで広がってきた点があげられる。外部からの協力体制の構築がなければ、社家町の状況は現在よりも厳しいものとなっていたであろう。

榛名社家町の活性化の動きは、二〇〇二年に旧榛名町による地域振興計画の策定作業が実施されたことがきっかけであった（榛名町 二〇一二）。前出の戸所隆（現高崎経済大学名誉教授）を委員長として計画が策定された当地域振興計画では、榛名神社と社家町の観光的価値を評価し、改善案を提言したのであった。この動きを受けて二〇〇二年に始まったのが、「幽玄の杜音楽会」であり、地域の名産品としての「門前そば」の普及である。

3　社家町の観光資源としての幽玄の杜音楽会と門前そば

幽玄の杜音楽会は、榛名社家町に人を呼ぶきっかけが欲しいとの、戸所隆を中心とした外部の関係者たちの強い要望を反映する形で発案されたイベントである。幽玄の杜音楽会は国指定重要文化財の神楽殿をライトアップし、そこでクラシックやジャズが演奏されるもので、荘厳な雰囲気の中で一流の演奏を味わうことができる。地域住民と旧榛名町役場担当職員の尽力により、開催にこぎ着けることに成功したものである。その後も継続して開催され、榛名神社と社家町の再生のシンボル的事業となった[1]（戸所 二〇一〇）。たとえばクラシックでは、高崎市を拠点としている群馬交響楽団の楽団員が出演し、夜の神社の幻想的な風景とクラシック音楽が融合した、独特の雰囲気を醸し出すイベントとなっている。

（1）重要文化財に指定されている境内の四棟が改修工事に入ったことと、二〇二〇年春からのコロナ禍に伴う外出自粛により、二〇一九年から「幽玄の杜音楽会」は休止していたが、コロナ禍が弱まった二〇二三年九月に四年ぶりに音楽会が復活した。榛名神社が改修工事中のため、会場は社家町の宿坊が会場となっている。

この幽玄の杜音楽会を発案した経緯については、戸所（二〇〇七、二〇一〇）のなかで詳しく論じられている。戸所は「多くの人々を吸引し、感動を与えるイベント」として、プロのクラシックとジャズの演奏会を国の重要文化財・榛名神社神楽殿で行うイベントを発案した。始まった初期の様子について戸所は、「荘厳なたたずまいの神域での演奏は、クラシックやジャズなどのジャンルを問わず、人々を魅了した。特に、夕暮れから始まる夜の部では、春の新緑や秋の紅葉の中にライトアップされた神楽殿が浮かび上がり、他では味わえない幽玄の杜音楽会となる」と論じている（戸所二〇〇七）。

この音楽会を主催するにあたって、社家町の住民たちだけでは対応できないことも多くあったことから、行政（当時の榛名町）や高崎経済大学の学生たちが支援しながら実現していった。特に行政担当者を中心に、群馬県の「まちうち再生事業」の補助金を得ること

図１　幽玄の杜音楽会パンフレット（提供：榛名観光協会）

写真５　幽玄の杜音楽会

によって、イベントを実施することが可能になった点を指摘している。二〇二三年に二六回を数える「幽玄の杜音楽会」は、社家町活性化のシンボル的事業として、活性化事業の中核的存在へと成長した。地域コミュニティ活動と観光振興が、榛名社家町にとって重要であった点を見て取ることができる。

戸所は、榛名神社の訪問者たちが幽玄の杜音楽会を聴くだけで帰宅するのでは、社家町活性化への経済的な効果が少ない、と当イベントの問題点も指摘している（戸所 二〇〇七）。そこで、社家町の店舗が協働で統一ブランド「門前そば」を作り、門前そば・山菜天ぷら・かやくご飯・香の物からなる食事付きコンサートチケットを発売する案を提示している。[2] その後事業化された門前そばは、実際に榛名社家町を代表する特産品としての地位を確立し、どこの飲食店でも食すことのできる名物となっている。

このイベント創出をきっかけとして、音楽会の開催や地域の名産品の開発で培った経験を活かすべく、地域住民と行政、学識者、民間ボランティアを中心とした「社家町活性化委員会」が二〇〇三年に発足している。社家町活性化委員会の結成当初、自治体職員（事務局）、建築家や歴史研究者、文化財保護関係者など多彩な公募委員で構成される、二九名が委員に名前を連ねた。会長には榛名町長（当時）、委員長には戸所が就任している。

委員会は部会制を採用し、①榛名神社や社家町の散策を楽しめるように環境整備を提言する部会、②歴史的建造物の保存と景観形成を提言する部会、③食文化と芸術に関する部会で構成された。これらの成果は、非日常性を楽しむ現代的な観光に合わせた環境の整備、グルメ（地場産蕎麦粉を使用した門前そばの開発、一一月下旬の「新そば祭り」の開催）や音楽会の継続的開催というかたちで残ることとなった。二〇〇〇年代後半に三〇万人台だった参

（2）さらに、門前そばに合う社家町限定販売の日本酒「神楽泉」を、隣接地域の酒造会社と共同で開発した。なお、チケットの価格は二〇〇五年までは補助金があったため二〇〇〇円で販売したが、二〇〇六年からは三〇〇〇円となっている。この価格でも、現実には持ち出しである。しかし、販売促進イベント費用と考えて、マイナス分は社家町の人びとが負担している（戸所 二〇〇七）。

写真6　社家町における「門前そば」の看板と製粉所

写真7　「新そば祭り」期間にボランティアガイドを行っている八木橋ゼミの学生（提供：榛名観光協会榛名神社支部）

拝者・観光客数は、二〇一〇年代後半には五〇万人を超えるまでになった。二〇二〇年段階では、新しい土産物の開発に関する部会、榛名神社のボランティアガイド育成の二つの部会が設置されており、外部に向けてつねに魅力を発信するように取り組んでいる。筆者のゼミの学生も両部会に参加し、活性化に協力している。

ここでは、社家町活性化委員会を中核として外部のさまざまな関係者が委員として参画する過程で、地域コミュニティ活動が観光と結びつきながらにわかに活気を呈するようになってきた点を見て取ることができる。

これらの榛名社家町の観光資源を育成する地域活性化事業を統一的に行なえる環境を整備することで、外部の意見やアイディアを積極的に取り入れる環境を整えていった。そして何よりも、外部の関係者からの様々な刺激に応えるように、榛名社家町そのものが新たなものを積極的に受け入れるように変化してきた点があげられる。今では当たり前のように地域のシンボルとなっている幽玄の杜音楽会や門

写真８　榛名神社の夏の風物詩となった風鈴

前そば、あるいは学生ボランティアたちの姿も、榛名社家町が過疎地域における観光地を持続的に発展させていこうと努力してきたなかで生み出されてきた成果として捉えることができるであろう。

さらに、学生ボランティアをはじめとした外部の人びととの交流機会が増えてきたことで、榛名社家町や榛名神社において、さまざまな季節イベントが新規に開催されるようになっている。夏になると榛名神社の入口を飾る風鈴の音色は、涼しげな榛名神社の森の雰囲気とマッチし、人びとを惹きつける季節の風物詩となっている。このような小さな取組みも、榛名社家町が地域活性化に取り組んでいくなかで構築してきた協力体制のなかで生み出されてきた成果として取り上げることができるであろう。

おわりに

本章では、榛名神社の麓に位置する榛名社家町の地域活性化の取り組みをみながら、過疎地域における観光地の持続可能性について論じてきた。

榛名社家町をめぐる状況は、参拝者の減少や社家町の高齢化、後継者不足が進行していくなかで、地域コミュニティとして維持していくことが徐々に困難となってきた。そのなかで、二〇〇〇年代より行政や大学関係者、学生が相次いで社家町の人びとと地域イベントや名産品を創り上げていくことで、人びとが交流できる新たな機会を創出してきた。むしろここで重要なのは、観光客をより多く呼び込むことよりも、観光資源を育成していく協働作業を通じて、地域コミュニティが外部とのつながりを強め、自分たちを新たな環境のなかに位置付け直す作業である。その点、近年の福祉社会をはじめとする地域社会のデザインのなかで盛んに議論されているように、外部の人々を含めたコミュニティ内部の活発なコミュニケーションこそが、観光資源の育成や地域社会の活性化に繋がるとともに、地域コミュニティの持続可能性を示していると言える（家中ほか 二〇一九、山本ほか 二〇二一）。

その点、社家町活性化委員会を中心に行われている地域住民、行政、外部有識者の連携により、社家町の地域活性化は、現時点では地域の衰退を押しとどめていると評価できるであろう。市町村合併後は、高崎市榛名支所が継続的に支援を続けており、社家町活性化委員会も上述のように新規の話題づくりに励んでいる。とはいえ、住民の減少や高齢化の問題は残されたままである。地域活性化の次世代の担い手をどのように育てるかが、今後の課題であろう。願わくば、榛名社家町の地域活性化に関わっている高崎経済大学の学生や、外部の若い世代の人びとのなかから、次世代の担い手が出てくることを期待したいところである。

●写真1〜6、8は筆者撮影

〔参考文献〕
家中茂・藤井正・小野達也・山下博樹編『新版　地域政策入門―地域創造の時代に』ミネルヴァ書房、二〇一九年
高崎観光協会『会報　観光たかさき』一五一号、二〇二〇年
高崎市『広報高崎』一五八三号、二〇二三年
戸所隆「音楽会を核とした榛名神社社家町の再活性化政策の成果と課題」『地域政策研究』九巻二・三号、三五―四八頁、二〇〇七年
戸所隆『観光集落の再生と創生　温泉・文化景観再考』海青社、二〇一〇年
榛名町『榛名町誌　通史編下巻』二〇一二年
山本隆・山本惠子・八木橋慶一・正野良幸『福祉社会デザイン論』敬文堂、二〇二一年

column10

榛名湖アーティスト・レジデンスの試み

――八木橋慶一

昭和の時代には各地からのレジャー客で栄えていた榛名湖であるが、近年では観光客数の減少や観光業の従事者の高齢化も相まって、かつてのような賑わいを創出できない状況が続いてきた。しかし、二〇二〇年九月に榛名湖畔に新たにできた「榛名湖アーティスト・レジデンス」と呼ばれる芸術拠点が、榛名湖の地域コミュニティに新たな価値を付与する契機となっている。

二〇一九年に閉館した榛名湖畔の老舗旅館、湖畔亭を高崎市が引き取って改装する形でオープンした榛名湖アーティスト・レジデンスは、芸術家たちの創作拠点としての設備を兼ね備えている。アトリエとして利用できる広いスタジオの数々や、榛名湖の湖畔が迫るロビーや屋上は、いつまでも湖面の姿を見つめていたくなる、不思議な魅力を醸し出している。榛名湖の麓の静かな環境下において、一時滞在をする芸術家たちは創作活動に打ち込んで、その成果を各地で発信している。

写真1　榛名湖アーティスト・レジデンス概観

榛名湖にみられるこの芸術家たちのための創作拠点は、アーティスト・イン・レジデンスという動きが日本各地で流行するなかで設立されたものの一つである（菅野・日沼編 二〇二三）。アーティスト・イン・レジデンスとは、芸術家たちがある一定の期間を特定の土地に滞在し、常時とは異なる文化環境で作品制作やリサーチ活動を行うことである。二一世紀に入って世界各地の都市で、芸術をはじめとする文化活動を活性化させるために、芸術家たちに一時的に滞在してもらう動きが活発になってきた。日本各地でもこの世界的な潮流を受けて、芸術家たちに滞在してもらうための施設やイベントを創出することで、地域の文化活動を活性化させようとする動きがみられる。

群馬県内でも既に前橋市にあるアーツ前橋や、中之条町において二年ごとに開催される中之条ビエンナーレを通じて、芸術家たちが一定の場所に集まる仕組みが作り出されてきた。高崎市においても、街中での美術館やギャラリーといった芸術拠点やストリート・アート、芸術イベントの創出といった形で芸術振興を図っている。それに対して榛名湖アーティスト・レジデンスは、榛名湖周辺の地域コミュニティの活性化と絡めて、新たな芸術拠点を創出する動きとして捉えることができる。

写真2　榛名湖アーティスト・レジデンス内装

実際に榛名湖アーティスト・レジデンスを利用する芸術家たちは、自分たちの創作活動に埋没するだけでなく、榛名湖畔の風景や地域コミュニティの人々との交流を楽しみながら滞在を終えている。むしろ、榛名湖の湖面のなだらかさや自然環境以上に、レジデンスでの滞在者同士の交流や、湖畔の飲食店や通りがかりの人びととの会話や交流を楽しみながら、滞在を終えていることが多いようだ。

さらに、芸術家たちが榛名湖畔での滞在で織りなす地域コミュニティとのさまざまな関わりは、榛名湖の地域社会そのものも大きく変貌させてきたと言える。すなわち、榛名湖畔の地域コミュニティの方も、芸術家たちを受け入れていく体験を楽しみながら、自分たち自身も新たな価値を見出していくともに、広い意味で芸術活動に参画するようになっている。

それゆえ、榛名湖畔を舞台に自然や地元の人々と関わり合いながら作成された芸術作品たちは、芸術家たちの制作意欲を喚起していくだけでなく、芸術家たちと地域社会の交流のなかで育まれた作品でもある。榛名湖アーティスト・レジデンスで作成された作品の背後には、芸術家たちが榛名湖で過ごした日々の経験が反映されているのかもしれない。そうした目で芸術作品をみていくと、芸術作品に対してまた異なった見方ができるのかもしれない。

●写真は筆者撮影

［参考文献］

菅野幸子・日沼禎子編『アーティスト・イン・レジデンス　まち・人・アートをつなぐポテンシャル』美学出版、二〇二三年

第10章　上野国の伝説とその足跡

鈴木耕太郎

はじめに

「伝説」とは、神仏や超人的英雄などの活動、交渉を通して、身近な風物や風習、景観や地名などの起源や由来を語るものであり、ある時代までは本当にあった出来事として語り継がれてきた話を指す。そのため、「むかしむかしあるところに……」とあらゆる固有性がはぎ取られた（そしてフィクションであることを前提としていた）「昔話」とは異なる。

起源・由来を語るとは、すなわちそのモノ・コトが私たちの眼前になぜ存在するのかを明らかにすることでもある。なぜここに山があるのか、川があるのか、なぜ私たちはこんな生活をしているのか——こうした原初的問いに対する一つの答えが伝説に求められたのだ。たとえば、この山は大昔に巨人が創ったものだ、とか、巨大な龍が眠りそのまま川となった、などといった具合である。

もちろん、科学的視点に立てば荒唐無稽にも映るだろうが、そもそもそうした視点が確立していない時代、伝説の語りこそ人々にとって「リアル」だった。だからこそ、世界中、至るところで伝説は創造されてきた。この群馬県――伝説創造の最盛期であれば上野国(こうずけのくに)(1)――も例外ではない……というよりも、上野国こそまさに多様な伝説に彩られた空間であった。

周囲を山々に囲まれ、巨大な河川が存在しているこの地に暮らす人々は、時に火山活動や大規模河川氾濫といった自然がもたらす災厄に悩まされながらも、豊かな山野・水がもたらす大いなる恵みを享受してきた。まさに人間を超える存在であった自然との対峙は、時に人ならざる者の存在を強く意識させたであろう。

歴史をひもとけば県北部(北毛(ほくもう))以外の地域には大きな古墳が点在しており、古くからヤマト政権とつながりのある有力者層が支配していたことがわかっている。渡来系の人々も早くから移住していたようで、古代から見られる養蚕業、織物業、あるいは馬の産育、仏教の受容などにその影響が見て取れる。また、東山道(近世以降は中山道(なかせんどう))や三国(みくに)街道、日光例幣使(れいへいし)街道など人々の往来が盛んな交通の要所でもあった。そうした経緯もあってか、古代から中世にかけて、東国のなかでも上野国はしばしば歴史の表舞台に登場し、さまざまな有力氏族による栄枯盛衰が繰り返された。こうした上野国激動の歴史もまた伝説を育む培養土たり得た。

そう考えると、在地性の高い伝説の世界とは、単なる虚構・空想の世界とも言い難い。つまり、そこで展開される世界とは、その土地の風土やそこに住まう人々の生活、文化、そして自然災害や戦乱なども含む歴史が影響し、絡みあった末に形づくられた「もう一つの世界」といえる。

(1) もとは上毛野国だったが、和銅六(七一三)年より上野国と表記されるようになったという。ただし、今も「上毛」と呼びならわすこともあり、それに伴い県北部・西部・東部・県央部をそれぞれ北毛、西毛、東毛、中毛と称することが一般化している。

本章ではこうした上野国の伝説を通して、もう一つの上野国／群馬県を見ていきたい。ただ、先述の通り上野国は「伝説に彩られた空間」であるため、この地の伝説を漏れなく掘り下げることは紙幅からしても難しい。そこで今回は、上野国の伝説を語るうえで欠かせない一書の中から、自然豊かな上野国の「山川」にまつわる伝説に限定して論じていきたい。その一書とは一四世紀後半（南北朝期）には成立していたとされている『神道集』である。

1 『神道集』と上野国諸社の縁起

まずは福田晃や大島由紀夫らの研究を参考に、『神道集』について簡単に説明したい。一〇巻全五〇話を収めるこの『神道集』は、その内容を以下のように大別できる。


（Ⅰ）：仏教側から捉えた神道教義・理論を説くもの。

（Ⅱ）：日本各地の神社の祭神について、その本地仏[2]の由来を仏教的教義から説き、神社の由来も語るもの。

（Ⅲ）：（Ⅱ）と同じく各地の神社祭神に関する縁起だが、これらの神は生前はみな人間であり、なぜ神となったのか、またそうした神の本地仏は何かを由来譚（物語）として語るもの。

（Ⅳ）：（Ⅲ）と同じく各地の神社の由来譚だが、各祭神をどのように祀るようになっ

（2） 神の本地、すなわち神として現れる前の仏を指す。神と仏とは一体だが、そもそも仏菩薩が人間を救済するために現れた化身（垂迹体）が神だとする本地垂迹の思想に基づく。

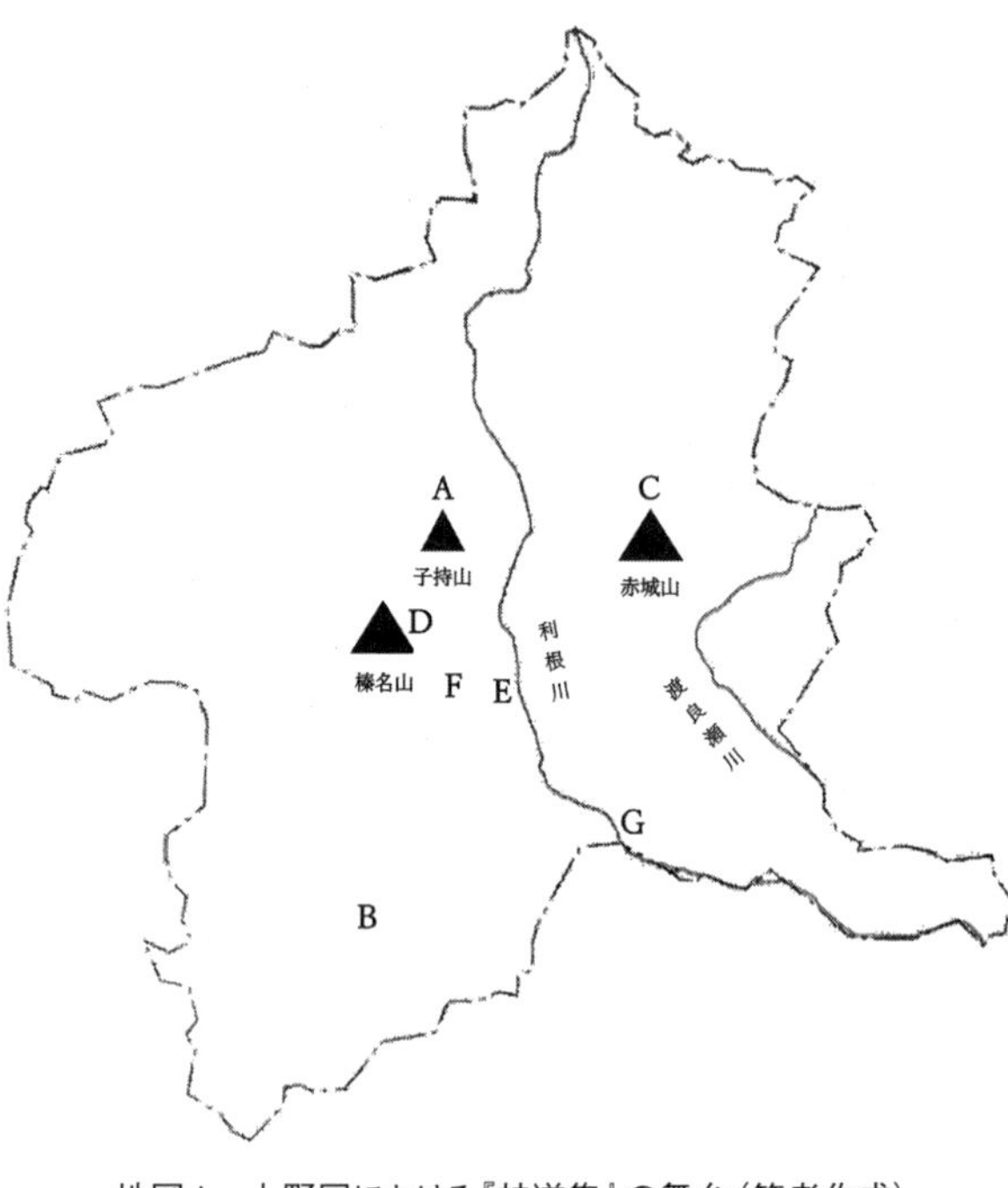

地図1　上野国における『神道集』の舞台（筆者作成）

たかを記すもの。

つまり（Ⅰ）を除く（Ⅱ）～（Ⅳ）は広く神社縁起ということになる。これらの神社縁起（四二話）は日本中から集められているのだが、着目すべきはその二〇%弱を占める八話が上野国内の神社縁起であることだろう。ちなみに旧国別でいえば、次に多いのが都（京）のあった山城国の四話である。こうした点からも『神道集』の神社縁起が上野国に偏重していることがわかる。

では、この『神道集』に収められている上野国の神社縁起とはどのようなものか。以下、『神道集』に収められている順に見ていこう。なお、第一六話を除く七話の舞台（神社）については地図1上にA～Gの記号で示している。

・第一六話　上野九ヶ所大明神事（上野国の一宮から九宮および現・総社神社［前橋市］の神々とその本地の列記）
・第三四話　上野国児持山之事（現・子持神社［渋川市］の由来譚）……地図上A
・第三六話　上野国一宮事（現・貫前神社［富岡市］の由来譚）……地図上B
・第四〇話　上野国勢多郡鎮守赤城大明神事（現・大洞赤城神社［前橋市］[3]とかつて存在していた赤城山小沼の小沼宮由来譚）……地図上C
・第四一話　上野国三宮伊香保大明神事（伊香保神社［渋川市］および三宮神社［吉岡町］の由来譚[4]）……それぞれ地図上D・E
・第四三話　上野国赤城山三所明神内覚満大菩薩事（かつて存在した赤城山地蔵岳の地蔵堂および小沼宮、現・大洞赤城神社の由来譚。ただし、第四〇話とは別種の話）……地図上C（第四〇話と舞台はほぼ同じ）
・第四七話　群馬桃井郷上村内八ヶ権現事（現・常将神社［榛東村］ではないかと推定される由来譚）……地図上F
・第四八話　上野国那波八郎大明神事（現・八郎神社［伊勢崎市］の由来譚）……地図上G

取り上げられている縁起の舞台を見ると、たとえば第三六話（地図上B）・四〇話および四三話（地図上C）・第四一話（地図上D・E）は、それぞれ上野国一宮から三宮となっている。まさに上野国を代表するような、高い社格を誇る神社といえよう。一方で、第三四話「児持山」や第四七話「八ヶ権現」、第四八話「八郎大明神」は、当該地域において古くから祀られてきた神社ではあるが、社格だけ見ればそこまで高いものとはいえない。

（3）　赤城山およびその山麓には、山頂の大洞赤城神社のほかに、南麓に現・三夜沢赤城神社があり、さらに南にいくと二宮赤城神社がある［いずれも前橋市］。上野国二宮・赤城社はこの三社のうちのどれかと考えられているが未だに決着を見ていない。ただし、『神道集』内では大沼のほとりに建立された社と読めるので、ここでの赤城大明神とは現在の大洞赤城神社であると推定できる。

（4）　現・三宮神社は伊香保神社の里宮（本殿が山上にある場合、参拝者が山上まで登らなくとも良いように山の麓に設けられた宮のこと）であると考えられている。この関係性について、『神道集』では、伊香保大明神には「男体」と「女体」とがあり、男体の伊香保大明神は「湯前」を守護し（伊香保神社）、女体の伊香保大明神は「里へ下」って三宮渋川保（三宮神社）に祀られたとしている。

つまり、社格の高さだけで『神道集』に収載されるか否かが決まった訳ではなさそうだ。

ところで、これら神社の所在地（地図上A～G）を見ると、県中央部を流れる利根川より西側に位置する神社が多いことがわかる（八郎大明神は利根川の東岸に位置しているが、ほぼ利根川上といっても過言ではない）。このように上野国のなかでも、さらに取り上げられている地域に偏りが見られることから、『神道集』の編者の活動圏と密接にリンクしているのではないかとの指摘もなされている（福田 二〇一七）。すなわち、西毛（せいもう）地域と信濃国[5]を拠点としていた在地の宗教者が『神道集』を編纂したのではないかというのである[6]。では、仮に編者の活動範囲が西毛・信濃中心であったならば、利根川から東に離れた赤城大明神（地図上C）の縁起はどう位置づけられるのだろうか。次節では、第四〇話「上野国勢多郡鎮守赤城大明神事」（以下、「赤城大明神事」）に絞って見ていこう。

2　赤城大明神と水場

まずは、やや紙幅を割くが第四〇話「赤城大明神事」の梗概について、いくつかの場面にわけて示したい。

①高野辺左大将・家成は讒言により妻と若君（息子）、三人の娘と共に上野国へ配流となる。若君は一三歳で成人を迎えると、祖父母を頼って都へ上り、帝に仕官した。その後、家成は妻が亡くなったので信濃国から後妻を娶り、娘も一人もうけた。

（5）『神道集』において信濃国の縁起は、最終話である第五〇話「諏訪縁起事」を含む三話が収載されており、上野国・山城国に次いで多い。また「上野国一宮事」や「児持山之事」などでも、信濃国、それも諏訪大社の諏訪明神とかなり深い結びつきが示唆されている。

（6）ただし、現存する『神道集』の写本すべてに、比叡山延暦寺竹林院の里坊・「安居院」の手により成立したと記されている。そのため、『神道集』編者は安居院の流れを汲む唱導僧集団ではないかとの説もある。なお、この安居院の僧侶たちは説教・唱導といった、さまざまな話を通して仏の教えや仏法を説くことの技術に長けていたことが知られていた。

②三年後、帰京が許された家成は懸命に帝に仕え、上野国国司に任命される。家成は前妻とのあいだにもうけた三人の娘に良い婿候補を定め、上洛させようとした。しかし、後妻は自分が生んだ娘こそ権力者に嫁がせたいと思っていたので、このことを激しく妬み、ついに継子である娘三人の殺害計画を立てる。

③三人の娘はそれぞれ後見人である淵名次郎、大室太郎、有馬伊香保大夫に預けられており、長女は淵名姫、次女は赤城御前、三女は伊香保姫と称されていた。そこで後妻は実弟に命じて、淵名次郎・大室太郎を赤城山へと狩りへ誘い出し、黒檜嶽の東にある滝の上の藤井谷で殺害した。さらに淵名邸宅へと攻め入り、淵名次郎の妻と淵名姫を捕らえ、生きたまま倍屋ヶ淵（ますやがふち）に沈めて殺した。

④赤城御前は大室太郎の妻らと共に赤城山へ逃げ込み、伊香保姫は有馬伊香保大夫とその息子・聟たちの固い守りにより難を逃れた。赤城山中をさまよう赤城御前らは、藤井谷から現れた美しい女性に果物を渡され七日間生き抜いたが、大室の妻は亡くなってしまう。赤城御前が赤城の大沼まで来ると、沼の龍神・唵佐羅摩女（おんさらまにょ）が現れて沼の中の龍宮へと導かれた。そのまま赤城御前は赤城大明神となった。

⑤家成は都から上野国へ戻る道中で事の次第を知らされた。急ぎ淵名姫が亡くなった倍屋ヶ淵へと行き娘の名を叫ぶと、神となった淵名姫が現れ別れを告げた。その姿を見て家成もまた倍屋ヶ淵に身を投げた。

⑥有馬伊香保大夫は中納言まで昇進していた若君に事の次第を伝えようとした。そこで足の速い家臣・羊太夫を都へと遣わした。半日で都へ上った羊太夫がこれまでの詳細を中納言（若君）に伝えると、たった七騎の手勢ですぐに上野国へ向かった。事情を知っ

た帝は中納言（若君）に助力するよう宣旨を出し、中納言が上野国に到着した頃には五万もの軍勢になっていた。若君は上野国国司に任じられた。

⑦中納言は継母の実弟らを捕らえ、妹と同じように倍屋ヶ淵へ生きたまま沈めると、継母とその娘を上野国から追放し、実家へ戻した。しかし、信濃国国司も継母らの行いを許さず、結局、継母とその娘は更科山（たてしな）をさまよううちに雷に打たれ絶命してしまう。

⑧中納言は倍屋ヶ淵に淵名明神を祀った。そして赤城の大沼近くで奉幣を行なうと、亡き二人の妹と二人の後見人、その妻らが顕われた。妹らは泣きながら「自分たちは赤城山の主となり神通力を得ました。妹（伊香保姫）もそのようになるでしょう」と告げた。やがて病死した実母も顕われ、母は天に、妹たちは大沼の中に消えていった。

⑨次に中納言が赤城山の小沼へ立ち寄ると、今度は父・家成がやはり神となって顕われた。そこで中納言は大沼と小沼のほとりに社を建立した。その後、上野国国司の職を生き残った伊香保姫に譲り、かつ自分の妻の弟・高光中将を婿に迎えさせた。

このように、罪もなく非業の死を遂げた人間が神となり社で祀られる話は、「本地物語」と呼ばれ中世以降各地で見られた。この話はまさに本地物語の典型例といえよう。そのうえでこの話のなかで着目したいのが、赤城山を舞台にしつつ、彼・彼女らが非業の死を遂げ、そして神として祀られるようになった場所がみな、水場であるという点だ。

まずは地理的関係も含め、ここで登場する水場を整理したい。次女・赤城御前が龍神・唵佐羅摩女に誘われ、人から神へと変貌を遂げたのは、赤城山山頂のカルデラ湖・大沼（おの）であった（写真1）。文字通り赤城山内の湖沼としては最大の規模を誇り、夏場は避暑地とし

写真１　赤城山・大沼湖面

写真２　大洞赤城神社

て、冬場は湖面が凍りワカサギ釣りの漁場として今も親しまれている。東側には半島状になっている小鳥ヶ島があり、そこに鎮座している大洞赤城神社は昨今、パワースポットとして取り上げられることも多い[7]（写真２）。このように、現代にいたるまで大沼は赤城山における象徴的空間であり続けた。そして、そうした象徴的空間は信仰や儀礼の場とも重なっていた。実際、小鳥ヶ島には応安五（一三七二）年の多宝塔が存在し、そこから当時の山岳信仰と深い関連を持つと考えられる銅鏡が数十枚出土している[8]。そうした聖なる空間としての認識があったからこそ、この「赤城大明神事」では龍宮に通じる場であるとも記されるのである[9]。

次に小沼（この）である。大沼より南南東に位置し、直線距離でおよそ一・二㎞ほど離れたところにある（写真３）。「大」沼に対して「小」沼ということだが、周囲約一㎞と大沼に次ぐ規模の湖である。そのため、やはり赤城山を象徴する空間であり、聖なる空間と認識されていたようだ。その証拠に、湖畔から大沼同様、儀礼で用いたであろう銅鏡が出土している。ところで「赤城大明神事」では、倍屋ヶ淵に身を投げた左大将・家成が小沼の神と

（7）　なお、明治四五（一九一二）年まで大洞赤城神社は大沼南端に位置しており、小鳥ヶ島には厳島神社が鎮座していたという。

（8）　出土した銅鏡は平安時代のものから多宝塔建立後の室町中期（一五世紀頃）のものまである。

（9）　一般的に龍宮というと、浦島太郎のように海底にあるものと考えられがちだが、早くは『今昔物語集』巻一六第一五話に池の底にある龍宮へと赴いた男の話が収載されている。

なり、息子・中納言によって建立された社へ祀られたと記されている。しかし、現在はそれと思しき社は見当たらない。どうやら、小沼東の虚空蔵嶽に明治期まで存在していた虚空蔵堂がその社と比定できるようだ。というのも、実は第四三話「赤城山三所明神内覚満大菩薩事」では、小沼の神となった左大将・家成の本地が虚空蔵菩薩であると明記されているのである。

なお、小沼はかつて、赤城南麓地域の「水瓶」でもあった点も忘れてはならない。たとえば赤城山南麓を流れる一級河川・粕（かす）川はこの小沼を水源としている（写真4）。この点については後に詳述したい。

淵名姫・赤城御前の後見人である淵名次郎・大室太郎らが騙し討ちにあった藤井谷も忘

写真 3　赤城山・小沼湖面（提供：青木祐子氏）

写真 4　粕川。背後に赤城山が見える（提供：鈴木久美子氏）

れてはならない。現在、赤城山内ではそうした名称の場所は存在しないが、近世中期の国学者・毛呂権蔵が記した『上野国志』では、藤井谷の下には「直下十余丈」の「瀑布」があり、かつその瀑布は「小沼東南」に位置していると記されている。現在、「不動大滝」と呼ばれている滝がこの条件に当てはまるため、不動大滝上流が藤井谷ということになろう。

一方、淵名姫が沈められ、後に淵名明神が祀られたとされる倍屋ヶ淵については、後述するように断定には至っていない。

3 赤城山南麓の農耕と赤堀道元姫伝説

ところで、先に赤城山内の小沼が粕川の水源であると記した。この粕川が流れる赤城山南麓一帯には、「赤城大明神事」とは別種の小沼に関する伝説が伝えられている。いわゆる「赤堀道元姫」伝説がそれである。赤城山南麓地域に広く伝わる伝説で、伝承地によってはそれぞれ細かな点で伝説の内容にいくつか差異が見られるものの、以下に概要を述べたい。

赤堀村（現・伊勢崎市赤堀町）の長者・赤堀道元には一六歳になる娘がいた。あるとき、娘を駕籠に乗せて赤城山へと向かったところ、小沼にさしかかったあたりで娘が「水が飲みたい」と言い出した。駕籠から降ろしてみると、あっという間に娘は小沼の中

写真５　小沼近くに立てられた赤堀道元姫に関する案内板

へと入っていき、家の者は大騒ぎをした。番頭が小沼の水を汲み干そうとしたところ、小沼の中から大蛇になった娘が現れ、「このような姿になったので家に帰って欲しい」と頼んだ。それ以来、旧暦四月八日になると赤堀家ではおこわや煮しめを重箱に詰めて小沼に沈めるのが習わしとなった。重箱はしばらくすると空になって浮いてくるという。

以上が「赤堀道元姫」伝説の概要である。これに加えて赤堀家はその祖先をたどると藤原秀郷（俵藤太）と大蛇の娘の子どもに行き着く、とか、赤城のムカデを退治した秀郷に大蛇が子どもを託し、その子をさらに赤堀家へ譲った、などの情報が付加されているものもあるが、論点が散漫になるためここでは詳述しない[10]。また、赤堀道元ではなく「赤堀道完」の姫であるとする伝説や、「小菅又八郎妻」とする伝説も同地域に存在する（都丸 一九九二）。ともあれ、「赤城大明神事」の赤城御前と同じく、これらの伝説もまた若い女性の入水譚であった。では、こうした「女人入水譚」がなぜ赤城山から南麓地域に複数見られるのか。

まず赤城御前と赤堀道元姫とが共に入水後、龍神／龍になっているという共通点から考えたい。一般的に龍神（あるいは蛇神）は雨、あるいは水そのものを司る象徴と考えられている。また、水を司る象徴ということから農耕神的な側面も当然考えられよう。この点

(10) 藤原秀郷といえば、大蛇に依頼され近江国三上山のムカデを退治した伝説で知られる人物だが、実は下野国日光山の大蛇の願いから、赤城山のムカデを退治した、という別種の伝説が栃木県に伝わっている。

写真6　医光寺所蔵の伝・赤堀道元姫遺品の帯

については赤堀道元姫伝説が象徴的だ。すなわち、粕川の水源である小沼に入水し龍神となる、ということは水神・農耕神的側面を持つ神が小沼の主となったことを意味する（写真5）。そのように考えると、この小沼の龍神を祀るということは、小沼から流れる粕川がこれから先も絶えることなく、荒れることなく、周辺地域に農耕の恵みを与え続けることを祈念する、ということになろう。

さらに桐生市黒保根上田沢にある涌丸山医光寺には、赤堀道元姫の遺品といわれる京錦織の帯が今に伝えられている[11]（写真6）。伝説上の人物にもかかわらず、このように「遺品」が実際に伝えられているということから、かなりのリアリティをもってこの伝説は語られてきたことがわかる。ところで同寺の住職によると、近年、赤堀家の末裔を名乗る方からこの赤堀道元姫伝説の異種ともいえる話を聞いたという[12]。すなわち、赤堀道元姫は実際には小沼に身を投げたのではなく、入水したように見せかけて越後方面へ逃れたというのだ。しかし、赤堀氏は娘が沼に身を投げたので沼の水を抜いてその遺体を探さねばならない、と主張し、そうした口実のもと小沼から灌漑用水をひいた、というのである。この話がは

(11)　小沼の東に位置する虚空蔵嶽にあった虚空蔵堂は、明治時代の廃仏毀釈後に廃れたが、そこに安置されていた虚空蔵菩薩像は当時の医光寺住職により保護され、現在も同寺に安置されている（現在は群馬県重要文化財に指定）。

(12)　医光寺住職・空井秀雄氏からの聞き取りによる。

写真７　倍屋ヶ淵比定地の１つ魔住田ヶ淵は女淵城北に位置する

たして古くから伝えられていたかは定かではない。ただ、小沼と南麓地域の農耕とが密接に結びつけられた伝説的な言説が現在でもこうして「生きている」ことは興味深い。

　次に注目すべきは、入水するのが若い女性である、という共通点だろう。こうした女人入水譚はこの地域に限らず群馬県内、ひいては日本各地に見られるため、なぜ女性の入水がモチーフになるかについては、先行研究でも幾つかの説が提示されている[13]。ただこれら先学たちの説に共通しているのは、若い女性には水の神に奉仕する女性の姿が投影されている、ということだ。そのように考えれば、「赤城大明神事」、あるいは「赤堀道元姫」伝説の背景が浮かび上がってくる。大沼にせよ小沼にせよ、祭祀・儀礼が行われていた空間であるならば、そうした祭祀・儀礼に従事する女性宗教者もいたであろう。

　ところで、先にも記したように、倍屋ヶ淵の場所はいまだ断定されていないが、候補地としてはいくつかの場所があがっている。たとえば、粕川同様に赤城南麓地域を潤す貴重な水流であった荒砥川流域、ないし荒砥川と広瀬川との合流域、または荒砥川と粕川の間を流れる桂川近く（高野辺家成の城との伝説も残る女淵（おなぶち）城の北）などである（写真７）。いずれも赤城南麓を流れる川であることから、倍屋ヶ淵で殺され、しかし最終的には妹と共に赤城山の神となった淵名姫は、川と山とが連なっていることを示す存在であり、やはり赤城

（13）代表的なものとしては、水神祭祀に奉仕するため毎年、集落から選出されていたケガレを知らぬ少女たちの投影と見る説（井之口章次『伝説と創造』弘文堂、一九七七年）や水神を祀る社に恒常的に奉仕し、時に水神の託宣も行っていた宗教者（巫女）の投影とする説（今井善一郎『赤城の神』煥乎堂、一九七四年）などがある。

山の神々への信仰とはすなわち、その南麓地域の川と農耕に深くかかわるものだと考えられよう[14]。

4　伊香保大明神事と水澤寺

さてこれまで「赤城大明神事」を中心に論じてきたが、改めてこの「赤城大明神事」を読んでいくと、一つの完結した縁起としてはやや不自然な箇所が見られる。第2節で示した当該縁起の梗概でいえば、⑧の箇所にある。この場面を再度確認すると、赤城の神となり兄・中納言の前に顕われた淵名姫・赤城御前が、末の妹・伊香保姫も自分たちと同じようにいずれは神になる、と予言めいたことを告げているのである。しかし、伊香保姫のその後については、兄から上野国国司の座を譲られたことや兄嫁の弟・高光中将と結ばれたとする以外は特に記されていない。はたして先の予言めいた言葉は何なのか。

そこで『神道集』所収の上野国関連縁起の並びを確認しよう。すると第四〇話「赤城大明神事」に次ぐ第四一話が「上野国三宮伊香保大明神事」（以下、「伊香保大明神事」）となっていることに気がつくだろう。実はこの二話はつながっているのだ。次に「伊香保大明神事」の簡略な梗概をやはりいくつかの場面にわけて示していこう。

①伊香保姫は上野国の国司となった高光中将との間に娘をもうけた。やがて高光中将も国司を辞し、有馬伊香保大夫のもとで暮らすようになる。

(14)　実際、赤城山南麓地域にはいくつもの赤城神社が点在しており、赤城信仰が色濃い地域だといえる。

②新しく国司に着任した大伴大将は、（倍屋ヶ淵に建立された）淵名社に参詣していた美しい伊香保姫に一目ぼれし、何としても自分のものにしようと、国司の軍勢を伊香保大夫のもとに向かわせた。伊香保大夫やその息子九人・婿三人、そして高光中将は激しく応戦したが、高光中将はじめ、息子・婿たちはみな戦死した。伊香保大夫夫妻と二人の娘、そして伊香保姫とその娘は子持山へ逃げ込むしかなかった。

③伊香保大夫は急ぎ都へ向かい事の次第を帝に奏上した。帝はこれまでの伊香保大夫の忠誠ぶりを褒め、軍勢をつけて上野国へ帰還させた。また国司の座を大伴大将から奪い、伊香保姫へと移し、伊香保大夫をその目代に任じた。

④伊香保大夫は子ども九人と婿三人をそれぞれ九ヶ所社と三所明神として祀り、また伊香保山（現・榛名山）岩滝沢の北に寺を建立し高光中将の菩提を弔った。伊香保姫の娘は上洛し、後に帝の更衣となり皇子を産んで国母となった。

⑤伊香保太夫夫妻はその後、九八歳・八九歳で亡くなった。その後も伊香保姫と伊香保大夫の娘二人は共に暮らしていた。そして高光中将の甥にあたる恵美僧正を都から呼び寄せ、岩滝沢の寺の別当にしたところ寺はさらに大きくなり、水澤寺と称するようになった。

⑥伊香保姫と伊香保太夫の娘二人が、いつものように水澤寺の千手観音に祈っていたところ、亡き夫・高光中将や伊香保太夫夫妻らが現われ、伊香保山の神や伊香保沼（現・榛名湖）の龍神に導かれて悟りを開くことができたと告げた。

⑦その後、伊香保姫は自分も神の導きで夫らのもとに行きたいといい、領地を伊香保大夫の二人の娘に託して伊香保沼に身を投げた。しかし、伊香保太夫の娘二人もまたす

写真９　水澤寺（提供：青木祐子氏）

写真８　榛名湖湖面（提供：青木祐子氏）

ぐに入水した。恵美僧正は三人の遺体を引き上げ、火葬し、菩提を弔った。

⑧ある日、恵美僧正の夢の中に伊香保姫が現われ、自分は伊香保大明神になったと伝えた。僧正が夢から覚めると、枕元に一冊の日記が残されていた。そこには、

1・伊香保姫は伊香保大明神になった。
2・伊香保太夫は早尾大明神となり、その妻は宿禰大明神となった。
3・伊香保太夫の末娘は父の屋敷を護るため岩滝沢の北に有御前として鎮座した。
4・伊香保太夫の長女は岩滝沢から南に石常明神として鎮座した。
5・中将殿の姫君は帝が崩御された後に国に下り、若伊香保大明神となった。

と記されていた。

こうして赤城御前と同様に、伊香保姫もまた榛名湖の龍神の導きで神となり、「赤城大明神事」での予言めいた言葉は回収された。このように『神道集』には赤城山

と榛名山、上野国においても有名な東西の対をなす山を結びつけるひと続きの伝説が収められているのである。なお、榛名湖に関する女人入水譚も「伊香保大明神事」だけでなく、「道阿上人母」伝説、「木部姫」伝説など複数残されており、総じて彼女らは入水後、蛇体の神となったと伝えられている。ここでも山と水との関係が浮かび上がるのである（写真8）。

ところで先の梗概⑤にある水澤寺は、今日も「水澤観音」として広く知られている（写真9）。ただ、「岩滝沢」なる場所は榛名山南東の船尾滝付近だと推定されており、現在の水澤寺の立地とは異なる。その理由については、「伊香保大明神事」に明示されている。とはいえ、先の梗概には確認できない。実は先に確認した梗概とは「伊香保大明神事」の前半部のみを示したものである。水澤寺の位置については、それ以降の後半部に記されている。

後半部の内容を簡略に説明すれば、水澤寺は時の国司と対立して火を放たれ焼け落ちたというのだ。国司は伊香保大明神の怒りを買い、榛名山の東側に閉じ込められ灼熱地獄を無限に味わうこととなり、そのため近くの水は「湯」となったという。その後、水澤寺は元の場所より山奥に再建されたという。この再建の地こそ、現在の水澤寺建立地ということになろう。このように「伊香保大明神事」は、伊香保温泉の由来と同時に水澤寺再建を説いているのである。

ところがかつて榛名山に大寺院が存在したとする話が、『神道集』内にもう一話収められている。第四七話「群馬桃井郷上村内八ヶ権現事」（以下、「八ヶ権現事」）だ。ここでは「船尾寺」と称される寺院が建立され大寺院に発展したが、しかし、後に国司と寺の僧とのあいだで誤解が生じ、結果として船尾寺は焼け落ちたというのだ。船尾寺はその名の通り、船尾滝の近くに存在していたと考えられる。そうなると、「伊香保大明神事」における元の水澤寺の建立地とそう変わらないことになる。

水澤寺に関しては、現在の地より南東に約七〇〇mのところに古代廃寺の跡が見つかっている（水沢廃寺）。また榛名山中には他にも南東部に唐松廃寺跡など、規模の大きな古代寺院跡が見つかっている。いずれも船尾滝周辺ではないものの、こうした大寺院がかつては榛名山中に存在し、しかし廃れたという歴史的背景が水澤寺や船尾寺をめぐる盛衰譚につながっていると考えるのが妥当であろう。そしてまた、「伊香保大明神事」「八ヶ権現事」は、この上野国が古代から仏教の盛んな地であったことを雄弁に物語っているのである。

おわりに

以上、上野国／群馬県の伝説について、『神道集』という一書の、しかも山川にかかわるもののみを中心に取り上げてきた。本来であれば『神道集』内に収載されている、その他の縁起についても言及すべきであろう。あるいは、『神道集』に限らず、現在も語り継がれている多くの伝説への言及があってしかるべきである（女人入水譚についても、あるいは龍神とのつながりについても、本来であれば触れておきたい伝説がたくさんある）。

また、これまで触れてきた「赤城大明神事」「伊香保大明神事」「八ヶ権現事」についても、たとえば同様の話を書き残している在地縁起群の存在や意義については触れることができなかった。ただ、触れられなかったということは、それだけこの地が伝説の世界で満ち溢れている証左でもある。山一つ、川一つ、温泉一つとっても、これまで見てきたようにその由来を説く伝説がいくつも存在するのだ。

私たちの生活や文化を考えるとき、「史実」とは異なるものの、しかし前近代を生きていた人々の理解や認識、価値観、知識が織りなしてきた伝説の存在にもぜひ着目していただきたい。

●写真1、2、5~7は筆者撮影

〔参考文献〕

青木祐子「上野国五徳山水澤寺の縁起と在地伝承」『学習院大学国語国文学会誌』第六六号、二〇二三年
井之口章次『伝説と創造』弘文堂、一九七七年
今井善一郎『赤城の神』煥乎堂、一九七四年
大島由紀夫『中世衆庶の文芸文化』三弥井書店、二〇一四年
久保康顕・佐藤喜久一郎・時枝務『山伏の地方史――群馬の修験道――』みやま文庫、二〇一八年
佐藤喜久一郎『近世上野国神話の世界――在地縁起と伝承者――』岩田書院、二〇〇七年
都丸十九一『赤城山民俗記』煥乎堂、一九九二年
福田晃『神道集説話の成立』三弥井書店、一九八四年
福田晃『安居院作『神道集』の成立』三弥井書店、二〇一七年
渡邉昭五編『日本伝説大系　第四巻　北関東篇』みずうみ書房、一九八六年

column11

市神・牛頭天王と群馬の祭り・祭礼

——鈴木耕太郎

牛頭天王（ごずてんのう）は、強力な除疫・防疫の利益を持つ異国出自の渡来神として（ただし、実際に異国をルーツとしているかは不明）、かつては日本各地で祀られていた信仰対象である。そもそもこの牛頭天王は、むしろ疫病を広める恐ろしい行疫神（ぎょうやくじん）だったといわれている。そのため、平安中期ごろからこの行疫神がもたらす災厄を避けるためにそれを鎮める——すなわち、信仰対象として祀り、崇める——ようになったといわれており、いつしか牛頭天王は除疫・防疫を司る存在として各地で信仰されていった。この信仰の名残を今に伝えるのが、京都の祇園祭や愛知県津島市の津島天王祭だろう。これらは、もともと牛頭天王を祀り、鎮めることを目的とした祭礼であり、中・近世を通してやはり日本各地で行われるようになった。

　しかし、明治維新政府（より細かくいえば神祇官事務局）が出した、いわゆる「神仏判然令」により、牛頭天王を祭神として祀ることは事実上禁止となった。これにより牛頭天王を祀っていた神社の多くは、中世以降、牛頭天王との習合が説かれていたスサノヲノミコトを祭神に据えて、現在に至っている。

　このように歴史に埋もれていた牛頭天王だが、新型コロナウイルス感染症の影響もあってか、現在、その存在ないしかつての信仰やその名残が注目され始めてきた。

写真1　山名八幡宮境内社・八坂神社の立札。「御神徳　除厄　商売繁盛」とある（筆者撮影）

写真2　前橋まつり子ども祇園山車（提供：前橋まつり実施委員会）

写真3　文政11年・前橋市立図書館蔵「前橋祇園祭礼絵巻」より天王神輿（出典：群馬県立図書館デジタルライブラリー）

そこで今回は群馬県内における牛頭天王信仰の「名残」ともいえる、県内の祇園祭・天王祭に焦点を当てたい。

かつて金子緯一郎は、群馬県内における牛頭天王信仰の特徴の一つとして「市神（いちがみ）」牛頭天王の存在を指摘した。つまり群馬の祇園祭・天王祭では、疫病退散に加え商売繁盛も祈念されていることが多いのである（写真1）。

市民祭である「前橋まつり」には、各町内から「祇園山車」が出されている（写真2）。これは戦前まで続いていた前橋祇園祭の名残だが、その前橋祇園祭も遡ると市神・牛頭天王への信仰に行き当たるようだ。つまり、天正一三（一五八五）年に町人頭・木嶋助右衛門が尾張・津島天王社から牛頭天王を市神として邸宅敷地内に勧請し、転じて当該地の市神となって、それを祀る前橋祇園祭に展開したとされている（写真3）。

また「おぎょん」（＝お祇園）の通称で知られる「沼田まつり」も、市民祭の形態を取ってはいるが、各町内から「まんど」と称される山車が出され、須賀神社（旧・牛頭天王宮）の神輿渡御も行われている（写真4）。この祭りのはじまりについては諸説あるものの、沼田城築城時に市神・牛頭天王を勧請し、さらに慶長一七（一六一二）年に沼田藩主・真田信之が市の中心部に市神・牛頭天王宮（現・須賀神社）を移転したことを始まりとするのが有力だという。

このほか「渋川山車まつり」、「桐生祇園祭」、「大間々祇園まつり」、「藤岡まつり」、「中之条町祇園祭」、「玉村祇園祭」、「大胡祇園まつり」など、

写真4　沼田まつりにおける須賀神社神輿［手前］（提供：沼田市）

もとは市神（あるいは宿場の神）として牛頭天王を祀っていたとする祭礼は元城下町や街道筋の旧市場、旧宿場町近辺に多く確認できる。

金子も推察するように、そもそも疫病が発生しやすい場所とは人々の行き来が多い場所でもあろう。そのため当初は防疫・除疫の神であったのが、次第に商売繁盛の神へと転化したという可能性は捨てきれない。ただ、牛頭天王を市神として祀る事例はなぜか群馬県内に集中している。他に埼玉・長野・岐阜各県でも数例確認できるが、群馬県ほどではない。その理由についてはいまだ明らかになっていない。

片品村の猿追い祭、中之条町の鳥追い祭り、南牧村大日向の火とぼし……あるいは渋川市の三原田歌舞伎舞台や県内全域で確認できる神楽、三匹獅子舞など、群馬県下には特徴的な祭りや祭礼、またそれらに伴う行事や民俗芸能が数多く存在する。ただ、今回取り上げたように一見すると各地に見られる「ありふれた」祭礼にも、意外な在地性が見えてくることもある。その具体例として群馬県下における市神・牛頭天王の信仰をあげてみた。いまだ解けぬ疑問と対峙しながら、現在の祭り・祭礼を眺め、ときに参加することも必要ではないだろうか。

〔参考文献〕
金子緯一郎『群馬の祇園信仰とその祭り』上毛民俗学会、一九八五年
群馬県教育委員会編『群馬県の祭り・行事』群馬県教育委員会、二〇〇一年

第3部

人・生活と関わる

第11章　記憶の中のカッパピア
——閉園した遊園地のまだまだ続く物語——

小牧幸代

はじめに

観光者や新参者にはその重要性がほとんど理解できない場所が、地域住民にとっては特別な場所だと感じられることがある。存在していた構築物が破壊されたり解体されたりして全く異なる空間になっても、特定の人々にとっては大切な場所であり続けることもある。かつて「カッパピア」と呼ばれる民営の遊園地が存在した場所、現在の「高崎市観音山公園」が、まさにそのような場所である。

カッパピアとは、地域住民であれば保育園・幼稚園・小学校の遠足や育成会・子供会の写生大会などで、あるいは家族、親戚、友人、恋人、同僚たちと一緒に、一度は訪れたことがあるに違いない通過儀礼のような場所である。白衣（びゃくい）大観音に見守られながら、一年を通じて様々な花が代わる代わる咲き誇り、夏にはプールとビアホール、冬にはスケートリンクが大いに賑わい、地元アイドルグループや芸能人のコンサートがさらに人を呼び、結婚式場や動物園まで備わっていた総合レジャー施設、それがカッパピアであった。

カッパピアは惜しまれながら二〇〇三年一一月に閉園したが、しばらくして高崎市営の「観音山公園」として整備された。そして、南東部分の丘が二〇一六年三月に「ケルナー広場」となって開園し、二年後にはカッパピアの遊戯機械をイメージした木製遊具が設置された。

カッパピアの歴史と記憶に関するブックレット『高崎市の遊園地：カッパピアからケルナー広場へ』[1]の取材のため、二〇一八年五月に初めてケルナー広場を訪れた県外出身者の筆者は、そのメモリアルな木製遊具の存在に強く心惹かれた。本章では、このケルナー広場の「メモリアル遊具」を手がかりとして、地域住民がカッパピアについての「社会的な記憶」を継承する際の鍵となる「場所の力」の保全のあり方を考察する。

アメリカの建築・都市計画研究者ドロレス・ハイデン[2]によれば、「場所の力」とは「ごく普通の都市のランドスケープに秘められた力」であり、「共有された土地の中に共有された時間を封じ込め、市民の社会的な記憶を育む力」である（ハイデン 二〇〇二、三三）。ここで言う「社会的な記憶」とは、単なる個人的な記憶にとどまらない記憶、すなわち家族や近隣住民、仕事仲間、地域の共同体とともに蓄積してきた記憶を指す。

建築・都市計画関連分野では、社会的な記憶の継承にあたり、建物・設備・本などをはじめとした物理的・文化的な物、つまり「物理的環境」が重要な意味をもつことが指摘されている（清水・中村 二〇一八、二二六七）。しかし、カッパピアのように物理的環境が破壊・解体され消失している状況下で、「場所の力」はどのように保全されうるのか。また、ケルナー広場に設置されたカッパピアのメモリアル遊具は、「場所の力」とどのように関連

（1） 拙稿『高崎市の遊園地：カッパピアからケルナー広場へ』（小牧、二〇一九）は、インターネットでも閲覧可能である。

（2） ハイデンは、歴史学を学んだのちに建築学に転じ、都市計画を文化的ランドスケープという観点から研究するとともに、NPO活動を通じて市民との協働によるまちづくりに取り組んでいる。本章で取り上げた著作の原著は一九九二年の出版だが、その基本的な考えは今でも色褪せていない。

しているのか。これらについて、以下の順に考察していく。

まず、カッパピア誕生の経緯、そして開園から閉園までの長い歴史を振り返り、地域住民にとって、いかに愛着のある場所であったかを確認する。次に、跡地がケルナー広場として再生していく過程で、上述のメモリアル遊具だけでなく、「メモリアル行事」も開催されていたことを指摘する。最後に、メモリアルな遊具と行事の象徴的な意味を分析し、「社会的な記憶」の継承における「場所の力」との関係を検討することにしたい。

1　カッパピアの歴史

高崎市街地の南西に位置する「観音山丘陵[3]」のカッパピア跡地／高崎市観音山公園は、かつて群馬県・県教育委員会・高崎市の三者が「講和新日本の発足と国鉄高崎線の電化開通を記念し次の世代を担う子供の福祉を増進し、その文化的素養を涵養するとともに観音山公園一帯の観光地に特殊性を与え観光高崎を全国に紹介する」ことを目的として開催した「新日本高崎こども博覧会」（図1）の舞台であった。会期は昭和二七（一九五二）年四月一日から五月二〇日までの五〇日間で、『高崎市史』によれば県内外から大勢の家族連れや子どもたち、小中学校の生徒が訪れた。会期中の入場者は約五〇万人で、大成功に終わったという[4]。

「こども博」終了後、会場からは多くの施設が撤去されたが、幾つかの遊戯機械と大小の遊器具、動物園はそのまま残され、同年七月一〇日から高崎市が「観音山遊園地」（図

（3）　正式な名称は岩野谷丘陵。同丘陵は北側を碓氷川と烏川、南側を鏑川によって画され、東西に約一五km、南北に約七kmあり、北部から東部にかけての部分が観音山丘陵と通称される。

（4）　「こども博」の詳細は、拙稿（小牧、二〇一九）に分かりやすく紹介しているので参照されたい。

図１　新日本高崎こども博覧会並高崎市街鳥瞰図（部分）（出典：『新編高崎市史資料編 11』）

2）として運営することになった。[5]

市営の遊園地は、しかし、わずか数年で設備の老朽化や不景気などによって経営が悪化し、昭和三五（一九六〇）年三月に一時閉鎖となった。その後、遊園地付近に路線バスの営業権をもつ上信電鉄[6]に対して委譲の申し出がなされ、昭和三七（一九六二）年三月三〇日に民営の遊園地「フェアリーランド」[7]（図３）がオープンしたのである。

『上信電鉄百年史』には、開園までの経緯と基本構想が記されている。たとえば、「国内の主要な遊園地を視察し、アメリカのディズニーランドや奈良のドリームランドを手本としつつ、世界各地の寓話やおとぎ話」を研究し、「フェアリーランド（おとぎの国）構想

（5）　案内図には、大飛行塔、メリーゴーラウンド、ボブスレッドといった遊戯機械、ブランコ、滑り台、シーソー、遊動円木などの遊器具、小劇場、地球館、世界村、姿見の池とお猿の列車、豆自動車、動物園には象の高子さん、シマウマ、カンガルー、テナガザル、シカ、クマ、イノシシ、クジャク、ツルなど、そして放し飼いのサルがいる猿ヶ島、さらに郵政館を改装した昆虫館（世界の一五〇〇種類の昆虫を展示）が複数の写真で紹介されている。

（6）　群馬県高崎市に本社を置く鉄道会社。高崎駅から下仁田駅までの上信線三三・七㎞は二一駅で構成されており、ほぼ真ん中あたりに世界遺産・富岡製糸場の最寄り駅である上州富岡駅がある。

（7）　フェアリーランド開園の翌年、前橋市の前三百貨店、高崎市の藤五デパートが相次いで営業を開始した。いずれも日用品から高級ブランドまで幅広い商品を扱い、各階にはエスカレーターとエレベーターが設置され、レストランや屋上遊園地もあった。経済の高度成長期に入り、人びとの暮らしが豊かになって、消費や娯楽がいっそう盛んになったことが分かる。

図 2　高崎観音山遊園地案内図（出典：高崎市立中央図書館所蔵）

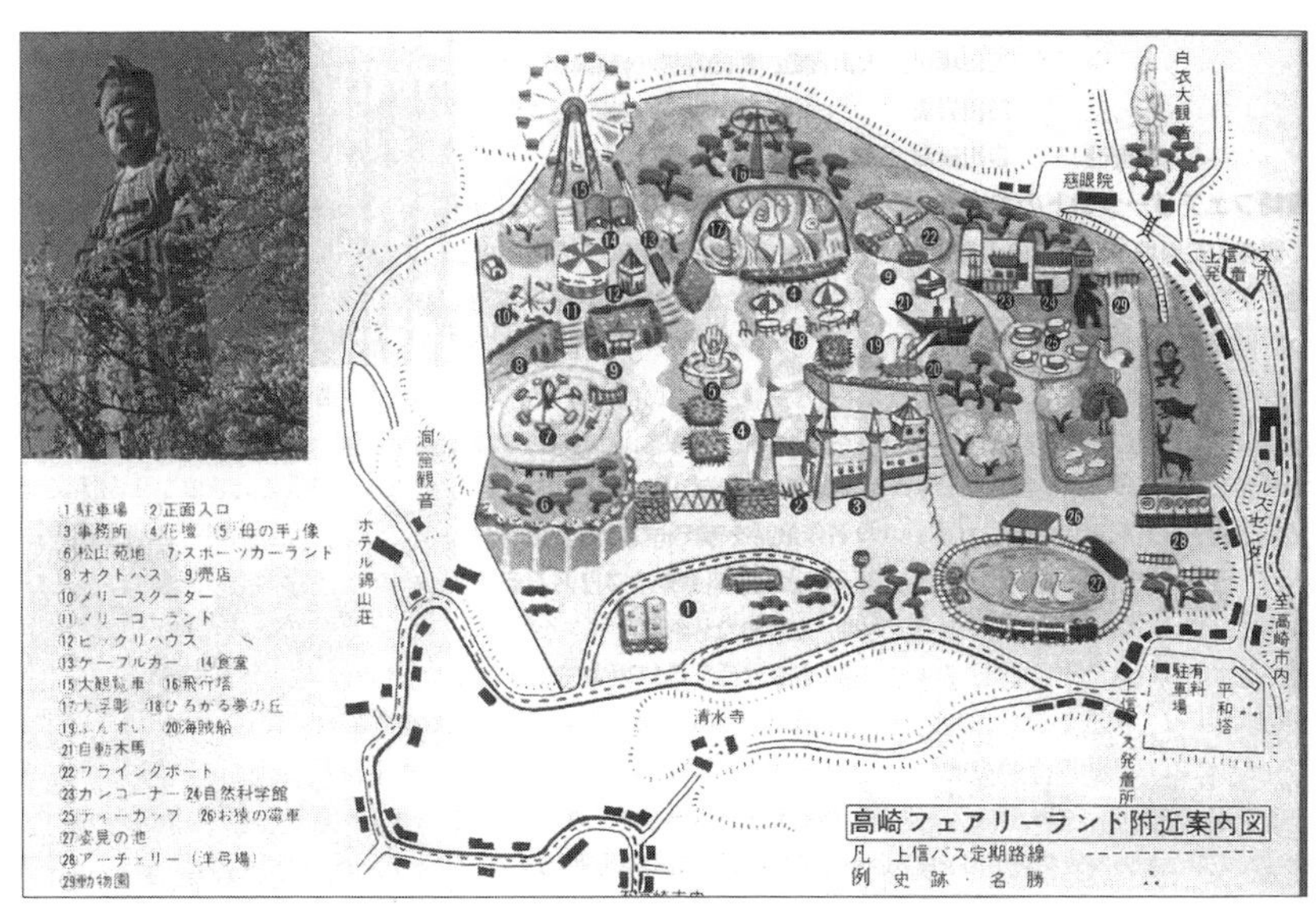

図 3　高崎フェアリーランド附近案内図（出典：『上信電鉄百年史』）

を策定」したこと、「白衣大観音をはじめ、由緒ある清水寺や、全国的に珍しい洞窟観音のある観音山に立地する遊園地の特徴を生かし」て、「仏教伝説や観音伝説のほか、さまざまな名作童話をモチーフとして取り入れ」たこと、さらに「スピードと高さ、冒険心とスリルを心ゆくまで楽しみながら、学習できる遊園地」を目指したことなどである。

この「おとぎの国」フェアリーランドに「水の国」カッパピア（図4）が増設されたのは、昭和四四（一九六九）年七月一五日のことである。カッパピアには、当時の日本ではまだ珍しかった流れるプール（一周三〇〇メートルの大円形人工渓流サンリバー）や、ザブンコライダー（水の流れる大型滑り台）が設置されていた[8]。カッパピアの人気は、地域住民（安中市民）の「くりまんじゅう」さんのブログ[9]からも推察できる。二〇〇九年三月二八日の記事の一部を見てみよう（一部改変）。

観音山に最後に来たのは、いつだったか…実はよく思い出せません。多分、二〇代前半の頃でしょうから、二〇年以上前であることは確かです。けれど、子供の頃はよく来ていた。幼稚園三年間の遠足だか旅行はすべてここ。小学校に上がっても、一年生の旅行はここでした。まあ、昔の安中や高崎の子供が出かける場所といえば、決まってここだったのです。遊園地もあって、三六〇度ループのジェットコースターが群馬に初めて出来たのも、たしか「ココ」！ 小学校も四年になると夏は三日に一度はやってきました。理由は「カッパピア」が出来たから…（笑）「待った、待ってた、夏休み♪カッパピアは水の国♪」群馬テレビから流れるこのCM曲を知ってる人はそこそこのご年配者です[10]。（^^; 流れるプールに大きな滑り台のザブンコライダー、特にザブンコライダーにはハマった。誰がハマったって父親が…（笑）水の流れる大型滑り台には二〇メートルが二本、四〇メートルが二本、七〇メートルが二本の三種類六本があって、その滑り台を勢いよく滑り降り、お尻で着水、そのまま水面を滑

（8）オープン時、民放キー局の昼の番組が一週間、カッパピアのプールサイドから生中継された。

（9）http://yume-no-nakade.blogspot.com/2009/03/blog-post_28.html（二〇一三年七月一二日閲覧）

（10）カッパピアが誕生した年に群馬テレビが開局し、昭和四六（一九七一）年から本放送が開始された。毎年、夏の全国高等学校野球選手権のシーズンになると流れていたのが、「くりまんじゅう」さんの言うカッパピアのCMだった。このCMは万寿屋のCMと並んで、群馬テレビの定番のひとつであった。

走する。跳ねない水切りのようなもの…　着水プールは全長二五メートル。端は安全の為に空気の入ったマットが置いてあった。四〇メートルコース台で二五メートル水上滑走するのは至難の業。けれど、オヤジはそれが出来た。監視員の人から「選手の方ですか？」とか訊かれてたっけ？（笑）ちなみに七〇メートルコースを滑り降りるには監視員の許可が必要。許可を得るとふんどしのようなものを貸してくれる。（笑）それを水着の上に取り付ける。（そうしないと水着が擦れて破れたのだろう…）夕方、仕事が終わるとくりまんじゅう兄弟、そして近所の従兄弟を連れてカッパピアに出撃だった。ナイター営業をやっていて、五時を過ぎると入場料も安くなった。マキヘイで食パンを三斤、ボンカレーを三個買って、それが皆の夕食だった。水から上がって唇を紫色にしながら、食パンにカレーを塗りつけて食べたっけなぁ…あぁ、懐かしいお話です。

このように、水の国カッパピアは大人にも子どもにも大人気だった。幼稚園などのプールで、みんなで一斉に同じ方向を向いて歩き、カッパピア名物の流れるプールを再現したという話も、筆者自身、取材中にあちこちで聞いた。こうして、最初はプール施設のみを指していたカッパピアという名称は、やがて遊園地部分のフェアリーランドも含む全体を指すようになり、地域住民の間に広く浸透していく。(11)

フェアリーランドの時代からカッパピアの時代にかけて、遊園地とプールは大小規模のリニューアルを繰り返した。残っている数枚の園内マップを見比べると、施設や遊戯機械が次々と変化しており、来園者を楽しませようとする数々の努力と工夫に気付かされる。昭和四九（一九七四）年からは、高崎市全戸に向けて「高崎市民特別優待証」が配布されるようになり、来園を促された市民も多かった。やがて、プールサイドの華やかなステージに、市の内外から多くの人が押し寄せるようになる。ご当地アイドルが誕生したのであ

(11)　これ以後、フェアリーランドは遊園地の名前ではなく運営会社の名前として使用されることになった。

図 4　カッパピア・パンフレット（筆者所蔵品）

る。

流れるプールの横には、立派なステージがあった。毎週日曜日は「カッパピアちびーずオンステージ」というイベントがあり、園内放送で開始のアナウンスが流れると、大勢の人がステージ前に集まったそうである。「ちびーず」とは、小中学生を中心としたカッパピア専属のアイドルユニットで、大人顔負けの歌と踊りで人気を博した。ショーの後半に、観客に向かってカラーボールを投げることもあった。ステージを見て、ちびーずのメンバーになりたいと言い出す子どもたちもいたようだ。しかし、メンバーになってステージに立つのは容易ではなかった。オーディションがあり、レッスンも厳しかったからである。それでも、レッスン後はカッパピアで遊ぶ楽しみがあったそうだ。

夏のプールの時期には芸能人を呼んで、盛大なコンサートが開かれた。芸能人にオファーを出すのは前年度の予算編成時期、つまりその年の二月頃である。コンサートは夏休みに開催されるため、オファーを出したときはまだ売れていなくて出演料が安かったのに、夏休み前にブレイクして大スターになったという、ミラクルな芸能人もいたそうだ。その大スターとは、西城秀樹である。コンサート当日は大変な騒ぎとなり、臨時に入場門を二か所増やして対応した。他にも、にしきのあきら、萩原健一、山口百恵、フィンガー5、舘ひろし、いいとも青年隊など、多くの芸能人が来園した。

これら以外に、どのような遊びや催しがあり、そこでどのような思い出が育まれたのか。世代や家族構成上の立場が違えば、アトラクションやイベントの体験や記憶も異なるに違いない。昭和五八（一九八三）年頃からカッパピアに勤めていたY氏をはじめ、現在四〇歳以上の方々の体験をもとに、在りし日のカッパピアの風景の一部を拙稿（小牧 二〇一九）に収録しているので、参照されたい[12]。

さて、プール施設が増設された昭和四四（一九六九）年度、来園者は最高の約六二万人を記録した。しかし、平成二（一九九〇）年度に二九万人、平成一〇（一九九八）年度には九万人と激減して、カッパピアは経営不振に陥った。遊戯機械や施設の老朽化も進んで存続は困難になり、平成一五（二〇〇三）年一一月末日をもって閉園することが発表された。閉園後のカッパピアは、立入り禁止になったにも関わらず無断侵入が相次ぎ、施設や遊戯機械が破壊され、廃墟化が進んだ。テレビやインターネット、書籍などが悲惨な状態を晒すと、興味本位の立ち寄りや廃墟ツーリストがさらに増えるという悪循環に陥った[13]。市民

(12) カッパピア末期のお化け屋敷は、栃木県佐野市の「丸山工芸社」（大正一一年創業のお化け屋敷設計・施工会社）の制作であった。同社は現在も関東圏で多くのお化け屋敷を手がけている。群馬県内では渋川スカイランドパークの「お化け屋敷～妖怪伝説」が同社の制作である（二〇二三年七月確認）。

(13) 現在でもインターネットで「カッパピア」と検索すると「廃墟ツアー」「心霊スポット」などの予測ワードが出てくる。画像検索でも、閉園後の廃墟化した写真や動画が次々に出てくる。

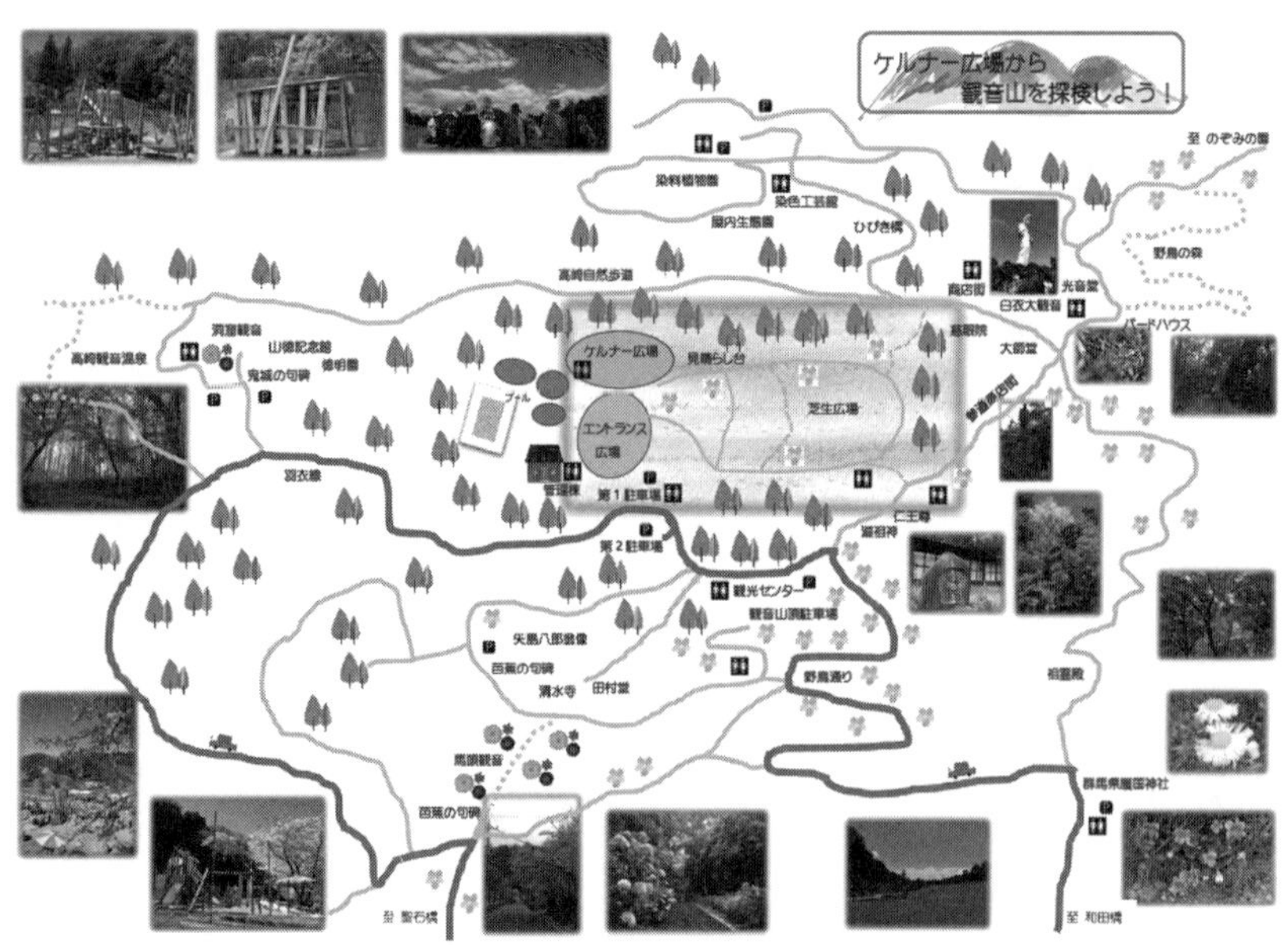

図５　ケルナー広場（出典：NPO法人「時をつむぐ会」ホームページ）

や報道機関などからは、犯罪の温床になりかねないという厳しい指摘がなされる一方で、壊れていくカッパピアの様子をインターネット上で見つけ、悲しむ人が大勢いた。「みんなを幸せにしてくれた人（会社）が破産するなんて納得できない」という書き込みもあった。

平成一九（二〇〇七）年一月、園内の建物が放火とみられる出火で全焼したことをきっかけに、ようやく高崎市も本格的に動き始めた。市は土地・建物などの所有権を取得する手続きを経て、同年七月に遊園地施設の解体・撤去工事を開始した。カッパピアは跡形もなくなり、どんな遮蔽物もない、広くて開放的で自由な、しかし強い喪失感を引き起こす空間が現れた。平成二二（二〇一〇）年からは、観音山公園としての整備が始まった。そして、南東部分の丘、約五〇〇〇㎡がドイツの世界的遊具メーカー、ケルナー社の遊具を設置したケルナー広場（図5）として平成二八（二〇一六）年三月二六日に開園したのである。(14)

2 ケルナー広場の誕生とカッパピアの追悼

ケルナー広場には、童話「ヘンゼルとグレーテル」のお菓子の家をテーマにした高さ五メートルの複合遊具や、長さが一〇メートルもあるトンネル型の滑り台、直径一・五メートルの大きなザルのような鳥の巣ブランコなどがある。どれも形がヘンテコで個性的である。ケルナー社の遊具は不均衡で斬新なデザインと構造が特徴であり、子どもたちが自分で遊び方を創造し工夫する仕組みとなっているのだ。たとえば、滑り台の階段が斜めで、のぼり棒がぐらぐら揺れる。だが、危険に感じるこのつくりが子どもの冒険心を駆り立て、危険予知能力や事故回避能力を高め、体力や運動能力の向上をも促すという。

子どもたちの元気いっぱいの声が響きわたる広場の奥へ奥へと進むと、コンクリートの擁壁にペンキで書かれた「ジャングルマウス」の擦れた文字が見えてくる（写真1）。緑あふれる都市公園の中に、(15)ひとり置き去りにされた形のこの人工物は、カッパピアが確かにここに存在したという証拠である。今となってはカッパピアの痕跡はこれのみだが、「場所の力」は別のかたちで保全されている。詳しく見ていこう。

(14) 敷地約一五haのうち、子どもたちが自由に遊べるケルナー広場、エントランス広場、芝生広場など約一・五haの区域。ケルナー広場は指定管理者制度を採用しており、NPO法人「時をつむぐ会」が管理をしている。平成二九（二〇一七）年七月一七日、広場の近くに子ども用プールを備えたプールエリアもオープンし、ますます充実した子どもの遊び場となった。

(15) 観光には、地域の資源を生かすソフトツーリズムから、人工的な施設を活かしたハードツーリズムへと移行する傾向があるが、最近はグリーン・ツーリズムやエコツーリズムなど、ソフトツーリズムへの回帰現象がある。観音山公園では、この世界的潮流に沿うように再整備が進められたと言えるだろう。

写真１　擁壁のジャングルマウス

写真２　メモリアル遊具（メリーゴーラウンド）

ケルナー広場の実現に尽力したＮＰＯ法人「時をつむぐ会」の代表の続木美和子氏は、カッパピア跡地の活用に関心を抱き、再整備検討委員会の委員でもあった時期、ドイツの遊具デザイナーであるケルナー氏の講演を聞き、ケルナー広場の着想を得た。そこで、カッパピア閉園の二年後にケルナー氏が来日した折、市の許可を得てカッパピア跡地を見学してもらった。翌年、ケルナー氏は再来日し、一週間かけて跡地の写真を撮り、写真集（非売品）を作成したという。筆者は二〇一八年一二月、続木氏へのインタビュー時に、その写真集を見せてもらった。現代アートとも廃墟アートとも表現できる数々の芸術写真が、そこには収められていた。

廃墟での身体感覚を伴う記憶と手元に残された写真の存在が、遊具デザイナーであるケルナー氏の創作活動に大きな刺激を与えたのは疑いえない。彼は、カッパピアにあったメリーゴーラウンドやサイクルモノレール、ゴーカートなどをイメージした九種類一四基の木製遊具を、広場の西側エリアに設置した（写真2）。平成三〇（二〇一八）年三月二四日に利用開始となったこのエリアには、ケルナー氏からのメッセージボードが掲げられた。そこに、次のような言葉がある。「私は、とても小さな子どもたちのために何か新しく素敵なものを作りたいと考えた時、以前、この場所が遊園地であったときの写真を手に取ってみました。そこで、昔あったものを忘れないように、そして敬意を表すために、遊園地の風景から発想した新しい遊具を考えました。」

写真を見ると分かるように、ケルナー氏が造形したメモリアルな遊具たちはあまりにも創造的で、そこからカッパピアの遊具を直接想起するのは容易でない。しかし、それをアートと捉えるなら、話は別である。[16] 物理的環境が消失してしまった場所の「場所の力」を再生する方法のひとつとしてのパブリックアートという文脈が立ち現れるからである。本章の冒頭でも引用したハイデンによれば、「パブリックアートという分野は、人の共感が得られるように、過去を解釈しつつ都市の中に新しい形を創り出すという作業の鍵を握っている。芸術家は、歴史が失った物、あるいは抹殺されてしまった歴史上の重要な一断面を作品のテーマとすることができる。つまり彼らは歴史の中の欠落している部分を取り戻し、一つの物語を再構築してみせるのである」（ハイデン 二〇〇二、二六九）。

カッパピア跡地は、ケルナー広場の誕生によって負から正の空間に転じただけでなく、往年の遊戯機械をイメージして作られた木製遊具によって、新たな生命の形を与えられた。筆者は、それらのメモリアルな木製遊具が、ハイデンが提唱する「場所の力」を再生・保全するパブリックアートなのだと強く感じた。そして、そのアートこそがカッパピアを喪失した空間を、カッパピアについての社会的な記憶を継承する「場所」へと変容させたのだと確信したのである。

(16) 実際、ケルナー社の遊具は全てオーダーメイドの一点ものであり、その点でアート作品と捉えることもできる。

ところで、跡地がケルナー広場として再生する過程で営まれたカッパピアの追悼は、パブリックアート＝メモリアル遊具だけではなかった。続木氏が代表を務める「時をつむぐ会」は二〇一〇年に高崎経済大学大学祭で、二〇一六年のケルナー広場の開園時には高崎シティギャラリーで、それぞれ地域住民から提供された全盛期のカッパピアの写真とケルナー氏が撮影した閉園後の廃墟アート写真とで構成された写真展を開催していたのである。[17]

来場した市民や関係者の反応は、実に様々であったという。特に、廃墟アート写真には驚く人も相当数いたらしい。拙稿『高崎市の遊園地：カッパピアからケルナー広場へ』に掲載したエピソードの主要な語り手であった元従業員のY氏は、カッパピアの閉園後、辛すぎて悲しすぎて観音山付近にすら近づけなくなったのだと言っていた。彼はシティギャラリーでの写真展で、廃墟化したカッパピアの写真を予期せず目の当たりにし、胸が潰れる思いがしたという。

歴史学や民俗学・文化人類学などの学問分野では、古い写真を展示した会場で研究者と市民が協働し、来場者と対話をしながら聞き取りをする「写真回想法」[18]という調査法を使うことがある。これにより、自宅にストックしていた写真がもつ情報の価値が認識され、記憶継承へのモチベーションが高まるとされる。対話によって「記憶の解凍」が引き起こされると、それは他の来場者にも波及し、それぞれが記憶を解凍させることで「記憶のコミュニティ」が誕生するのだ（渡邊 二〇一九）。

なるほど、写真回想法は社会的な記憶継承の効果的な手法のひとつである。しかし、様々な立場の人々のそれぞれに複雑に絡まり合った重層的な感情があり、解凍を拒む記憶もま

(17) 同行した続木氏によれば、ケルナー氏は廃墟化したカッパピアを撮影しながら「数十年も子どもたちの遊び場だった大切な場所だ」「子どもたちが遊んでいる声が聞こえる」「この朽ちた遊園地に現代アートを感じる」と言ったという。なお、シティギャラリーでの展示には、ケルナー氏も来日し参加した。

(18) 他にも類似の調査法として、フォトエリシテーション法（情報提供者に写真を見せながら関連する内容について尋ねるインタビュー技法）もある（近藤 二〇二一、二五八）。

た存在する。とりわけ「繁栄から破壊、再生などの通時的な記憶が重ねられた」場所の記憶に関して（清水・中村 二〇一八、一二六七）、人々は繁栄時と再生時の写真を見て懐かしみながら回想することはできても、自分や身近な人の心身状態とも重ね合わされることが多い破壊時の写真には、「記憶の凍結」を選ぶこともあるのである。

3　カッパピアの追悼、そして復活？

以上のように、地域住民に愛されたカッパピアは閉園後、廃墟化したのち、ケルナー広場のメモリアルな木製遊具を通じて新たな生命の形を与えられた。カッパピアは、このようにして部分的に、そして象徴的に再生され、再び子どもたちの遊び場となった。宗教学や民俗学・文化人類学の議論では、象徴的な再生は象徴的な死を不可避とする。それでは、象徴的な死と再生の儀礼は、どのようになされたのだろうか。

筆者は、カッパピアの写真展が象徴的な死の儀礼の役割を果たしたと考える。すなわち、繁栄時のみならず破壊時をも含む写真の展示は、言わばカッパピアの葬送儀礼であり追悼行事でもあったのであり、復興事業としてのケルナー広場のメモリアルな木製遊具と連続した「死と再生の儀礼」だったと考えるのである。弔いと復活、あるいは死と再生を可視化したのが、写真展と木製遊具だったのではないだろうか。

ここから分かるのは、カッパピアの歴史が、平成一五（二〇〇三）年一一月末日をもって終わったわけではないということである。姿を変え、形を変え、カッパピアの物語はこれからもまだまだ続いていくだろう。その証左となりうるのが、二〇二一年に高崎市のアサヒ商会が経営する文具店「ハイノート」が製作・販売した「懐かしの遊園地『カッパピア』雑貨ステーショナリー」である。かつて、カッパピアで遊んだ子どもたちにとっては、懐かしさに思わず笑みと涙の両方がこぼれそうなグッズたちである。ちなみに、このグッズは二〇二二年に第二弾が登場するほどの人気ぶりである。以下、高崎市のフリーペーパー『ちいきしんぶん』二〇二二年一二月一六日付の記事を引用したい。

ハイノートがオリジナルグッズ発売　なつかしの『カッパピア』人気再び
「待った待ってた夏休み、カッパピアは水の国」。二〇〇三年に惜しまれつつ閉園となった観音山の総合レジャーランド「カッパピア」。流れるプールや宙返りコースター、プールサイドでの「カッパピアちびーず」のステージなど園内にはワクワクがたくさん詰まっていた。一八年の時を経て昨年八月、高崎市のアサヒ商会が経営する文房具専門店「ハイノート」がカッパピアのオリジナルグッズを発売し、大きな話題を呼んでいる。
園内図や遊具のイラスト入り　第一弾は一カ月で売り切れ
「昨年第一弾として発売したのはクリアファイルやマスキングテープ、ボールペン、ステッカーなど七品目一二種類。一カ月で売り切れになり、社内でも驚きの声が上がりました」とアサヒ商会店舗事業部の髙橋圭子さんは好評ぶりを話す。
グッズには、カッパピアのオリジナルキャラクター、カッパのマークをはじめ、園内の全体図や宙返りコースターなどの遊具がイラストで描かれている。「弊社は高崎市で創業して七五年。地元に育てられてきました。恩返しをしたいという思いで、昔の情報を調べ上げ、グッズ製作に至りました」という。
製作過程で、不思議な縁にも恵まれた。デザインを依頼した都内の会社担当者が偶然にも群馬県出身者。「カッパピアが大好きで何度も訪れたことがあるという女性です。記憶の中の楽しいイメージと、ネットで調べた当時のパンフレットを組み合わせて、ほのぼのと可愛らしいイラストに仕上げてくださいました」と髙橋さん。
第二弾は今年七月に発売開始となった。タオルハンカチやトートバッグなど雑貨も加え、九品目二一種類にバリエーションを増やした。…（中略）…。売り上げの一部はカッパピアの跡地に生まれたケルナー広場の運営に寄付する。

おわりに

閉園後、廃墟と化し、一時は負のイメージに覆われていたカッパピアであったが、追悼行事としてのメモリアル写真展と復興事業としてのメモリアル遊具という死と再生の儀礼を経ることで、止まった時計が動き出し、新たな時をつむぎ始めた。地域住民の「社会的な記憶」は、メモリアル遊具によって保全された「場所の力」だけでなく、カッパピア・グッズの登場によっても維持されていくに違いない。そうしたネヴァーエンディングなカッパピアの物語の中で、また別の、新たな復活劇が今、まさに始まろうとしている。前出の高崎市『ちいきしんぶん』二〇二二年一二月一六日付の記事を、もう一つ引用したい。

「カッパピアちびーず」元メンバーにインタビュー　お客さんの笑顔を見るのが快感でした
オーディションを勝ち抜いた七歳から一三歳までの女の子二〇人で、一九七八年に結成された「カッパピアちびーず」。週末に行われるステージでは歌やダンス、カラーボール投げなどで大盛り上がり。元メンバー五人が集まり、当時の思い出を語った。

「高崎フェアリーランドの次長、島田幸雄さんが先生となり、歌や踊りのレッスンのほか、マナーや学校の勉強まで教えてくれました。年齢の違う子たちと密度の濃い時間を過ごし、いままでの人生で一番楽しい思い出」とリーダーの軽部典子さん。

ステージではソロで歌うことも。演歌担当だった小島真美さんと入江由美子さん。幼いながらこぶしを利かせて、森昌子や石川さゆりの名曲を熱唱した。「島田先生が用意してくれた可愛い衣装を着たり、パンプスや網のブーツを履くのもワクワクの経験」と田中悦子さん。「活動を通じて自立できた気がします。行きかえりは一人でバス。お金の管理も自分で」と篠崎純子さんは振り返る。

年に一度は大物アイドルとのコラボも行われた。山口百恵や西城秀樹、とんねるず、ずうとるびなどのバックで踊ったのは忘れられない思い出だ。「観客の皆さんが喜んでいる顔を見たり、大きな拍手に包まれたりするのが子どもながらに快感でした。いつか元メンバーで再び、ステージをやりたい」と五人は夢を膨らませる。

二〇二三年は、カッパピア閉園からちょうど二〇年となる節目の年である。アイドルユニットの再結成が実現すれば、カッパピアをめぐる「社会的な記憶」に新しい要素が追加されることになる。カッパピアの物語には、これからも、まだまだたくさんの続きがありそうである。

●写真1、2は筆者撮影

〔参考文献〕
小牧幸代『高崎市の遊園地：カッパピアからケルナー広場へ』高崎経済大学・地域科学研究所。https://www.tcue.ac.jp/files/leafpage/leafpage-717-9.pdf（二〇二二年八月二六日閲覧）、二〇一九年
近藤祉秋「デジタル民族誌の実践：コロナ禍中の民族誌調査を考える」藤野陽平・奈良雅史・近藤祉秋（編）『モノとメディアの人類学』ナカニシヤ出版、二〇二一年
清水肇・中村友美「地域の記憶継承のための歴史的資産のあり方の検討：戦後の強制移転を経た沖縄県読谷村K集落での取り組みから」『都市計画論文集』五三巻三号、一二六七―一二七四頁、二〇一八年
ドロレス・ハイデン著／後藤春彦他訳『場所の力：パブリック・ヒストリーとしての都市景観』学芸出版社、二〇〇二年
渡邉英徳「『記憶の解凍』：資料の〝フロー〟化とコミュニケーションの創発による記憶の継承」菅豊・北條勝貴編『パブリック・ヒストリー入門：開かれた歴史学への挑戦』勉誠出版、三八八―四一二頁、二〇一九年

column12

スコットランドのお城で学びながら遊ぶ
——大理石村ロックハート城——

小牧幸代

関越自動車道を沼田インターチェンジで下り、国道一二〇号と一四五号を通って吾妻郡高山村に入ると、すぐに「大理石村ロックハート城」の看板を掲げた駐車場に到着する。車を停めて、重厚な石造りのゲートをくぐると、異国情緒にあふれた建物と町並みが現れる。この「石のテーマパーク」には、英国スコットランドから移築された「城」（写真1）や、カトリック風の教会建築、ヨーロッパ風の小径、広場、庭園、ショップ、レストランなどがある。

優雅な雰囲気の空間は、テレビドラマや映画、CM、PV・MVなどのロケ地となることも多い。城内で貸し出される色とりどりの華やかなドレスが魅力的で、プリンセス気分を味わうために訪れる人も少なくない（写真2・3）。ウィッグやティアラの種類も豊富で、女性用ドレスだけでなく男性用や子ども用の衣装も揃っている。家族でドレスアップして記念撮影することも可能だ。

「ハートのモニュメント」や「ハートの絵馬」（写真4）、「恋人の泉」や結婚式場もあり、「恋人の聖地」としても知られる。筆者が気に入ったのは、パーク内の随所で「ハートの絵馬」たちが奏でる心地よい「音楽」である。絵馬は、おみくじのように樹木やオブジェに結わえられているのだが、その貝殻素材の絵馬たちがそよ風に吹かれ、互いに軽やかにふれあうことで、独特の優しい音色が生まれるのである。

しかし、ここはロマンティックなだけの場所ではない。化石・鉱石や石材、ストーンペインティングといった大理石村ならではのハードなモノから、テディベア、ブライダルドレス、香水、往年のハリウッドスターたちの遺品、故津川雅彦氏のサンタクロース人形コレクションまで、圧倒的な数と種類のモノたちが展示・収蔵されて

写真1　ロックハート城正面

写真4　ハートの絵馬

写真2　ドレス姿の女性

写真3　プリンセス体験専用フォトスタジオ

いる「ポピュラー文化ミュージアム」、すなわち「エデュテインメント」（学びながら遊ぶ）空間でもあるのだ。

ポピュラー文化ミュージアムとは、一九九〇～二〇〇〇年代に日本をはじめ世界各地で急増したミュージアムの新しい潮流である。それは「価値のある」モノや「芸術作品」を展示するミュージアム（博物館・美術館）に対して、普通の人々の「生きられた」文化そのものや「大衆」に人気があったもの、すなわち「ポピュラーな文化」を展示するミュージアムである。ポピュラー文化ミュージアムの流行は、ミュージアムに行くことが、もはや「ハイカルチャー」ではなく、「ハイカルチャーな気分が味わえるポピュラーな体験」になったことを意味しているとも言われる。

いくつもの魅力的なポピュラー文化ミュージアムがパーク内や城内にひしめく中で、筆者の関心をことさら引いたのは、大理石村ロックハート城の「ロックハート」という名前と「錠前」を模した家紋の由来を説明する「ヒストリーミュージアム」であった。以下、掲示物・展示物の内容を部分的に補足しながら紹介したい。

中世のスコットランド王・ロバート一世（一二七四—一三二九）は、一三一四年のバノックバーンの戦いで、イングランド王・エドワード二世から独立を勝ち取った英雄である。ロバート一世は死に際し、騎士たちに自分の心臓を聖地エルサレムの聖墳墓に納めるよう遺言した。鍵付きの銀製容器に収められた心臓は、ジェームズ・ダグラス卿の胸に掛けられた。その鍵を預かったのが、サイモン・ロッカード卿（一三〇〇—一三七一）すなわちロックハート家の先祖であった。

写真5　ロックハート家の紋章

一三三〇年、二人は数十名の騎士らと合流し聖地へと向かう道中で、スペインのカスティーリャ王国のアルフォンソ一一世がグラナダ王国のイスラーム教徒に対して十字軍を派遣するという知らせを受けた。そこで急遽、セビリアへ向かい、アルフォンソの軍隊に加わって戦った。ほとんどの者が戦死したが、サイモン・ロッカード卿は生き残り、他の騎士とともにロバート一世の心臓の入った容器を郷里に持ち帰ってメルローズ修道院に安置した。これを機に、彼は家名をロックハートに変え、家紋もD字型の錠の中に心臓＝ハートを描くものに変更したという（写真5）。

この物語を通じて筆者は、ロックハート家の先祖が「聖遺物信仰」の一端を担っていたことを知った。聖遺物信仰とは、仏教であればブッダの遺骨である仏舎利などへの信仰、イスラームであれば預言者ムハンマドや「聖家族」

「聖者」の遺品などへの信仰、キリスト教であればイエス・キリストや殉教者・聖人などの遺体や遺骨、遺品などへの信仰を指している。いずれの場合も、聖遺物は何らかの超越的な力を宿しており、人々の願いを叶えたり心身を癒やしたりすると信じられている。つまり、この物語は、中世のスコットランド王・ロバート一世が、キリストの墓とされる聖墳墓の近くに自らの心臓を埋葬させることで、超越的な力を得て神の御許へと旅立ちたいという願い、ないし当時の死生観を示しているのである。聖遺物信仰の調査研究にも従事している筆者にとって、この「ヒストリーミュージアム」の掲示・展示の内容は、ロックハート城を「心」から身近に感じるきっかけとなった。

ところで、近年、ロバート一世を主人公にした映画の制作が続いている（二〇一八年の「アウトローキング」と二〇一九年の「キング・オブ・ブレイブ」）。昨今、再燃しているスコットランド独立の機運と、映画制作は無関係ではないだろう。あれこれ考え始めると、ロックハート城の楽しみ方がどんどん広がっていく。ここは石のテーマパークであり、ポピュラー文化ミュージアムであると同時に、学びながら遊べる「エデュテインメントパーク」でもあるのだ。

●写真は筆者撮影

〔参考文献〕
石田佐恵子・村田麻里子・山中千恵編著『ポピュラー文化ミュージアム：文化の収集・共有・消費』ミネルヴァ書房、二〇一三年
小牧幸代「預言者ムハンマドの『遺品』信仰：南アジア・イスラーム世界の聖遺物」赤堀雅幸編『民衆のイスラーム：スーフィー・聖者・精霊の世界』山川出版社、二〇〇八年

第12章　道の駅の経営
——群馬県を事例として——

小熊　仁

はじめに

道の駅とはドライバーに対し安全で快適な道路交通環境の提供と地域振興を目的に整備される施設である。道の駅は一九九〇年一月に広島県宮島町で開催された「中国地域まちづくり交流会シンポジウム」においてフロアから「鉄道に駅があるように道路にも駅があっても良いのではないか」という意見が出されたことを発端とし、整備に向けた検討が開始された。その後、約半年間にわたる社会実験を経て一九九三年二月に「道の駅」登録・案内要綱が作成され、同年四月から正式に制度が発足するに至っている。

道の駅の設置にあたっては、①二四時間利用可能な駐車場・トイレ・ベビーコーナーをはじめとする「休憩施設」、②ドライバーや地域に向けて道路や地域に関する情報を発信する「情報発信施設」、③文化教養施設や観光レクリエーション施設など地域間交流や産学官連携を通し、地域活性化を推進するための「地域振興施設」を整備し、市町村、あるいは市町村に代わり得る公的な団体（公社・公益法人等）が設置者となり国に登録を行うことが必要である。しかし、設置場所や各施設の設置条件等について特段の制約はなく、地域の創意工夫に基づいて様々なタイプの道の駅が整備されている。

1　群馬県の道の駅

二〇二一年度末現在、全国には一一九四件の道の駅が登録されている。群馬県には一九九四年六月登録の「上野」をはじめ三三件の駅が登録されており、そのうち六二・五％が国道沿いに設置されている（表1参照）。地域別にみると、北毛地域一三件、西毛地域九件、中毛地域八件、東毛地域三件の順となり、中山間地域の多い北毛地域と西毛地域に集中する傾向がみられる。

なぜ中山間地域に集中する傾向があるのか。その理由は以下の通りである。第一に、道の駅は駐車場や休憩所、観光案内所等の整備が設置要件として含まれるため、ある程度の敷地を確保できる場所でなければ駅の設置が困難だからである。第二に、道の駅の地域振興は農産物直売所や体験施設などの整備を通し道の駅を観光拠点化、あるいは地域文化の発信拠点化することにより実現するケースが多いが、これらは地域資源が豊富な中山間地域の方が行いやすいからである。

表2には群馬県の道の駅の施設概要が示されている。これによると、喫茶・レストランと売店は全ての道の駅に設置されており、各駅で地域の豊富な食材を活用した商品が販売

表 1　群馬県の道の駅の概要（筆者作成）

No	駅名	地域	所在地	隣接道路	登録開始年月
1	上野	西毛	多野郡上野村	国道299号線	1994/8
2	ぐりーんふらわー牧場・大胡	中毛	前橋市	国道353号線	1995/4
3	六合	北毛	吾妻郡中之条町	国道292号線	1996/4
4	おのこ	中毛	渋川市	国道353号線	1996/4
5	上州おにし	西毛	藤岡市	国道462号線	1996/4
6	川場田園プラザ	北毛	利根郡川場村	群馬県道64号線	1996/4
7	みなかみ水紀行館	北毛	利根郡みなかみ町	国道291号線	1996/8
8	白沢	北毛	沼田市	国道120号線	1997/4
9	草津運動茶屋公園	北毛	吾妻郡草津町	国道292号線	1998/4
10	くろほね・やまびこ	東毛	桐生市	国道122号線	1998/4
11	ららん藤岡	西毛	藤岡市	群馬県道13号線	1999/8
12	こもち	中毛	渋川市	国道17号線	2000/8
13	月夜野矢瀬親水公園	北毛	利根郡みなかみ町	群馬県道61号線	2000/8
14	みょうぎ	西毛	富岡市	群馬県道196号線	2000/8
15	万葉の里	西毛	多野郡神流町	国道462号線	2000/8
16	しもにた	西毛	甘楽郡下仁田町	国道254号線	2003/8
17	富弘美術館	東毛	みどり市	国道122号線	2005/8
18	たくみの里	北毛	利根郡みなかみ町	群馬県道53号線	2005/8
19	霊山たけやま	北毛	吾妻郡中之条町	群馬県道53号線	2008/8
20	よしおか温泉	中毛	北群馬郡吉岡町	国道17号線	2010/3
21	赤城の恵	中毛	前橋市	群馬県道34号線	2010/8
22	甘楽	西毛	甘楽郡甘楽町	群馬県道46号線	2011/3
23	あぐりーむ昭和	北毛	利根郡昭和村	群馬県道65号線	2011/3
24	オアシスなんもく	西毛	甘楽郡南牧村	群馬県道45号線	2011/3
25	ふじみ	中毛	前橋市	国道353号線	2011/3
26	おおた	東毛	太田市	国道17号線	2011/8
27	八ッ場ふるさと館	北毛	吾妻郡長者原町	国道145号線	2013/3
28	中山盆地	北毛	吾妻郡高山村	群馬県道36号線	2013/10
29	くらぶち小栗の里	西毛	高崎市	国道406号線	2014/4
30	あがつま峡	北毛	吾妻郡東吾妻町	町道5284号線	2014/10
31	玉村宿	中毛	佐波郡玉村町	国道354号線	2015/4
32	尾瀬かたしな	北毛	利根郡片品村	国道120号線	2017/9
33	まえばし赤城	西毛	前橋市	国道17号線	2022/8

施設・設備									
喫茶・レストラン	売店	農産物直売所	体験施設	温泉・宿泊施設	キャンプ場	公園・展望台	美術館・博物館	ガソリンスタンド	EV充電施設
○	○					○		○	○
○	○	○		○	○	○			
○	○	○		○					
○	○	○				○			
○	○								○
○	○	○	○	○		○		○	○
○	○								○
○	○	○		○		○			○
○	○					○	○		○
○	○	○							
○	○	○				○			
○	○					○			○
○	○	○				○			○
○	○	○							
○	○								○
○	○	○				○			○
○	○					○	○		○
○	○	○				○			○
○	○								
○	○	○		○		○			○
○	○	○		○		○			
○	○	○							
○	○	○	○			○			
○	○	○							
○	○	○		○		○			○
○	○	○							○
○	○	○		○					○
○	○	○		○					○
○	○	○							
○	○	○		○		○			○
○	○								○
○	○	○				○			○
○	○	○	○	○		○			○

表 2　群馬県の道の駅の施設概要（○＝あり、空白＝なし）（筆者作成）

No	駅名	所在地	隣接道路	登録開始年月		
					ATM	ベビーベッド
1	上野	多野郡上野村	国道299号線	1994/8	○	○
2	ぐりーんふらわー牧場・大胡	前橋市	国道353号線	1995/4		
3	六合	吾妻郡中之条町	国道292号線	1996/4		
4	おのこ	渋川市	国道353号線	1996/4		○
5	上州おにし	藤岡市	国道462号線	1996/4		
6	川場田園プラザ	利根郡川場村	群馬県道64号線	1996/4		○
7	みなかみ水紀行館	利根郡みなかみ町	国道291号線	1996/8		
8	白沢	沼田市	国道120号線	1997/4		
9	草津運動茶屋公園	吾妻郡草津町	国道292号線	1998/4		
10	くろほね・やまびこ	桐生市	国道122号線	1998/4		
11	ららん藤岡	藤岡市	群馬県道13号線	1999/8	○	○
12	こもち	渋川市	国道17号線	2000/8		
13	月夜野矢瀬親水公園	利根郡みなかみ町	群馬県道61号線	2000/8		
14	みょうぎ	富岡市	群馬県道196号線	2000/8		
15	万葉の里	多野郡神流町	国道462号線	2000/8		
16	しもにた	甘楽郡下仁田町	国道254号線	2003/8		○
17	富弘美術館	みどり市	国道122号線	2005/8		○
18	たくみの里	利根郡みなかみ町	群馬県道53号線	2005/8		○
19	霊山たけやま	吾妻郡中之条町	群馬県道53号線	2008/8		
20	よしおか温泉	北群馬郡吉岡町	国道17号線	2010/3		
21	赤城の恵	前橋市	群馬県道34号線	2010/8		
22	甘楽	甘楽郡甘楽町	群馬県道46号線	2011/3		
23	あぐりーむ昭和	利根郡昭和村	群馬県道65号線	2011/3		
24	オアシスなんもく	甘楽郡南牧村	群馬県道45号線	2011/3		
25	ふじみ	前橋市	国道353号線	2011/3		
26	おおた	太田市	国道17号線	2011/8		○
27	八ッ場ふるさと館	吾妻郡長者原町	国道145号線	2013/3		
28	中山盆地	吾妻郡高山村	群馬県道36号線	2013/10		
29	くらぶち小栗の里	高崎市	国道406号線	2014/4	○	
30	あがつま峡	吾妻郡東吾妻町	町道5284号線	2014/10		
31	玉村宿	玉村町	国道354号線	2015/4		○
32	尾瀬かたしな	片品村	国道120号線	2017/9		○
33	まえばし赤城	前橋市	国道17号線	2022/8	○	○

されている。一方、農産物直売所は全体の七二・七%に上る二四件の道の駅に設置されており、道の駅の直売所組合に加入した農家が各自商品を出荷し商品提供につとめている。なお、通常、農家が商品を出荷する場合、販売手数料として売上の一部を出荷先に支払う必要があるが、道の駅の販売手数料は売上の二五%程度に抑えられており、市場等に出荷する場合（一般的には四〇～六〇%）よりも低い手数料で商品を出荷できる（山本・湯沢二〇一二）。また、出荷量に対してはとくに制限が設けられておらず、少量であっても商品を出荷可能である。そのため、農家は気軽に商品を出荷し収益が得られる一方、来訪者はスーパーなどの小売店価格よりも低い値段で商品を購入することができる。道の駅の農産物が市場価格よりも安価で販売されているのはこれによるものである。

このほか、ＥＶ充電施設（二一件）、公園・展望台（一九件）、温泉・宿泊施設（一一件）も多くの駅で設置されており、美術館・博物館を併設している駅（「草津運動茶屋公園」、「富弘美術館」）や農産物加工等の体験施設を整備している駅（「川場田園プラザ」、「あぐりーむ昭和」、「まえばし赤城」）も存在する。

2　誰がどのように作り運営するのか？

道の駅の整備方法

道の駅の整備は設置者である市町村等が道路管理者と共同で整備計画を策定し整備が行われる。そして、市町村等はこの計画に従って道の駅を整備し、道路管理者の推薦を受けて国へ登録を行う。なお、実際の整備は道路管理者が休憩施設と情報発信施設を整備し、地域振興施設の整備は市町村等が行う「単独型」と全ての施設を市町村等が整備する「一体型」に分かれるが、群馬県の道の駅はその大部分が後者によっている。

道の駅の運営方法

道の駅は主に市町村等により整備されるが、整備後の管理運営は①直営方式のほか、②業務委託方式、③指定管理者方式、④コンセッション方式などを通し外部に委託する方式が採用されており、民間企業や第三セクター・公益法人等様々な主体が運営に関与している。

①直営方式

直営方式とは設置者である市町村等が直接管理運営を行う方式であり、民間企業や第三セクター・公益法人等など第三者への委託が見込めない、あるいはそれらが既に撤退したなどの理由により運営が困難な場合に用いられる。この場合、市町村等は道の駅の全施設を直接管理するが、施設の一部をテナントとして民間企業や第三セクター・公益法人等に貸し出す、あるいは業務委託方式などを通して業務の一部を第三セクター・公益法人等に委託する場合がある。

② 業務委託方式

業務委託方式とは道の駅の設置者が私法上の業務委託契約に基づき管理運営業務の全て、またはその一部を第三セクター・公益法人など第三者に委託する方式を指す。契約方法は随意契約と競争入札の二つの方法があり、受託者は委託金を受ける代わりに提示された契約内容に定められた範囲のなかで業務を遂行することが求められる。そのため、受託者の裁量は限られ、施設の使用料や料金等を自身で決定し収益を得ることはできない。

③　指定管理者方式

指定管理者方式とは、指定管理者制度を用いて民間や第三セクター・公益法人等に道の駅の管理運営業務を委託する方式を意味する。委託先は公募に基づいて選定され、受託者は設置者から支払われる委託料のほか、条例等で定められる範囲内において料金や施設使用料を決定し収益を得ることができる。

④　コンセッション方式

コンセッション方式とは道の駅の設置者が施設の運営権とともに改修や更新等の管理にかかる業務をＳＰＣ（Special Purpose Company：特別目的会社）に委託する方式を指す。ＳＰＣは指定管理者制度と同様に公募に基づいて選定され、自ら料金や施設使用料を決定し収益を得ることができる。施設の設計・改築等についてもＳＰＣの裁量に委ねられており、民間の能力を活用し効率的かつ効果的に質の高いサービスを提供することが可能である。

このように道の駅の運営方式は様々であり、設置者は道の駅を取り巻く経営環境を考慮し①～④のいずれかの方式を採用している。群馬県の道の駅は「富弘美術館」や「霊山たけやま」（いずれも直営方式）、「まえばし赤城」（コンセッション方式）などごくわずかな例外を除いて、②もしくは③の方式をとっており、委託先は民間企業や第三セクター・公益法人等によって占められている。

3　経営状況

これまで見てきたように、群馬県には三三件の道の駅が登録されており、様々な主体が関与しながら整備や運営が行われている。その一方で、立地条件や施設を取り巻く環境は駅別に大きく異なり、それは運営開始後の経営業績にも影響を及ぼしていることが予想される。しかし、道の駅の多くは民間企業、もしくは第三セクター・公益法人等など第三者への委託により運営されていることから、設置者や管理運営者のウェブサイト等から直接、これにかかる情報を知ることはできない。したがって、ここでは筆者が二〇二一年二月二〇日～三月三〇日の約一か月にわたって全国一一四七件の道の駅を対象に実施したアンケート調査のなかで収支状況について回答があった二〇三件の駅のうち、群馬県に所在する道の駅一五駅を対象に各駅の経営状況を把握する。分析対象年度は二〇一九年度である。

売上高

図1は群馬県の道の駅一五駅の売上高を整理したものである。全体の平均売上高は二億九五八〇万円であり、全国平均（二億六七二〇万円）を上回っている。とくに、「川場田園プラザ」は年間来訪者数二一一万人を数え（二〇一九年度）、年間一五億三一八〇万円に上っている。これは今回のアンケート調査で回答があった全国二〇三駅のうち二番目に高い数

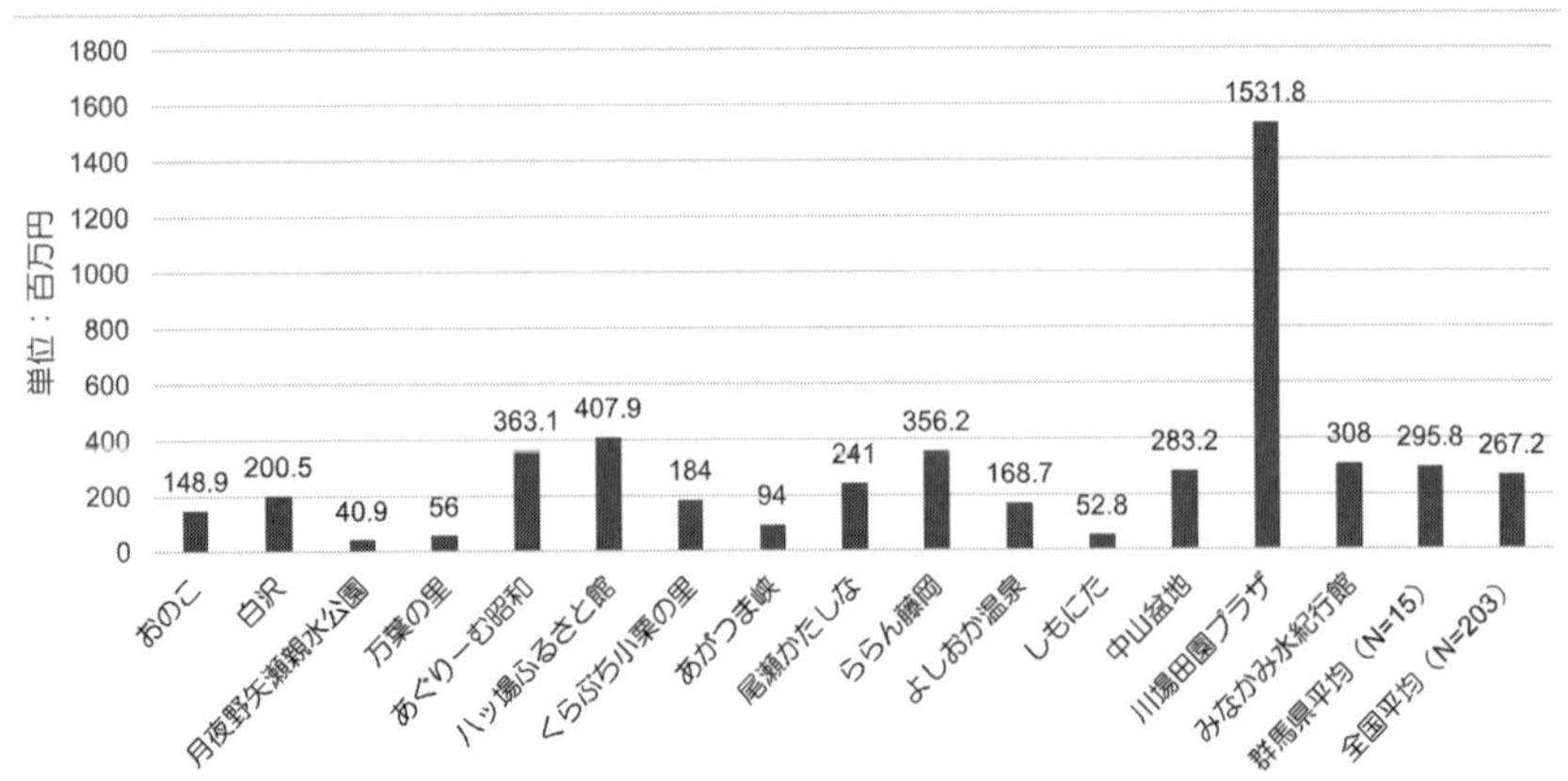

図 1　群馬県の道の駅の年間売上高（筆者作成）

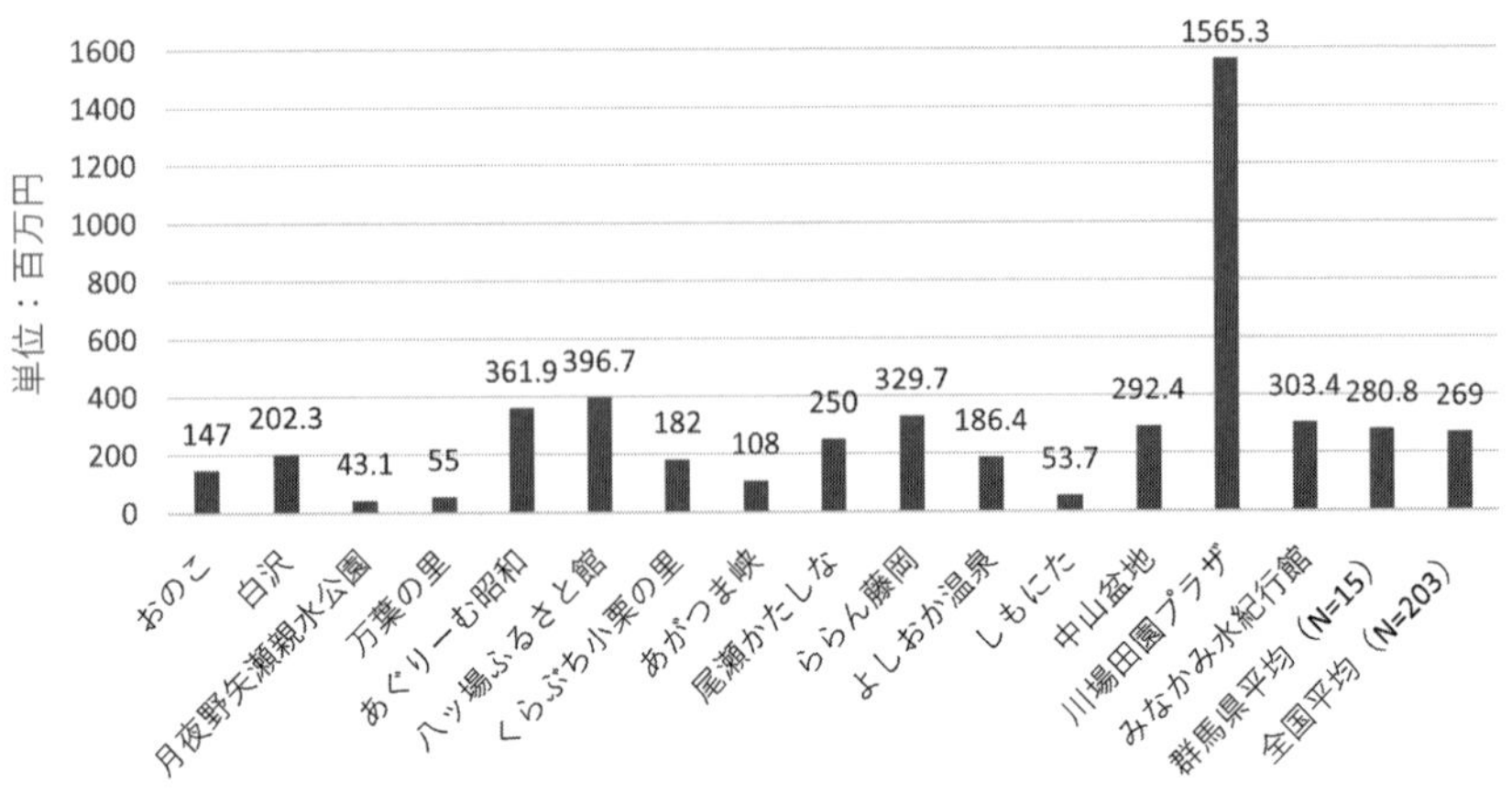

図 2　群馬県の道の駅の営業費用（筆者作成）

字であり（一位は「あ・ら・伊達な道の駅（宮城県）」の一五億四九七八万円）、同駅は「じゃらん全国道の駅グランプリ」をはじめとする各種ランキングでも常に上位に位置している。このほか全国平均を上回った道の駅は「あぐりーむ昭和（三億六三一〇万円）」、「八ッ場ふるさと館（四億七九〇〇万円）」、「ららん藤岡（三億五六二〇万円）」、「中山盆地（二億八三二〇万円）」、「みなかみ水紀行館（三億八〇〇〇万円）」の五駅であり、その一方で、残る九駅（「おのこ」、「白沢」、「月夜野矢瀬親水公園」、「万場の里」、「くらぶち小栗の里」、「あがつま峡」、「尾瀬かたしな」、「よしおか温泉」、「しもにた」）はこれを下回っている。

営業費用

一方、営業費用については「川場田園プラザ」が一五駅のなかで最も高い一五億六五三〇万円の費用を計上している（図2参照）。次いで、「八ッ場ふるさと館（三億九六七〇万円）」、「あぐりーむ昭和（三億六一九〇万円）」「ららん藤岡（三億二九七〇万円）」、「みなかみ水紀行館（三億三四〇〇万円）」と続き、ほぼ売上高の規模に従って増減する傾向がみられる。全体平均では二億八〇八〇万円であり、全国平均（二億九六〇〇万円）と比べやや高い水準で推移している。

営業損益・経常損益

営業損益は「ららん藤岡」と「八ッ場ふるさと館」の二駅において一〇〇〇万円を超える営業利益が生じており、「おのこ（一九〇〇万円）」、「万葉の里（一〇〇万円）」、「あぐりーむ昭和（一二〇万円）」、「くらぶち小栗の里（二〇〇万円）」、「みなかみ水紀行館（四六〇万円）」

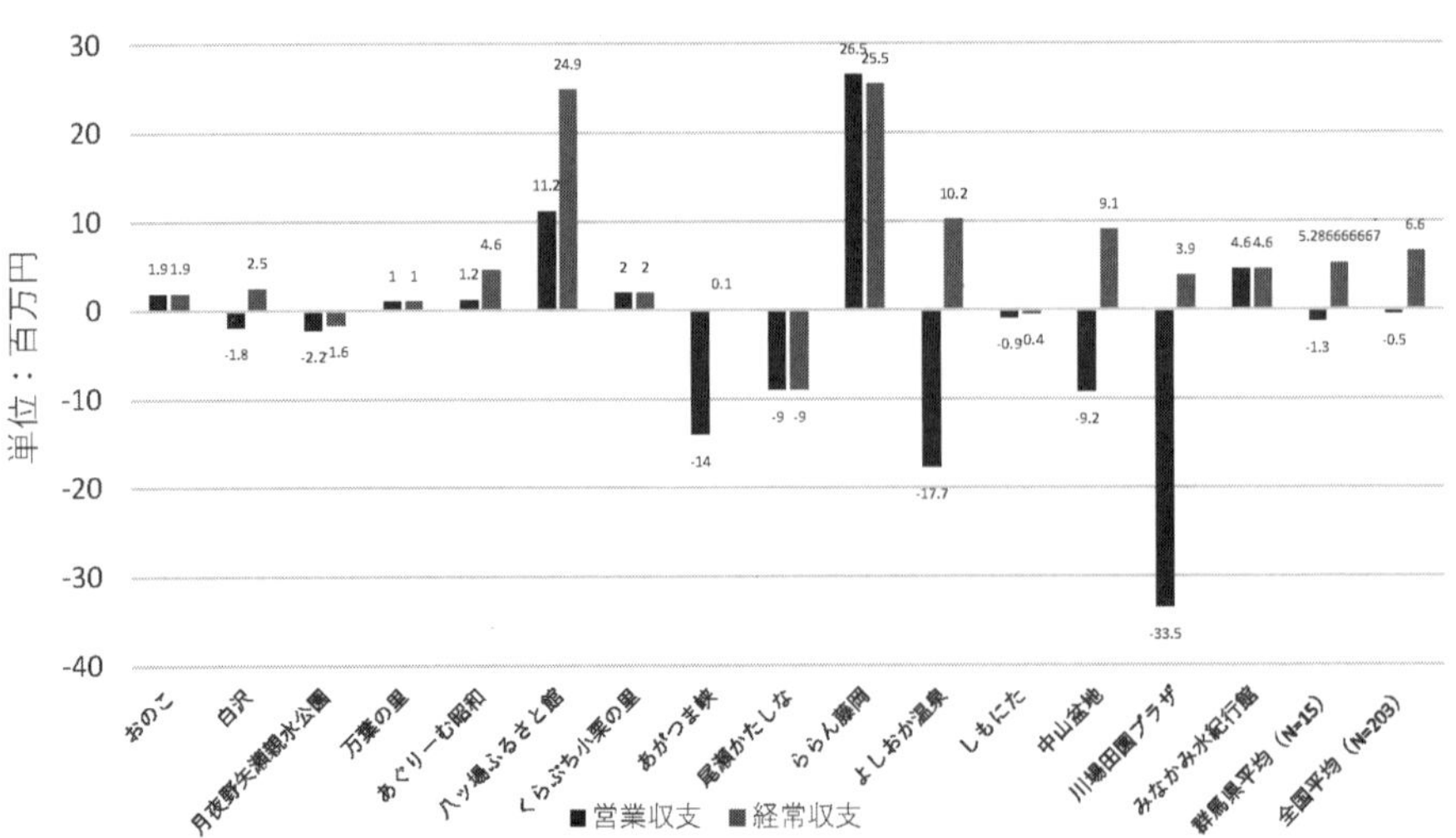

図3　群馬県の道の駅の営業収支と経常収支（筆者作成）

の五駅もわずかではあるが営業利益を計上している（図3参照）。しかし、残る八駅は営業損失が発生しており、とくに「川場田園プラザ」はマイナス三三五〇万円、「よしおか温泉」はマイナス一七七〇万円、「あがつま峡」はマイナス一四〇〇万円と一〇〇〇万円以上の営業損失を出している。

他方、経常損益は「ららん藤岡」と「八ッ場ふるさと館」の二駅がそれぞれ二五五〇万円、二四九〇万円の経常利益を計上する一方で、営業損失が発生していた五駅（「川場田園プラザ」「よしおか温泉」、「あがつま峡」、「中山盆地」、「白沢」）を含め合計一二駅が経常利益を計上するに至っている。これは営業外収入として管理運営委託を行っている駅に対し支払われる業務委託料収入や補助金収入が含まれているためであり、これらの駅はこうした支援に頼りながら運営を継続している駅とも読み取ることができる。

とは言え、こうした傾向は群馬県のみならず全国的にみても同様であり、全国平均の営業損益はマイナス五〇万円の営業損失を計上する一方で、経常損益でみると六六〇万円の経常利益を計上している。つまり、道の駅の多くは行政による支援を背景に経営を持続しており、純粋な営業活動のみで運営を維持していくのは困難であることがわかる。

4　どれだけ売上を上げれば良いのか?

このように、群馬県をはじめとして道の駅の経営は決して容易ではなく、行政をはじめ外部からの支援なしには経営を存続できない道の駅が数多く存在する。しかし、人口減少による税収の減少がすすむなか、行政による支援だけに依存した経営には自ずと限界が生じる。したがって、今後とも道の駅を維持していくためには行政による支援を継続しつつ、道の駅による採算性確保や収支基盤の強化に向けた取り組みが重要である。そこで、以下では群馬県に所在する道の駅一五駅を含めた二〇三駅を対象に損益分岐点分析を利用し、各駅の採算性や収支基盤強化の方向性について検討する。

損益分岐点分析とは何か?

谷本・土屋(二〇一五)によると、損益分岐点分析とは企業の複雑な経済活動を単純化し、損益構造を線形の収益・費用関数を用いてあらわすものであり、企業の短期的な収支計画や予算策定において広く用いられている手法である。図4に示す通り、損益分岐点は総費用と売上高が一致する点を意味し、売上高がこれを超えると利益が発生し、逆にこれに満たないと損失が生じる。総費用は固定費（人件費や水道光熱費など売上高に関係なく一定に生み出される費用）と変動費（仕入原価や原材料費等売上高に比例し発生する費用）の合計であり、この傾きは変動費比率（売上一単位に対する変動費の割合：変動費／売上高）と一致する。一方、売上高曲線は原点を基点とした四五度の直線で示され、これによって総費用曲線との関係を視覚的に明示することができる。

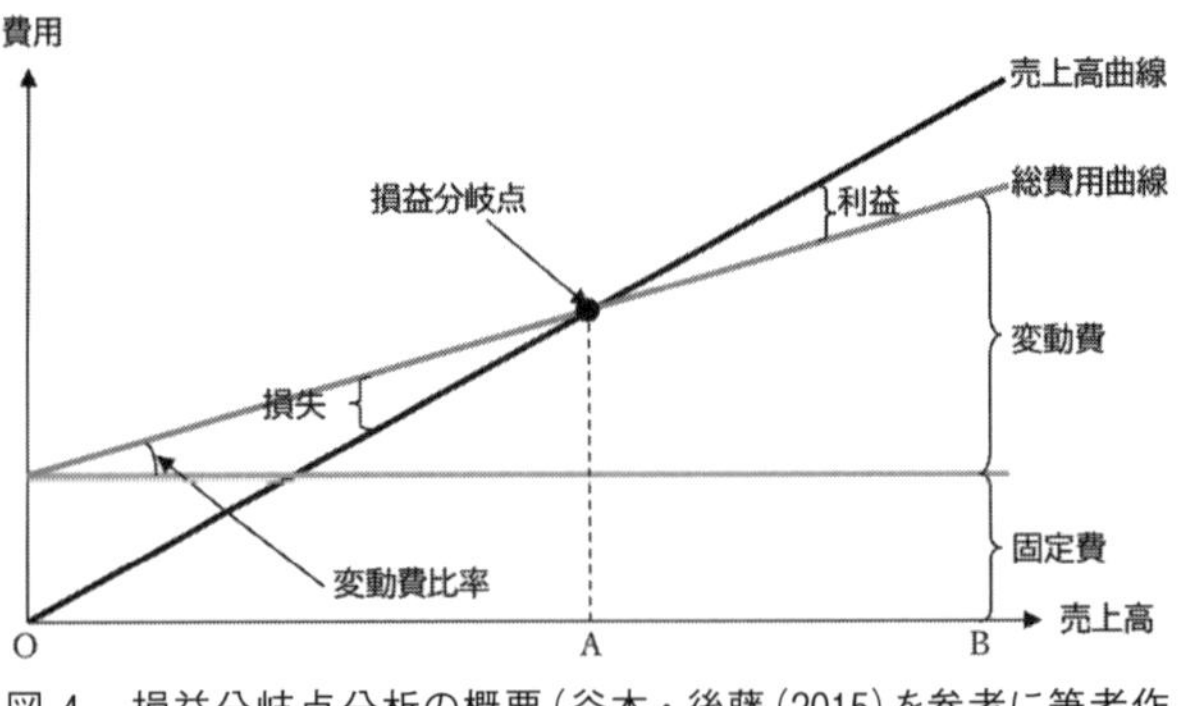

図4　損益分岐点分析の概要（谷本・後藤（2015）を参考に筆者作成）

　損益分岐点分析を用いて採算性を評価する指標はいくつか存在するが、本調査では谷本・後藤（二〇一五）に従い、安全余裕率に着目する。安全余裕率とは損益分岐点売上高に対しどの程度余裕を持った売上高を計上しているかを示す数値（単位：％）であり、図4のAB÷OBで求められる。この数値が高いほど収支基盤の安定性が高く持続可能な経営が見込める一方で、この数値がゼロあるいは負の値をとると、採算性が低く収支改善が必要な状態をあらわす。

分析結果

損益分岐点分析を行うためには、売上高に対する費用関数を推定する必要がある。ここでは、道の駅の純粋な営業活動を通しどの程度の売上をあげれば採算性が確保できるのかについて着目するため営業費用を用いて費用関数を推計する。一方、売上高は農産物直売所、レストラン・喫茶、売店における物販販売から得られる収入や温泉・宿泊施設、博物館・美術館の入館料等から得た収入であり、業務委託料収入や補助金収入は含めないことにする。

図5にはこれに基づく総費用曲線と売上高曲線の関係が示されている。推計の結果、損益分岐点は二億四四八七万一六一三円に上ることがわかった。そして、この結果から群馬県の道の駅の安全余裕率を導出すると、「あぐりーむ昭和」、「八ッ場ふるさと館」、「らら ん藤岡」、「川場田園プラザ」、「みなかみ水紀行館」の五駅が二〇%を上回った。一般的に安全余裕率は二〇%以上あれば採算性が高く、持続可能な経営が行われていることを意味するため、これらの駅は経営の安定性が高く、維持困難のリスクが低い駅と言える。残る一〇駅は二〇%を下回っており、このうち「中山盆地」を除く九駅は〇%以下（＝負の値）に止まることから早急な収支改善が求められる。

表3は安全余裕率が負値を示した九駅の損益分岐点売上高と実際の売上高の差を表示したものである。なお、ここでは売上高を現在の来訪者数（二〇一九年度）で除した「消費単価」と現在の来訪者数を所与とし損益分岐点売上高を達成するために必要な「損益分岐点消費単価」を付記している。さらに、「損益分岐点消費単価」と「消費単価」の差は現状の消費単価から損益分岐点に到達するためにどの程度消費単価を増加させる必要がある

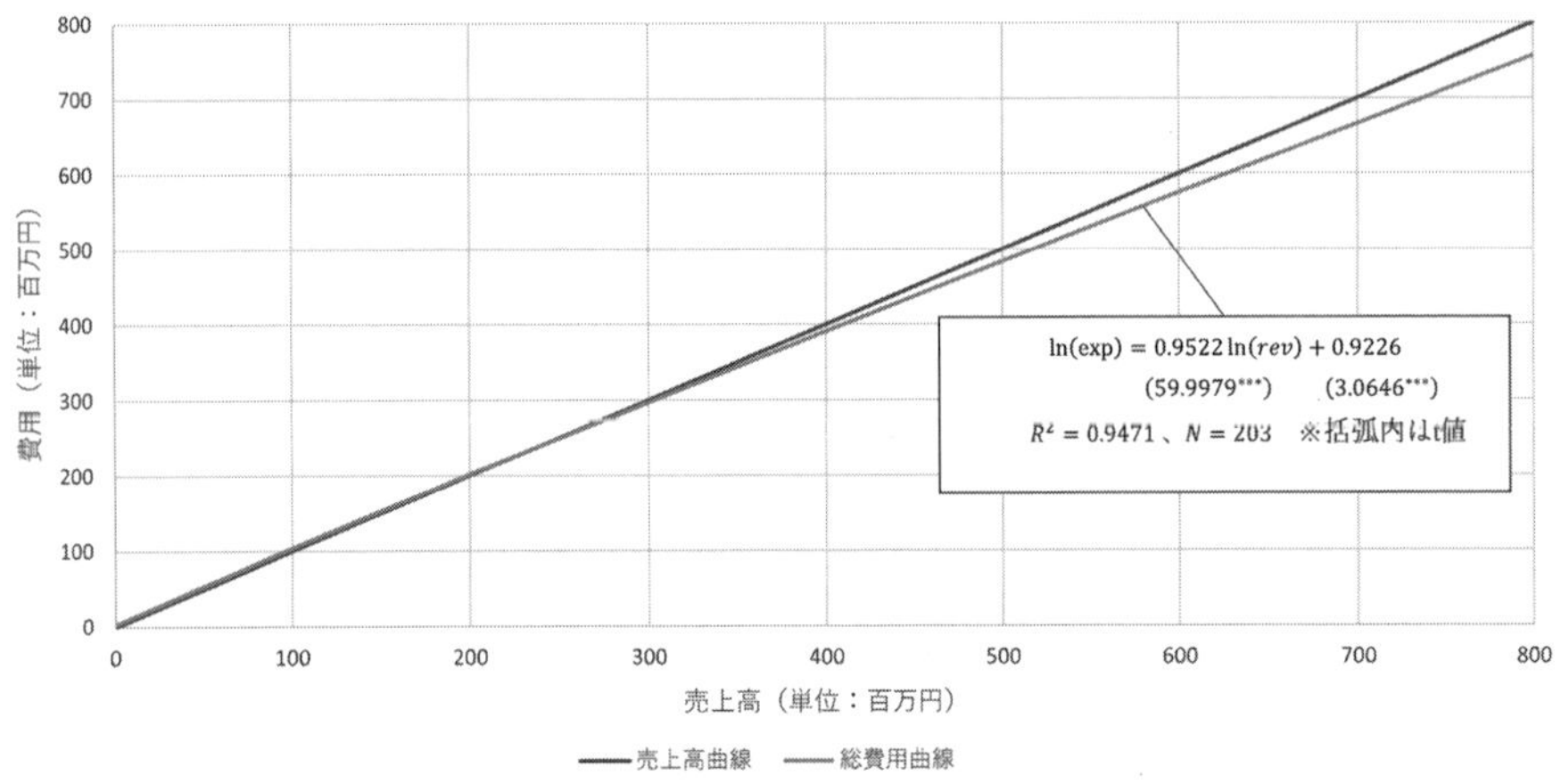

図 5　道の駅の損益分岐点（全体）（筆者作成）

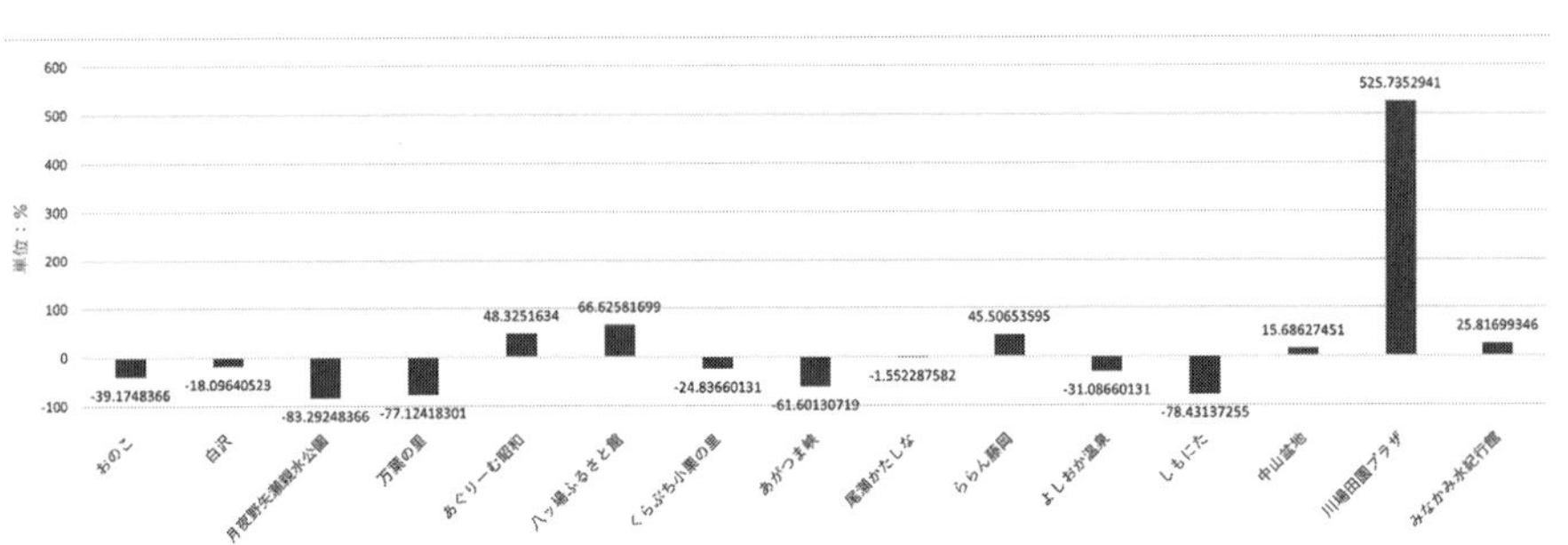

図 6　群馬県の道の駅の安全余裕率（筆者作成）

表 3　安全余裕率〇%未満の駅の損益分岐点売上高と売上高の差（筆者作成）

駅名	損益分岐点売上高－売上高（百万円）	来訪者数（人）	消費単価（円）	損益分岐点消費単価（円）	損益分岐点消費単価－消費単価（円）	増減率（%）
おのこ	95.9	160,513	928.1	1525.6	597.5	39.2
白沢	44.3	274,220	731.2	893.0	161.8	18.1
月夜野矢瀬親水公園	203.9	61,820	662.7	3961.0	3298.3	83.3
万葉の里	188.8	120,100	466.3	2038.9	1572.6	77.1
くらぶち小栗の里	60.8	515,000	357.3	475.5	118.2	24.9
あがつま峡	150.8	440,000	213.6	556.5	342.9	61.6
尾瀬かたしな	3.8	187,000	1288.8	1309.5	20.7	1.6
よしおか温泉	76.1	419,514	402.2	583.7	181.5	31.1
しもにた	192	660,000	80.0	371.0	291.0	78.4

かを示すもので、道の駅の自助努力を通した収支改善指標ともとらえられる。

これによると、安全余裕率が負値となった九駅のうち六駅は損益分岐点消費単価と消費単価の差が五〇〇円未満の駅であり、これらは例えば農産物直売所やレストラン、売店等における商品構成や販売方法の見直しなど、道の駅の自主的な取り組みによって収支改善が期待できる。その一方で、損益分岐点消費単価と消費単価の差が五〇〇円を超える三駅（「おのこ」、「月夜野矢瀬親水公園」、「万葉の里」）は道の駅の経営努力による収支改善には限界が生じるため、行政による支援の強化をはかりながら、収支基盤の安定化につとめていく必要がある。とくに、「月夜野矢瀬親水公園」は来訪者が一日あたり二〇〇人未満と一五駅のなかでは最も少なく、民間による維持では今後の運営に支障をきたす可能性がある。行政による継続的な支援はもちろん、場合によっては駅の公有・直営化等を視野に入れながら維持に向けた検討を積み重ねていくことが必要である。

5　道の駅の魅力度向上に向けて

ところで、道の駅はいまやドライバーの休憩施設に止まらず、観光、防災、教育、医療など地域の様々なニーズを支える拠点としての役割が期待されている。これらを実現するにあたっては道の駅が自身の魅力度を高め、利用者の確保や地域におけるニーズの反映につとめていく努力が重要であり、こうした取り組みが最終的に道の駅の収支改善や経営安定化に結び付くものと判断される。

群馬県では道の駅の魅力度向上と道の駅全体の底上げをはかるため、二〇一七年度より「群馬県「道の駅」魅力アップワーキング（座長：森田哲夫前橋工科大学教授、以下ワーキングと呼ぶ）」を設置し、国、市町村、道の駅運営者によるワークショップを毎年三回開催している。ここでは、県による広報の後、立候補があった（あるいは県による招聘を受けた）道の駅に対し施設の運用状況や道の駅の魅力度向上にあたっての課題について現地調査をもとに明らかにし、その結果を「フォローアップ調査結果」として取りまとめることにより、今後の道の駅の運用改善に資することを目標としている（写真参照）。これまで、ワーキングの対象となった道の駅は下記の一五駅であり、フォローアップ調査結果をもとに道の駅の魅力度向上に向けて積極的な活動を展開している。

〈ワーキングの対象となった道の駅〉

・二〇一七年度：「上州おにし」「おのこ」「こもち」「おおた」「くらぶち小栗の里」
・二〇一八年度：「こもち」「みょうぎ」「中山盆地」「くらぶち小栗の里」
・二〇一九年度：「あぐりーむ昭和」「くらぶち小栗の里」
・二〇二〇年度：新型コロナウイルス感染拡大のため中止
・二〇二一年度：「尾瀬かたしな」「くろほね・やまびこ」「しもにた」
・二〇二二年度：「みなかみ水紀行館」

なお、ワーキングにおいて提案された事項に対し何らかの改善が行われた場合は、その内容と成果をワーキングに報告し、さらなるフォローアップを行うことも視野に入れてい

写真１・2　ワーキングの様子（2021年12月3日：しもにた）

道の駅【あぐりーむ昭和】改善状況のまとめ

○旬の野菜をアピールする。生産者情報や野菜に関する豆知識等をはる。⇒POPを設置

図 7　提案事項の改善例（あぐりーむ昭和）（出所：群馬県提供資料）

道の駅【中山盆地】改善状況

○登山向けにＳＮＳで情報発信をする。⇒村の季節情報や登山イベント情報をFBに掲載

○そばいなりをＰＲする。⇒大宮の東日本連携センターにてそばいなりを販売ＰＲ

図 8　提案事項の改善例（中山盆地）（出所：群馬県提供資料）

る（図7・図8参照）。

筆者は二〇二一年度より有識者の一人として、ワーキングに参加し現地調査や参加者との意見交換を通し道の駅の経営の厳しさについて具体的に把握する機会を得た。そして、これと同時にいずれの道の駅にも魅力的な地域資源が存在し、これをいかに利用し魅力を引き付けていくかが今後の経営課題になり得るとの示唆を得ることができた。

SNS等が発達した現在、従来型の取り組みを通し道の駅の魅力度を向上させることは困難である。とくに若者はX（旧Twitter）やInstagram等を通し情報を得る機会が多いため、これらを巧みに活用した情報発信を行いつつ、若者の魅力を引き付けるような資源の活用や施設の改善が道の駅の魅力度向上に向けて重要である。もっとも、道の駅は若者ばかりではなく、あらゆる年齢層が利用するためその効果は若者に限定されるかもしれないが、道の駅の活性化という意味から考えると、やはり若者を引き付けられる道の駅の方が賑わいを得ることができるし、魅力的であることは疑いの余地がない。情報発信や施設の改善を含め時代の変化に合わせながら地域資源を発掘し運営を行う、こうした道の駅こそが魅力的であり将来的に生き残っていくのではないだろうか。

おわりに

道の駅の設置件数はいまや一一九四件に到達し、地域観光の拠点や地域文化の発信拠点として幅広く活用されている。群馬県においても三三件の道の駅が設置されており、各駅が地域における豊富な資源を活かし、様々な取り組みを展開している。しかし、道の駅の運営には行政による支援が必要不可欠であり、道の駅による純粋な営業活動のみで運営を維持していくのは難しい。その一方で、人口減少による税収の減少がすすむなか、行政による支援に依存した経営は維持可能性という観点からみると決して望ましいものではない。ここでは群馬県に所在する道の駅一五駅を対象に損益分岐点分析を利用し、道の駅の自助努力による収支改善目標を示した。そして、道の駅の魅力度向上に向けた県の取り組みについて紹介し、道の駅の活性化に向けた課題を提案した。引き続き、道の駅が各市町村の魅力を発信する拠点として活用され、県内外からより多くの利用者が訪れる施設となるよう期待を込めて筆を置かせて頂くことにしたい。

●写真1、2は筆者撮影

［参考文献］

小熊仁「道の駅の経営効率性と要因分析～全国の道の駅を対象としたアンケート調査から～」『交通学研究』六五号、三五―四二頁、二〇二二年
慶野征𦤶・中村哲也「道の駅併設農産物直売所とその顧客の特質に関する考察～埼玉県大里地域の農産物直売所を事例として」『千葉大学園芸学部学術報告』五八号、四一―四九頁、二〇〇四年
松尾隆策「道の駅の現状と発展の方向性」『都市問題』一一一巻三号、一〇―一一三頁、二〇二〇年
谷本圭志・後藤忠博「地方部における建設企業の持続可能性に関する一考察」『土木学会論文集』71巻4号、一八一―一八八頁、二〇一五年
谷本圭志・土屋哲「過疎地域における給油所の持続可能性に関する概略分析」『土木学会論文集』71巻5号、二六一―二六八頁、二〇一五年
山本祐之・湯沢昭「道の駅における地域振興機能としての農産物直売所の現状と効果に関する一考察～関東

地方の道の駅を事例として～」『都市計画論文集』47巻3号、九八五―九九〇頁、二〇一二年
山本祐子・岡本義行「全国「道の駅」のアンケート調査報告書」『地域イノベーション』6号、八九―一〇三頁、二〇一四年
山本祐子・岡本義行「道の駅による地方創生拠点の形成」『地域イノベーション』9号、三五―四七頁、二〇一七年

column13

道の駅で手軽に群馬を楽しむ

小熊　仁

群馬県には三三件の道の駅があり、北毛地域と西毛地域にやや集中する傾向がみられるものの、全域にわたって道の駅が設置されている。もちろん、道の駅は車によるアクセスを前提としているので各駅を巡るには車がないと困難であるが、これだけ広域に広がるとどの駅に行ったら良いか迷うことも少なくないであろう。もちろん、どの道の駅も魅力に溢れているので、できれば全ての駅に来訪して頂くことをおすすめしたいが、時間の制約上、そうはいかない人も多いであろう。とくに、県外から来るドライバーで、さらに群馬を通過点として新潟や長野方面に向かう人にとっては仮に群馬県の道の駅に立ち寄りたいと思っていても、実際には足が向かないはずである。そこで、ここでは群馬県に通っている二つの高速道路（関越自動車道と上信越自動車道）のうち、インターチェンジに近接する四つの道の駅を紹介したい。いずれの駅もインターチェンジに隣接するか、車で五分以内の駅なので気軽に立ち寄り群馬を楽しんで頂きたい。

(1) 道の駅あぐりーむ昭和：関越自動車道昭和インターチェンジ降りてすぐ

道の駅あぐりーむ昭和は二〇一一年三月に登録された比較的新しい駅で、駅内には観光案内所、レストラン、売店、農産物直売所、トイレ、足湯が設置されている。同駅の見どころは何よりも農産物直売所で、昼夜の寒暖差が適した村内で作られる新鮮野菜が安価で納入できるほか、駅内にある「さくら工房農家レストラン」でもこれらの野菜を使った定食やラーメンなどを味わうことができる。また、隣接する「あぐりーむ農園」では一年を通して農業体験ができる「あぐりーむ楽行」や「旬野菜の収穫体験」ができ、子供から大人まで地元の新鮮な野

写真1　農産物直売所

写真2　足湯

菜の収穫を間近で体験できるプログラムが設けられている。足湯やレンタサイクル、あるいは野菜畑あぜ道をハイキングする「歩Looking（所要一～二時間：ガイド料五〇〇円）」を体験しても良いだろう。高速道路で練馬インターチェンジから八〇分、ちょうど休憩に差し掛かる時間帯なので、途中下車して群馬県の大自然を堪能してほしい。

(2) 道の駅しもにた：上信越自動車道下仁田インターチェンジから五分

道の駅しもにたは二〇〇三年八月に登録された群馬県内一六番目の駅であり、周辺には世界遺産富岡製糸場やその構成資産である荒船百穴をはじめ群馬県内を代表する観光名所が点在している。二〇一六年の「富岡製糸場と絹遺産群」が世界遺産に登録されたことに伴い、道の駅しもにたは施設の改装と機能強化に取り組み、現在は敷地面積一万一三一七㎡の土地に物産販売館、レストラン、観光案内所、防災ステーションが整備されており、毎年一一～一月の下仁田ねぎの収穫時期にはねぎを買い求める観光客で賑わう。

この駅に来たらぜひとも下仁田ねぎやこんにゃくをおすすめしたいが、ねぎの収穫時期は期限があり、こんにゃくも有名になりすぎているので、ここでは通年購入可能な神津牧場のパンや乳製品を紹介したい。神津（こうづ）牧場は日本で最古の洋式牧場として一八八七年に開業した牧場であり、場内では牛乳、バター、チーズなどの乳製品のほ

写真３　神津牧場のスタンド

写真４　パン工房

か放牧したジャージー牛を使った食肉加工品などが販売されている。神津牧場は下仁田インターチェンジから車で五〇分以上離れた場所にあるので、インターを降りて気軽に立ち寄ることは難しい。しかし、道の駅しもにたでは神津牧場に行かなくとも物産販売館でこれらの商品を購入することができ、併設するパン工房では毎朝神津牧場のスタッフが手作りでパンを製造している。また、レストラン内のフードコートの一画には神津牧場のスタンドも設けられており、牧場で作られた商品を手軽に楽しむことができる。ねぎやこんにゃくだけではない下仁田のもう一つの魅力をぜひとも楽しんで頂きたい。

(3)　道の駅玉村（たまむら）宿：関越自動車道高崎玉村スマートインター直結

道の駅玉村宿は関越自動車道高崎玉村スマートインター直結の道の駅であり、二〇一五年四月に開業した新しい駅である。同駅は「高速道路の休憩施設の不足解消に向けた社会実験」の一環として高速道路からの一時退出を認める二三駅の一つに選ばれており、ＥＴＣ２・０搭載車で二時間以内の利用であれば無料で立ち寄ることができる数少ない駅である。道の駅玉村宿には他の駅と同様に地元の食材を利用した食堂や農産物直売所が設置

写真5　肉の駅

写真6　食肉の直売所

されているが、立ち寄った際に利用したいのは「道の駅」ならぬ「肉の駅」である。

　これは（株）群馬食肉卸売市場が運営する売店で、群馬県内の道の駅ではこの玉村宿とららん藤岡内に併設されている。売店では上州牛や上州麦豚を使ったコロッケ・メンチカツなどの総菜が販売されており、注文すればその場で揚げてもらうことができる。もちろん、持ち帰りも可能なので、夕食の献立で困った際や旅からの帰宅後の夕食で迷った際にはぜひ利用したい。また、玉村宿は高速道路の休憩施設としても活用されていることから、子連れでも安心して立ち寄ることができる。「赤ちゃんの駅（授乳室）」やキッズコーナーなども充実しており、高速道路の運転に疲れたら訪れてほしい施設の一つである。

(4)　道の駅ららん藤岡：上信越自動車道藤岡インター直結

　道の駅ららん藤岡は上信越自動車道藤岡パーキングエリア上り線に連結されている道の駅で、インターチェンジを出ることなく道の駅にアクセスできる数少ない駅の一つである（下り線は連結しておらず一度インターチェンジを出る必要があるので注意）。関東でこのような形態をとる駅は同駅以外に道の駅みぶ（北関東自動車道）と道の駅富楽里とみやま（富津館山道路）のみであり、とくに同駅は「じゃらん全国道の駅グランプリ二〇二二」

写真7　メルヘン広場

写真8　中央広場

で第六位に選ばれるなど、来訪者からの支持が非常に高い。同駅の施設は大きく「アグリプラザ」、「花の交流館」、「グルメプラザ北館」、「グルメプラザ南館」、「メルヘンプラザ」の五つに分かれ、アグリプラザでは農産物直売所、花の交流館では花広場・カフェ、グルメプラザでは土産店や観光物産館、肉の駅など合計一八のテナントが軒を連ねる。また、メルヘンプラザには同駅のシンボルである観覧車やミニ遊園地も設置されており、中央広場では噴水やイルミネーション、各種イベントなど様々な催物が常時開催されている。最近では道の駅が観光目的地化していることが話題に上っているが、同駅はまさにそのような駅であり、1日中滞在しても飽きない工夫が凝らされている。近くを通った際にはぜひとも立ち寄って頂きたい駅である。

●写真は筆者撮影

第13章　推理小説のなかの群馬県
――なぜあの人は観光地で殺されなくてはならなかったのか――

安田　慎・鈴木耕太郎

はじめに

推理小説を読んでいると、なぜか群馬県北部の谷川岳の山奥で死体が発見されたり、草津温泉や伊香保温泉といった温泉街で誘拐や殺人に遭遇したり、嬬恋村で陰謀に巻き込まれたりと、フィクションならではのさまざまな偶然が重なっていく。もちろんそれはフィクションだからこそ起こる出来事であり、作品内における記述内容や論理的な緻密さが求められる推理小説だからこそ求められる予定調和でもある。特に、小説内に散りばめられた伏線が回収される様子や、その論理的な美しさのなかに見出される予定調和的な世界観は、人間の心理的描写や登場人物たちを取り巻く社会環境の描写と並んで、推理小説が持つ最大の魅力であり、読者が最も期待するところであるとも言える。

予定調和的な世界観と並んで興味深い点として、推理小説はその歴史のなかで常に、特定の観光地や観光現象と結びついてきた、という事実である。例えば、推理小説を原作とするテレビ・ドラマや映画のなかで、なぜか繰り返し描き出されてきた京都の光景や断崖絶壁の景勝地の存在は、単なる背景という領域を超えて、推理小説にはなくてはならない演出の一つとなっている。あるいは推理小説のなかでも、「トラベル・ミステリー」と呼ばれる一領域では、日本各地・世界各地の観光地の情景を繰り返し描き出していくとともに、犯人のトリックやアリバイを解明する際のキーともなってきた。

しかし何故、小説のなかでも、ドラマ・映画のなかでも、観光地がさも当たり前のように登場し、推理小説に不可欠な要素であるかのように皆が受け入れているのであろうか。推理小説と観光地が結びつく必然性は、どこにあるのであろうか。そこでは、本章の副題にある通り、「なぜあの人は観光地で殺されなくてはならなかったのか」という疑問を浮かび上がらせていく。もちろんそれは、フィクションとしての推理小説における舞台設定だから当然である、という回答を提示することもできる。しかし、必ずしも事件現場が観光地である必然性がないなかで、敢えて観光地が舞台に選び取られることの意味とは、何であるのだろうか。

この疑問について、東秀紀は一九世紀のアガサ・クリスティの推理小説を分析するなかで答えようとするものの、先行研究や研究材料の少なさから、思うように議論を展開できない点を嘆いている。しかし東は推理小説が単に犯人やトリックによって構成されたフィクションであるだけでなく、時代の夢や憧憬、欲望、倫理や道徳、そして生活様式の反映に他ならない点を指摘し、その時代・地域の大衆の生活文化と密接に関わってきた点を指摘する。そのなかで東は、推理小説の舞台と観光をめぐる関係についての考察を行っている。同様に大野茂は、一九七〇年代以降にテレビ上で流行った二時間サスペンス・ドラマの歴史を振り返りながら、サスペンス・ドラマやその原作たちが、観光や旅行を求める日本の大衆文化と合致してきた点を指摘する。両者がともに強調するのは、推理小説のなかで描き出される地域の情景や旅行経験は、人びとを舞台の場所へといざなう、観光メディアとしての役割を果たしてきたという点である。

それでは、推理小説のなかの群馬県は、なぜ観光地を舞台として展開されてきたのであろうか。この疑問に答えるべく本章では、群馬県を舞台とする推理小説の特徴をみながら、その背景の一端を探っていきたい。本章ではいわゆるトリックやアリバイといった、推理小説の内容については細かく検証することはせずに、なぜ群馬県が推理小説のなかで描かれてきたのか、その社会的背景を探っていくことに注力していきたい。そのなかでも、後期の作品において繰り返し群馬県を舞台としてきた西村京太郎の作品群を基軸に、話を進めていきたい。

1　推理小説と文学散歩、そして観光

一九世紀には小説の一ジャンルとしての地位を確立して以降、探偵小説やミステリー小説とも呼ばれてきた推理小説は、世界各地の言語で新作を生み出し続けてきた。コナン・ドイルやアガサ・クリスティ、江戸川乱歩、松本清張といった作家たちが生み出した登場人物や世界観は、時代や地域を超えて多くの人びとに愛され続けている。そのなかでは、殺人や強盗、放火、誘拐から日々のトラブルに至るまでの、世の中で起こるあらゆる事件

を、登場人物たちが断片的な情報から推理を積み重ねて解決へと導いていくスタイルを確立してきた。その謎解きの過程の鮮やかさや奇抜さが、読者たちの好奇心や感情を揺さぶり続けている。それゆえ、名作と呼ばれる推理小説たちは、ドラマや映画、アニメ、舞台といった他のメディア媒体においても繰り返し作品化され、人びとの想像力を喚起し続けてきた。

推理小説を地域の観光資源として活用しようとする動きは、推理小説の黎明期より存在するが、現象としては必ずしも大きなものではなかった。しかし、小説の他のジャンルと同様に、文学作品の舞台となった場所を来訪する文学散歩という実践は、一部のファンによって行われてきた。[1] 文学散歩について研究してきた渡辺裕は、近年における聖地巡礼やコンテンツ・ツーリズムの動きを追いながらも、歴史的に蓄積されてきた文学散歩の役割と、そのなかで読み解かれてきた都市の姿を、「物語」という観点から読み解いている。

文学が観光の文脈でも注目されるようになっている点を踏まえて、近年では推理小説を地域の観光資源として活用しようとする動きも活発になっている。例えば、コナン・ドイルが生み出したシャーロック・ホームズの物語は、フィクションであるはずの世界が現実世界のなかに徐々に埋め込まれていく過程で、観光との関わりを強めてきた。特に、本来は存在しなかったはずのベーカー通り（Baker Street）二二一bが、シャーロック・ホームズが世界的に有名になるなかで現実世界のなかに出現した現象は、フィクション作品が現実世界を新たに構成していくという、推理小説と観光をめぐる奇妙な関係を示していると言える。その背景には、シャーロック・ホームズの世界観や推理小説を熱狂的に支持する読者層が、時代や地域を超えて存在してきた点を指摘することができる。日本国内におい

（1） 文学作品を観光資源として活用していく動きは各地の観光地でみられながらも、地域に強い影響を及ぼすほどの現象にはなってこなかった点を、東秀紀は論じている。

ても、横溝正史の推理小説の登場人物である金田一耕助が度々登場する岡山県倉敷市真備を舞台に、関連するイベントが開催されている事例も存在する。この点からも、推理小説が観光と密接に結びつくとともに、地域の観光資源となる可能性を秘めている点がうかがえる。

2　群馬県の推理小説をみる

群馬県を舞台とした推理小説はいくつか存在するが、その数はさまざまな推理小説の舞台となってきた京都や東京といった場所と比較すると、決して多くはない。しかし、松本清張や西村京太郎、内田康夫といった戦後日本を代表する著名な推理小説家たちが、群馬県を舞台とした作品をいくつか残している点からも、群馬県が推理小説の舞台としての適性を持ってきた、と言うことができるであろう（表1）。

群馬県を舞台とした推理小説のなかでも、トラベル・ミステリーと呼ばれる観光や旅行といった、人の移動を絡めた事件を題材とした推理小説が圧倒的に多い点が、特徴の一つとしてあげることができる。例えば、草津温泉の湯畑や伊香保温泉の石段といった温泉街の情緒や、嬬恋や尾瀬といったリゾート地、富岡製糸場や貫前神社をはじめとする文化遺産や史跡、旧街道や鉄道路線といった場所が、物語の舞台に選ばれてきた。

これらの推理小説のなかでも、温泉街は常に魅力的な素材を提供し続けてきたと言える。温泉街という、都会の日常生活から離れた隔絶された空間のなかで繰り広げられる事件や

表 1　群馬県を舞台とした主な推理小説たち（群馬県立図書館の資料より安田作成）

	タイトル	著 者	出版社	出版年月
1	十津川警部捜査行 愛と幻影の谷川特急	西村 京太郎 ／著	実業之日本社	2021.4
2	浜中刑事の迷走と幸運	小島 正樹 ／著	南雲堂	2017.2
3	県警出動 [1]～ [4]	麻野 涼／著	徳間書店	2016.4～
4	無人駅と殺人と戦争	西村 京太郎／著	徳間書店	2015.12
5	十津川警部絹の遺産と上信電鉄	西村 京太郎／著	祥伝社	2015.9
6	探偵工女	翔田 寛／著	講談社	2014.8
7	股旅探偵上州呪い村	幡 大介 ／著	講談社	2014.2
8	北軽井沢に消えた女	西村 京太郎 ／著	徳間書店	2013.12
9	十津川警部長野新幹線の奇妙な犯罪	西村 京太郎 ／著	講談社	2013.10
10	十津川警部哀しみの吾妻線	西村 京太郎 ／著	祥伝社	2013.9
11	十津川警部日本縦断長篇ベスト選集 29	西村 京太郎 ／著	徳間書店	2013.9
12	伊香保温泉殺人事件	吉村 達也／著	実業之日本社	2007.8
13	草津逃避行	西村 京太郎 ／著	徳間書店	2006.1
14	日光例幣使道の殺人	平岩 弓枝 ／著	講談社	2004.12
15	草津・白根殺人回廊	梓 林太郎 ／著	徳間書店	2004.7
16	上州・湯煙列車殺人号	辻真先 ／著	光文社	2004.3
17	クライマーズ・ハイ	横山 秀夫 ／著	文芸春秋	2003.8
18	尾瀬ケ原殺人事件	梓 林太郎／著	徳間書店	2000.10
19	関越自動車道殺意の逆転	大谷 羊太郎 ／著	青樹社	1999.1
20	逆流の殺意	津村秀介 ／著	講談社	1997.5
21	神々の乱心 上・下	松本 清張 ／著	文芸春秋	1997.1
22	老神温泉殺人事件	中町 信 ／著	徳間書店	1994.6
23	奥利根殺人街道	山口 香 ／著	天山出版	1991.10
24	伊香保殺人事件	内田 康夫 ／著	光文社	1990.9
25	草津高原殺人事件	木谷 恭介 ／著	広済堂出版	1989.6

写真 1　伊香保温泉の石段を臨む

推理の数々は、推理小説という非日常を描き出すにはうってつけの場所である。著名な推理小説作家の作品をみても、『伊香保殺人事件』（内田康夫、一九九〇年）をはじめ、『老神温泉殺人事件』（中町信、一九九四年）、『伊香保温泉殺人事件』（吉村達也、二〇〇七年）のように、温泉街は好んで小説の舞台に選ばれてきた。[2]

群馬県を舞台とした推理小説のなかでも、西村京太郎（一九三〇―二〇二二）は後期の作品群において、繰り返し群馬県内の観光地を舞台とした推理小説を発表してきた。例えば、十津川警部シリーズのなかでも、『草津逃避行』（二〇〇六年）、『十津川警部 殺しのトライアングル』（二〇〇七年）、『十津川警部 長野新幹線の奇妙な犯罪』（二〇一三年）、『十津川警部 哀しみの吾妻線』（二〇一三年）、『十津川警部 絹の遺産と上信電鉄』（二〇一五年）、『十津川警部捜査行 愛と幻影の谷川特急』（二〇二一年）といった作品を生み出している。[3] その他にも、『「雪国」殺人事件』（一九九八年）、『北軽井沢に消えた女』（二〇一三年）、『無人駅と殺人と戦争』（二〇一五年）といった十津川警部が主人公ではない作品群でも、群馬県の著名な観光地を小説の舞台としてきた。

西村京太郎の推理小説では、日本各地の鉄道を用いた捜査や移動が多く描かれていくのに加えて、舞台となる場所の観光名所をはじめとする地域の基本情報や、歴史や社会問題についても登場人物たちに語らせている点が特徴としてあげられる。その点、推理小説そのものが、ある種の観光ガイドブック的な役割も果たしているのだ。例えば『草津逃避行』のなかで、西村京太郎は登場人物たちに実在する著名な旅館に泊まらせたり、芸者の体験をさせたりして、観光体験を存分に満喫させている。あるいは、登場人物たちに実在するベルツ記念館や著名な喫茶店、ガラス工房を訪問させる他にも、草津節をめぐるウンチク

（2） 群馬県外でも、吉村達也が『有馬温泉殺人事件』（二〇〇二年）、『城崎温泉殺人事件』（一九九六年）、『由布院温泉殺人事件』（一九九六年）といった全国各地の温泉街を舞台とした推理小説を発表している他にも、他の小説家たちが温泉街を題材とした推理小説を多数執筆してきた。

（3） これらの作品のなかのいくつかは、「西村京太郎サスペンス」としてドラマ化をしている（例えば、二〇二三年二月一三日に、BSテレ東「月曜プレミア8」で放映された「西村京太郎サスペンス 十津川警部の事件簿『草津・殺しのトライアングル』」が該当）。

写真２　推理小説の舞台となったと考えられる草津温泉のガラス工房

写真３　草津節の湯もみショー

を語らせることで、地域の文化を紹介する場面を設定している。そこでは、フィクションにおける地域的特性を演出することで、小説のリアルさを描き出そうとしている点がうかがえる。

さらに推理小説は、その時代の社会情勢を描き出すことによって、小説の臨場感や現実味を高めようとしてきた。例えば、西村京太郎の『十津川警部　絹の遺産と上信電鉄』（二〇一五年）では、二〇一四年に世界遺産に登録された富岡製糸場や周辺地域をめぐる活況ぶりを、小説の随所に描き出している。上州富岡駅で降りていく乗客たちの姿や、富岡製糸場の前に長い行列を作る観光客の光景、観光バスがひっきりなしに訪れる姿は、登録直後の世界遺産ブームで活況を呈していた、当時の富岡製糸場の姿を鮮やかに描き出している。あるいは、富岡製糸場内の建物の配置や地理、そのなかでのボランティアや訪問者の動きも丁寧に描き出している点が、推理小説の現実味を演出することに一役買うとともに、特定の時代における社会的な状況も鮮明に描き出している。

これらの推理小説における舞台設定からみえてくる特徴として、観光地という舞台設定がフィクションとしての推理小説に現実味や真実味を与えていくために欠かせない要素として描かれている点があげられるであろう。実際、推理小説家たちは、綿密な取材旅行を行うなかで見聞したものや、参考資料を読み込んでいくなかで明らかとなった情報を小説のなかに描くことで、推理小説の臨場感であったり、現実味といったリアルさを演出してきた。特に鉄道にこだわってきた西村京太郎は、小説の題材となる路線について自ら乗車して体験するとともに、そこで感じたことを作中の情景描写や人物描写にも積極的に用いている。その点、推理小説の内容は、作者自身が旅行や取材を通じて得た観光経験そのものでもあるのだ(4)。

作者たちが取材旅行や関連資料を読み解いていくことによって描き出されるフィクションとしての推理小説の世界観は、常にその時代や地域の社会のなかに息づいてきた欲求や願望、欲望といった大衆の感情が入り混じるとともに、虚構でありながらも現実社会を強く反映する。和田稜三が松本清張の小説の舞台をまとめていくなかでその地理空間的特徴を描き出しているが、推理小説のなかに現実世界の地理的空間を反映した舞台設定を行う過程で、「推理小説の内容は非現実的な絵空事から現実社会の描写に、マニアの特殊世界から一般大衆の世界に転換し、予想もつかない程の読者層を獲得した」(和田 二〇一七、四六)と、その歴史的展開を描き出している。

それゆえ、古橋信孝は『ミステリーで読む戦後史』のなかで、「嘘であっても書かれていることが人間や社会の真実だと思える」(古橋 二〇一九、一二四)点を、推理小説において作者も読者も希求してきた点を指摘する。さらに古橋は、トラベル・ミステリーといっ

(4) 東秀紀は、推理小説の記述が現実世界の観光経験によって規定されてきた点を指摘する(東 二〇一七)。実際、アガサ・クリスティは世界各地の観光地を訪れた経験を生かして、『オリエント急行殺人事件』(一九三四年)や『ナイルに死す』(一九三七年)といった作品群を書いている。

た観光を絡めた推理小説の流行を、「豊かになった社会において、生活を楽しむ文化の一つに、旅やテレビが融合したトラベルミステリーの流行があった」(古橋 二〇一九、一四四)とし、観光と推理小説の関わりも、時代や地域の社会的心性の表れとして捉えている。

以上をまとめると、推理小説のなかで描き出されてきた群馬県とは、非日常的なフィクションとしての推理小説の臨場感や現実味を高めるために、リアルさを丹念に描き出していく、という逆説的な状況を追求してきたと言える。このコントラストのバランスを表現する場として、観光地が好んで推理小説の舞台として描き出されてきたとまとめることができる。それゆえ、フィクションでありながらも記述の臨場感や現実味というリアルさを追求していく過程で、推理小説は旅行情報を提供する観光メディアとしての役割も果たしてきた。推理小説は気づかぬうちに、私たちのある特定の場所に対する観光イメージや観光経験を規定する役割を果たしてきたのだ。

3 対比される都会と田舎、そして日常と非日常

現実世界における社会環境や社会的心性を反映してきた推理小説であるが、そのなかで群馬県は常に東京という都会との対比によって描き出されてきた点も、一連の推理小説の特徴としてあげられる。ここでは、群馬県という舞台が、推理小説の著者や読者によるまなざしによって構築されていく、という構図が横たわる。

実際、西村京太郎の十津川警部は警視庁に勤務し、仲間たちも東京を日常生活の拠点と

している。それゆえ、各地に調査に向かう度に、その土地の基本情報を誰かしらに語らせる手法を取っている。『十津川警部 長野新幹線の奇妙な犯罪』では、安中市(あんなか)についての基本情報を持ち合わせていない読者のために、同志社の創始者である新島襄(にいじまじょう)の出身地である点や、公害問題を起こしていた点が紹介される他にも、長野新幹線(現北陸新幹線)の安中榛名駅周辺の都市計画をめぐる問題についても、登場人物たちの会話文のなかで詳しく描写している。ここでも、東京との地理的な近さを示しながらも、東京とは別世界であることを強調することで、フィクションとしての非日常性を際立たせ、読者を事件へといざなっていく手法が取り入れられている。

あるいは、『北軽井沢に消えた女 嬬恋とキャベツと死体』(二〇一三年)では、東京に住んでいた二名の嬬恋村出身者や、警視庁やテレビ・新聞といった在京マスメディアを頻繁に登場させることによって、東京という外部からのまなざしによって嬬恋村を描き出そうと試みている。ここでもやはり、嬬恋村内部の事件を扱いながらも、東京というレンズを通じて、群馬県や観光地を眺めている訳である。この東京という都会からのまなざしは、大衆観光との親和性を常に持ってきたと言える。

この東京との対比のなかでフィクションとしての特質を際立たせるという手法は、群馬県を舞台とする他ジャンルの小説においても繰り返し用いられてきた。例えば、志賀直哉(一八八三—一九七一)の『焚火』や『赤城山にて或日』といった作品群を取り上げることができるであろう。これらの小説のなかでは、群馬県内の自然が織りなす素朴な情景が鮮やかに描き出されている。志賀直哉は一九一五年に、スランプに陥り人生に行き詰ってきた自身の状況や、神経衰弱気味で静かな環境を求めていた妻の転地療養のために、三か月ほど赤城山山頂付近に建てられた山小屋で過ごす。その時の経験を、「赤城には三種の躑躅があつて」と書き出し、山頂の躑躅（ツツジ）の美しさや、夜中に焚火をしながら過ごした夜空の美しさについて触れている。赤城山での短い夏の生活を通じて、志賀夫婦は精神的にも肉体的にも満たされた日々を取り戻し、以後の充実した作家人生の起点となっていく。その点、志賀直哉が赤城山の美しさを描き出した背景には、東京という都会のなかでは描き出すことのできない非日常や、自分の置かれた環境の変化の起点となった体験を書き記す、という私的経験が横たわる。

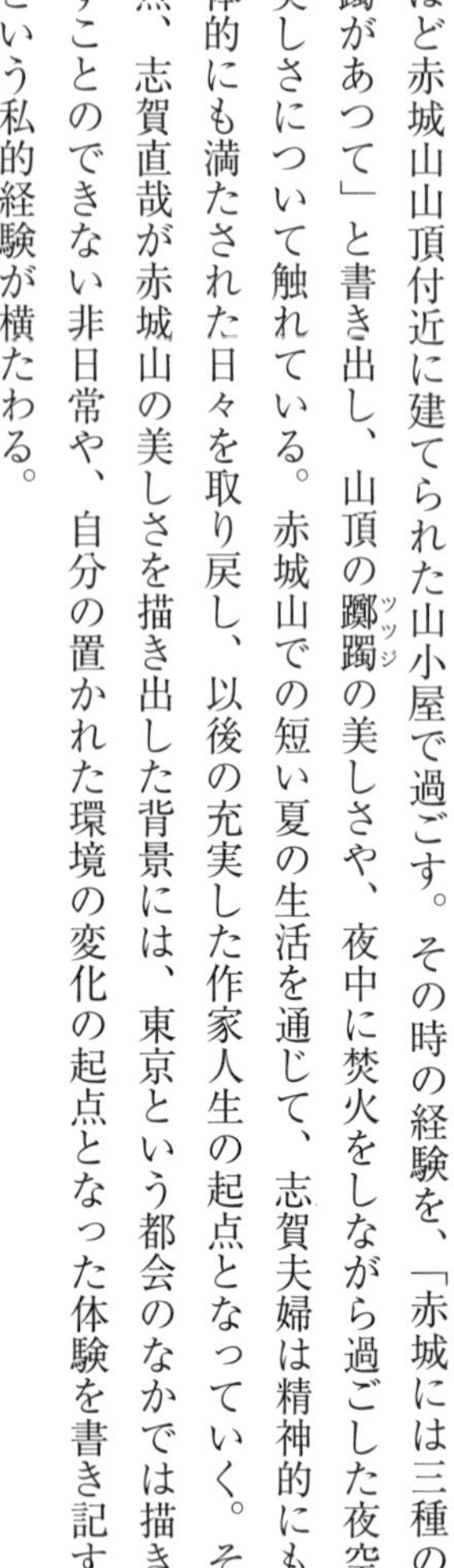

写真 4　志賀直哉の文学碑（赤城山山頂）

都会と田舎という対比の構図は、志賀直哉だけでなく、群馬県を舞台とする他の小説でも繰り返し扱われてきた対比である。その背景には、群馬県が東京と地理的に近いこともあり、戦前より多くの作家たちが余暇や観光で来訪し、そこでの体験を紀行文のなかに書き留めたり、小説の舞台として描き出したりしてきた点があげられる。東京やその近郊に住む作家たちが、都会・都市とは異なった、彼らにとっての非日常的な情景を求めて旅するなかで得られた、自然や人々の生活のあり様を描き出してきたのだ。その点、小説のなかの群馬県は、常に東京という都会との対比構造のなかで、その存在を認識されてきたとも言える。それはエドワード・サイードが言うところの「オリエンタリズム」[5]に通じる構図を見出すことができるであろう。

この推理小説における群馬県をめぐるまなざしは、繰り返しになるが古橋信孝が論じてきたように、社会が旅行・観光をする余裕であったり欲求が高まってきたからこそ描き出せるようになった世界観であるとも言える。東京を中心とした都会に在住する著者や読者たちのまなざしを通じて、フィクションという日常生活とは異なった非日常を描き出していく点で、群馬県の観光地たちは「身近な別世界」としてのイメージを確立してきたと言える。

(5) オリエンタリズムとは、エドワード・サイードによって提唱された概念であり、世界を西洋と東洋に区分した際の、西洋社会からみた東洋社会(オリエント)に対する「まなざし」全般を指す用語である。そこでは、西洋社会のなかの東洋社会に対する虚実が入り混じった願望や欲求も入り混じっている点も特徴である。

おわりに

本章では、群馬県を舞台とした推理小説を対象に、推理小説と観光の関係について考えてきた。最後にこれまでの話をまとめていきたい。

推理小説が観光と結びつく要因として、推理小説がアリバイやトリックをめぐるリアルさを追求していく姿勢や、時代・地域の社会環境や社会的心性を反映しようとしてきた点を指摘することができる。推理小説のなかでの臨場感や現実味といったリアルさを演出していく過程で、実在する場所の描写や体験は、舞台演出に欠くことのできない要素となってきた。そのなかでも、時間・空間的な客観性や正確さは、推理小説が重要なアイデンティティとなるとともに、読者にとっても注目する場面であったと言える。それゆえ、推理小説はフィクションでありながらもリアルさも求めるという、二つの次元が混在する世界観を描き出してきた。
その点、推理小説の舞台としての群馬県は、観光地が描き出す非日常性が、フィクションとリアルの双方を描き出すのに適した場所であったと言える。草津温泉や伊香保温泉をはじめとする温泉街や、万座温泉やみなかみのリゾート地、富岡製糸場といった観光地で繰り広げられる一連の事件たちは、非日常空間が醸し出す雰囲気とともに、殺人事件や推理小説という現実世界とはかけ離れた日常を描き出すためにはうってつけの場所である。

また、これらの舞台を設定してきた推理小説作家たちにとっても、フィクションのなかのリアルさを描き出すための取材旅行や観光旅行のなかで、実際の場所を歩き回ってきた点も興味深い。西村京太郎をはじめとする推理小説作家たちも、おそらく群馬県内各所を歩き回るとともに、さまざまな文献を紐解きながらその地域にしかない情報を小説のなかに埋め込もうとしてきた点が見て取れる。これは作者自身の著作スタイルであるとともに、その背後にいる無数の読者たちの希望や欲求、願望を反映したものでもあろう。それゆえ、小説内で描き出す地域の情景や経験内容とは、作者が調査旅行を通じて見聞きした内容の裏返しであるともに、読者たちの願望でもあるのだ。

この作者や読者たちのまなざしは、日常と非日常の対比としての都会と田舎という構図のなかで好んで描き出されてきたと言える。東京をはじめとする都会に住む人びとが、群馬県の舞台をめぐっていくなかで、普段の日常生活とは異なった身近な非日常が演出されてきた。この身近な非日常こそが、群馬県が置かれた観光の構図とも重なり合うなかで、よりリアルさを演出する要素となってきた。

以上の内容をまとめると、群馬県はフィクションとしての非日常性や非現実性を際立たせながらも、トリックやアリバイを成立させるための日常性や現実性といったリアルさを演出するという、推理小説が求めてきた二つの次元を両立させる場所として最適であった、という点を指摘することができるであろう。それゆえ、推理小説はフィクションでありながら、現実世界における観光イメージや観光経験を規定する、観光メディアとしての役割も果たしてきた、と結論づけることができる。

繰り返しになるが、観光地と密接に結びついてきた推理小説であるが、推理小説の世界観が現実世界に影響を及ぼすことは、そこまで多くはなかった。しかし近年では、推理小説のなかで描かれている地域の情景やトリックやアリバイの内容を、実際に探検することを通じて検証しようとする活動もみられる。そこでは、実際に自分たちでの検証作業を通じて、トリックやアリバイの正しさを証明することもあれば、逆に現実的には不可能であることを立証する場合もある。いずれにしても、そこでは推理小説の重要な要素はやはりアリバイやトリックをめぐる正確性や妥当性の検証を通じた、現実味があるか否かのリアルさを追い求める作業ということができるであろう。推理小説家たちが留めてきた地域・時代のリアルさを紐解くことは、従来の観光とは異なった姿を私たちの前に現してくれるのかもしれない。

以上の話を踏まえたうえで、最後に「なぜあの人は観光地で殺されなくてはならなかったのか」という、本章の副題に答える必要があるであろう。この疑問に対しては、以下のように答えることができるのかもしれない。「観光地が醸し出す日常と非日常の両義的な性格こそが、リアルなフィクションとしての推理小説の魅力を際立たせているのだ」と。

●写真は安田撮影

〔参考文献〕
東秀紀『アガサクリスティーの大英帝国：名作ミステリと「観光」の時代』筑摩書房、二〇一七年
大野茂『二時間ドラマ 四〇年の軌跡 増補版』徳間書店、二〇二一年
古橋信孝『ミステリーで読む戦後史』平凡社、二〇一九年
和田稜三「松本清張が志向した推理小説と地理的空間に対する考察」『東アジア研究』六七：三五―四八頁、二〇一七年
渡辺裕『まちあるき文化考：交叉する〈都市〉と〈物語〉』春秋社、二〇一九年

column14

若山牧水の『みなかみ紀行』をめぐる

―― 安田 慎・鈴木耕太郎

二〇二二年は、若山牧水（一八八五―一九二八）が群馬県北部を旅して、後に『みなかみ紀行』にまとめてから一〇〇年が経つ年であった。このことを記念して、みなかみ町を中心に各地で記念イベントが開催され、改めて若山牧水と彼の紀行文が注目された年でもあった。そのなかでは、若山牧水の足跡を辿るとともに、彼の歩んだルートを再び歩いて、彼が詠んだ歌の情景に想いを馳せる人びとが少なからず存在する。一〇〇年前の旅行やそこで描かれた情景が改めて注目されるとともに、当時の記述の風景を探し出そうとする動きは、大変興味深い点である。

写真1　暮坂峠・牧水歌碑（中之条町）

近年では観光研究の分野で、観光文学やコンテンツ・ツーリズムと呼ばれる小説やドラマ、漫画、アニメといったコンテンツを消費する観光実践が流行するなかで、文学散歩と呼ばれる現象が再びブームとなっている。そこでは、小説の舞台や作者が歩いたルートを辿ることで、文学作品の世界観や作者の思いに触れることが最大の魅力となっている。実際、夏目漱石の『坊ちゃん』と道後温泉、川端康成の『伊豆の踊子』と伊豆といった形で、小説の舞台が地域の観光資源として発展する事例は枚挙にいとまがない。その点、文字で描かれる小説や詩歌の舞台の情景

写真２　法師温泉・長寿館（みなかみ町）

写真３　吹割の滝（沼田市）

は、映像技術や記録媒体が発展した現在においても、人びとの想像力を掻き立てる観光メディアとして、愛され続けていると言えるであろう。

群馬県北部に位置するみなかみ町も、東京都心からの近さも相まって、戦前から多くの文学者たちが訪れる場所となってきた。その過程で、多くの小説や詩歌が生み出されてきた。例えば、太宰治や与謝野晶子、若山牧水といった作家たちが幾度となくみなかみの地を訪れ、当地を舞台とした小説や詩歌を残している。そのなかでも、日本各地を旅して回り、それぞれの土地の風景を短歌におさめてきた若山牧水は、みなかみにおいて愛され続けている人物である。それとともに、現代にいたるまで彼の紀行文が人びとによって読み継がれ、その足跡を辿る人びとが散見される。

一九二二年一〇月に二週間ほどをかけて群馬県北部を旅した若山牧水は、長野県の小諸から軽井沢を経由して、軽便鉄道で草津へと入る。草津温泉では時間湯を体験して、その独特の入浴方法におののくとともに、硫黄臭がする温泉が織りなす独特の景観を書き留めている。さらに道中で群馬県内の温泉地をめぐりながら、徒歩と鉄道を使ってみなかみの奥地に位置する秘湯、法師（ほうし）温泉へと足を運び、豊かな温泉や現地の人びととの交流を満喫する。その後は沼田を抜けて吹割（ふきわれ）の滝の珍しい情景を書き記し、徒歩で金精（こんせい）峠を超えて中禅寺湖や日光へと抜けていく。その旅の最中で感じた情景を短歌として詠んでいる。そのなかでも、「枯れし葉と　おもふもみぢの　ふくみたる　この紅ゐを　なんと申さむ」（生須歌碑庵、湯の平温泉口）をはじめとした、紅葉の季節の美しさと侘しさを描き出す姿は、豪雪に閉ざされる冬の直前の当地の季節を端的に示す歌であろう。一九二二年の旅の様子は、一九二四年に『みなかみ紀行』としてまとめられ、現在に至るまで版を重ねて出版されている紀行文である。

牧水が『みなかみ紀行』のなかで詠んだ数々の歌は、歌が詠まれた場所に石碑として残っている。各地の保存会によって維持管理されているこれらの石碑に刻まれた歌は、現在にいたるまでみなかみの自然を情緒豊かに描き出す証人となっている。群馬県内各地の保存会では、若山牧水の詩歌を用いたさまざまな活動も行われている。例えば、中之条町の暮坂峠では、毎年秋に牧水祭りが開催される他にも、みなかみ町では短歌大会（若山牧水みなかみ紀行短歌大会）が開催されている。各地の保存会が中心となって、石碑の維持管理や関連イベントを積極的に推進していくことで、地域の観光資源に昇華させている姿は興味深い。

一〇〇年前のみなかみを描き出した若山牧水の情景は、多くの人々にとって忘れ去られる光景でありながらも、文学散歩のなかで繰り返し読み継がれていくなかで、人々の記憶のなかに留まり続けている。一〇〇年前に若山牧水が歩いたみなかみの光景と、そのなかで詠んだ歌が描き出す情景は、現在ではどう映るのであろうか。

歩みつつ　こころ怯ぢたる　きりぎしの　あやふき路に　匂ふもみぢ葉

●写真は安田撮影

〔参考文献〕
群馬県教育文化事業団『群馬の文学碑』群馬県教育文化事業団、二〇〇〇年
若山牧水『新編 みなかみ紀行』池内紀編、岩波書店、二〇一三年

第14章　市民が生み出す地域のサウンド
——群馬交響楽団と「森とオーケストラ」——

安田　慎

はじめに

二〇二二年四月下旬、高崎市内に位置する群馬の森。三年ぶりの開催となった群馬交響楽団の野外コンサート「森とオーケストラ」は、高崎市民や群馬県民が待ちわびたイベントの一つであった。それを示すように、事前抽選にもかかわらず、三〇〇〇人の定員は多くの人びとからの応募で早い段階で埋まり、当日も多くの聴衆で埋め尽くされていた。

色とりどりのカジュアルな私服をまとった楽団員たちが織り成す光景は、普段のフォーマルな黒い服装で統一されたコンサート・ホールでの演奏とは異なった雰囲気を醸し出す。肩肘を張らずに芝生の上で気兼ねなくクラシック音楽を聴くこのイベントは、高崎市民や群馬県民にとって初夏の風物詩として長年親しまれてきた。ここ数年のプログラムでは、クラシック音楽の名曲を演奏する他にも、聴衆から指揮者を募ってオーケストラと演奏するプログラムや、高崎市に所縁のある「音楽の好きな街」（岩谷時子作詞、芥川也寸志作曲）をはじめとした、地元の少年少女合唱団との合唱プログラムや、聴衆と一緒に歌うプログラムが用意されている。

二〇二二年に開催された第四三回のコンサートでは、プログラムの途中で初夏には似合わない大雨に見舞われ、イベントは途中で打ち切りになるという、野外コンサートならではのハプニングもあった。しかし、新型コロナウイルスによって開催できなかった二年分を吹き飛ばすような聴衆の笑顔が、同時に印象に残るイベントであったと言える。そして、二〇二三年には久々にすべてのプログラムを開催することができ、群馬の森に集った人びとがオーケストラを楽しむ姿は、街の風物詩が再び戻ってきたことを強く印象付けるものであった（写真1）。

写真1　第44回「森とオーケストラ」

一九七八年より毎年ゴールデンウィークの時期に開催し、二〇二三年には四四回を数える「森とオーケストラ」は、どこにでもあるオーケストラの野外コンサートの一つとして捉えることもできる。しかし、実は日本国内で長期間にわたって継続的に開催されているプロ・オーケストラの野外コンサートとしては、当イベントは他にはない珍しい取り組みの一つではないだろうか。

クラシック音楽やオーケストラが市民の日常生活と密接に結びついてきたヨーロッパやアメリカにおいて、オーケストラの野外コンサートが季節の風物詩として市民の間で親しまれている点は、特段珍しいものではない。しかし、コンサート・ホールでの演奏会を主として、クラシック音楽やオーケストラが必ずしも日常生活のなかで一般的ではない日本において、長年にわたって実施し続けてきた実績は、特筆すべきであろう。

この「森とオーケストラ」のイベントは、普段クラシック・コンサートに親しみのない人びとに向けて、幅広くクラシック音楽やオーケストラを知ってもらう機会として提供されているイベントでもある。この半世紀近くの歴史的な積み重ねが、「音楽のある街、高崎」を彩る風物詩として人びとに親しまれてきた。しかしそれ以上に、毎年開催されてきたこの野外コンサートこそが、実は演奏者である群馬交響楽団の、市民に愛されるオーケストラとしてのアイデンティティを最も象徴するイベントとなっている。

そこで本章では、群馬交響楽団がいかに高崎市や群馬県という空間と結びつく地域資源として位置付けられてきたのか、「森とオーケストラ」の設立をめぐる歴史的な社会情勢を振り返りながら考えていきたい。その際、演奏者としてのオーケストラが、クラシック音楽を通じて聴衆との間で育まれてきた交流をいかに地域資源としていったのか、ミュージック・ツーリズムという観光の動きに着目しながら考えていきたい。本章ではその際、『群馬交響楽団五〇年史』をはじめ、群馬交響楽団に関わった人びとの著作や、地元紙である『上毛新聞』をはじめとした当時の新聞記事・雑誌記事を参照しながら、その社会的背景を探っていく。

1 ミュージック・ツーリズムと地域性

音楽は他の観光資源とは異なり、コンテンツが特定の空間と一義的に結びつくものでは必ずしもない。一般的に観光資源の多くは、特定の空間のなかで蓄積されてきた、自然や社会の営為によって構築されていくものである。それに対して音楽の演奏は、コンサート・ホールやライブ会場といった音響や設備といった物理的な空間を必要としながらも、必ずしも特定の地域に縛られたものではない。そのなかでも、クラシック音楽は西洋社会の生活文化や文化的規範を基盤として発展してきた経緯がある。それゆえ、演者や空間といった、特定の物理的環境に縛られずに世界各地で演奏され、普遍的な価値を発信してきた点に特色がある。[1] 極論を述べれば、世界各地で同じ演目を何度も演奏してきたクラシック音楽とは、演者や場所によってその内実が大きく異なることにはならないはずである。[2]

その点で、クラシック音楽はともすると、従来は地域観光とは相性の悪いものとして捉えられることも多かった。日本のクラシック業界について新井賢治が語るように、「国や地方が文化政策を推進する中で、歌舞伎、能楽等伝統芸能、地域に伝わる民俗芸能等の振興やアニメ、マンガ、ゲームなど、日本文化の対外発信の向上やインバウンド等に貢献しているポップカルチャー分野の重要性は、国民にとって理解しやすい。しかし、西洋文化の象徴的な存在であるクラシック音楽とそれを演奏するオーケストラを政策として振興する意義については、必ずしも明確になっていない」（新井 二〇一六、七三）と論じる状況は、

(1) この点は、世界各地のクラシック関係者たちが、二〇二二年二月以降にウクライナ支援のために各地でチャリティー・コンサートを開いてきた点からも見て取ることができるであろう。

(2) ただし、実際には演奏内容や音質は同じ曲目でも、指揮者やオーケストラ、そして演奏空間によって大きく異なったものとなる。その点が、クラシック音楽の興味深い点であり、最も魅力的な部分でもある。

プロ・オーケストラが置かれた厳しい環境を的確に表現している。

もちろん、日本国外ではオーストリアのザルツブルク音楽祭のように、クラシック音楽イベントが特定の地域と結びついてきた事例は枚挙にいとまがない。また、ニューイヤーコンサートで有名なウィーン・フィルハーモニー・オーケストラや、ベルリンを拠点とするベルリン・フィルハーモニー・オーケストラのように、オーケストラやクラシック音楽環境が、特定の都市と強く結びついて観光資源となる事例もみられる。しかし、日本国内においては、特定の地域とクラシック音楽が強く結びつき、地域の観光資源となる事例は、一部のコアなクラシック・ファン層の間では認識されながらも、必ずしも一般の市民や観光客を巻き込んだものであったとはいえない。

他方で、近年ではクラシックをはじめとした音楽を、地域の観光資源として生かそうとする動きも出てきている。その現象を八木良太は「ミュージック・ツーリズム」と命名し、音楽と観光をめぐる関係を概念化しようとしている。ミュージック・ツーリズムとは、音楽をめぐる多様な活動を、観光資源として地域の中で活用していこうとする動きとして捉えられる。モーツァルトとザルツブルグ、ベートーヴェンとウィーン、ビートルズとリバプールといった繋がりのように、特定の人物に所縁のある場所を訪れる観光形態のあり方を八木良太は「聖地巡礼型」のミュージック・ツーリズムとして、文学散歩やアニメ聖地巡礼といった現象との類似点を見出している。その他にも、音楽イベントへの参加や、音楽の体験や音楽技術の向上といった形の旅行形態も、「音楽体験型」のミュージック・ツーリズムとして各地で隆盛していることを指摘している。

一連の議論から明らかにできるのは、本来は特定の空間に縛られないはずの音楽もまた、観光資源の核となる地域性を生み出す可能性を秘めているという点である。しかし、地域性の創出は音楽の演奏家だけで行われている訳ではなく、その背後に存在する音楽を楽しむ無数の聴衆の存在が、直接・間接に影響を及ぼしている。

2 地方オーケストラとしての群馬交響楽団

群馬交響楽団は、日本における東京以外の地方部で初めて結成されたプロ・オーケストラであり、戦後日本における市民社会の発展と歴史を共にしてきた。一九四五年の太平洋戦争による荒廃が著しいなかで、戦前より高崎市を中心に活動を続けてきた音楽家たちを中心に結成された高崎市民オーケストラを母体としている。翌年には群馬フィルハーモニーオーケストラと改称してプロ・オーケストラとしての歩みをはじめ、一九六三年には群馬交響楽団へと改称している。二〇二三年四月には団員数五九名の他にも多数のスタッフを抱え、年間一〇回の定期演奏会をはじめ、後述の移動音楽教室を含めて一二〇以上の主催演奏会・依頼演奏会を開催している。二〇二一年にはサントリー地域文化賞を受賞する他にも、楽団の長い歴史の中で数々の賞を受賞している地方プロ・オーケストラである。

群馬交響楽団の設立理念として、戦後の新たな市民社会の構築と文化振興を音楽から担うという考えから、地域社会に根付いたオーケストラとしての活動を標榜してきた。それゆえ群馬交響楽団を語る際に、地域や時代を超えた音楽の普遍性を語ることの多いクラシック音楽業界の中では珍しく、高崎市や群馬県といった地域との関わりを殊更に強調している。「日本の地方管弦楽団の草分け的存在」や「群馬県の文化の象徴」として自らを位置づけるとともに、高崎市や群馬県内の各種メディア媒体においても、「市民に愛されるオーケストラ」として、その地域色を強調することが多い。楽団員たちが県内各地の音楽イベントに参加するとともに、県内の様々なメディア媒体に出演し、街中で市民と交流する姿も頻繁にみられる。このオーケストラのメンバーと地域社会の距離の近さも、群馬交響楽団の魅力として描き出されてきた（写真2）。実際、上毛新聞をはじめとする地方メディアにおいて、群馬交響楽団の活動や楽団員たちのインタビューや動向が頻繁に取り上げられるのは、他地域のオーケストラではなかなかみられないものであろう。

写真2　コンサート後のふれあいトークに参加する指揮者と聴衆たち（群馬音楽センター・ロビー）

この群馬交響楽団や楽団員が打ち出す地域性を、群馬交響楽団のファンや一般市民も当然のように受け入れている。垣内恵美子が二〇一四年に群馬交響楽団の定期会員の質問調査の中で明らかにしているように、群馬交響楽団の聴衆の核となっている定期会員の特徴として、「オーケストラ、とりわけ群響が好きで、応援したいという気持ちが強い」という点や、「地域の魅力を高め、活性化につながるといった社会的な機能も評価する」といった側面が強くみられる点を指摘している（垣内 二〇一四）。

群馬交響楽団や聴衆、そのなかでも高崎市民や群馬県民との交流の中で生み出されてきた地域性は、他のオーケストラにはない独特の景観を生み出している。実際、他の地域から演奏会を聴きに来た人びとが、群馬音楽センターや高崎芸術劇場の二〇〇〇人強の会場を埋め尽くす聴衆の姿に驚く光景は、メディアのなかでも度々描き出されてきた。ここでは、世界共通の言語としての音楽の普遍性を語ることが多いクラシック音楽業界において、地域色を強く打ち出すという真逆のベクトルの現場に出くわすことになる。

楽団員から地方自治体、一般市民に至るまで、今では当たり前のように語られる「市民に愛されるオーケストラ」としての群馬交響楽団であるが、この自己像は必ずしも歴史的に自明のものであった訳ではない。実際、群馬交響楽団の歴史のなかでは、地方都市においてクラシック音楽に対する周囲の理解を得ることができずに、苦悩してきた歴史の方が長かったとみるべきである。設立から四〇年以上経った一九八〇年代後半においても、群馬県内の地方議員が「むづかしい音楽ばかりやるので、演奏会はいつもがらがら。団員たちは県外出身者が多く、群馬への情熱を持ち合わせていない。そんなものになんで県民の税金を使わなければいけないのか。それに新幹線のおかげで東京までは一時間。そこには超一流のオーケストラがあるし、群馬にも来る。好きな人はそれを聴きにいけばよい[(3)]」という言葉が投げかけられる状況は、群馬交響楽団が長らく置かれてきた厳しい環境を端的に示している。あるいは、関係者たちの回想録のなかで繰り返し語られてきた、演奏だけで経済的に自立していくことの困難さも、日本社会のなかでクラシック音楽やプロ・オーケストラが生き残っていくことの苦悩を示している。

しかし、群馬交響楽団の歴史を今一度紐解いてみると、オーケストラを応援する無数の一般市民やファンに囲まれながら、その歴史を歩んできたことも明らかになる。この一般市民とともに「市民に愛されるオーケストラ」として自らを規定していく歴史的過程のな

(3) 朝日新聞一九八六年三月六日朝刊、東京版第三面での記載の他にも、同様の文言は群馬交響楽団関係者の間でも語られてきた点からも(林・辻村 一九九八)、群馬交響楽団が直面する問題として強く認識されてきた点が伺える。

かで生み出されてきた地域性こそが、群馬交響楽団がクラシック音楽の演奏組織としてだけでなく、群馬県を代表する地域資源・観光資源として自らの地位を築き上げるきっかけとなってきた、と論じることができる。

それゆえ、群馬交響楽団が生み出す地域性とは、聴衆や一般市民との間で積み重ねてきた交流のなかで育まれてきた歴史的な蓄積、と捉えることができるだろう。実際、群馬交響楽団自身も、そうした群馬県民との交流の歴史を、楽団としてのアイデンティティとして頻繁に語ってきた。その代表的な事例の一つとして、設立期から継続してきた幼児から高校生までを対象とした移動音楽教室や、二〇一九年まで本拠地であった群馬音楽センターの存在を取り上げることができる（写真3）。

写真 3　群馬音楽センター外観

一九四七年より始まった移動音楽教室は、二〇二二年でも県内の小・中・高校生を対象に年間で八〇回以上を開催しており、他のプロ・オーケストラにはない、群馬交響楽団を象徴する事業として位置づけられている。戦後すぐに群馬県内各地を巡って演奏を行ってきた群馬交響楽団の姿は、「ここに泉あり」（一九五五年）の映画のなかでも取り上げられ、戦後復興期の地方オーケストラとして奮闘する姿が描かれるとともに、群馬交響楽団のアイデンティティとして語り継がれている。

群馬音楽センターについても、地方オーケストラと

写真4　高崎芸術劇場外観

してのアイデンティティの拠り所となってきた。群馬県民からの支援をもとに、アントニン・レイモンドの設計によって一九六一年に建設された群馬音楽センターは、移動音楽教室とともに、地方オーケストラとしての群馬交響楽団を象徴する事業として、メディアの中で繰り返し語られてきた。実際、建設費用のうち一億円近くを市民の寄付金によって賄い、建築にまでこぎつけた事例は、地方オーケストラとしての群馬交響楽団の成功体験となるとともに、「音楽のある街、高崎」を表象するシンボルとなってきた。それゆえ、二〇一九年に群馬交響楽団が高崎芸術劇場に本拠地を移転した際には、一部の高崎市民の間で移転に反対する動きもみられた。(4) しかしそれもまた、群馬交響楽団と群馬音楽センターが、高崎市民や群馬県民とともに積み重ねてきた歴史の裏返しとして捉えることもできるであろう。

3　地域性と普遍性の狭間で葛藤する群馬交響楽団

既に述べた通り、地方都市において市民に愛されるオーケストラとして自らを位置付ける群馬交響楽団であるが、その自己表象は歴史を通じて、常に共有されていた訳ではない。

(4)　高崎市長が、群馬音楽センターを閉鎖するわけでもないのに市民からの強い反発があった点を、苦笑いをしながらメディアに語っていた点からも、群馬交響楽団とともに市民にとって愛される場所として認識されていた点がうかがえる。

むしろ、必ずしも多くの人びとの間で馴染みのなかったクラシック音楽を地域に根付かせていこうとする動きは、常に軋轢のもととなってきた。

一九四五年の結成以降、群馬交響楽団は移動音楽教室をはじめとしたクラシック音楽の普及に重点を置いていく一方で、オーケストラを支える聴衆を高崎市や群馬県で獲得するという使命は、必ずしも果たせなかった。美談のように語られる移動音楽教室や群馬音楽センターも、その崇高な理念がありながらも、オーケストラ経営という現実的な問題のなかでは、期待した成果をあげてこなかったどころか、時には負債としても捉えられてきた。実際、地方都市におけるクラシック音楽愛好家の少なさに起因する集客の低さは、観客動員数の少なさによる慢性的な財政赤字や、楽団員の生活環境の劣悪さといった問題を生み出してきた。さらに、群馬県出身者が必ずしも楽団員に多くなかった状況は、市民からの支持を獲得する際の障壁ともなってきた。[5] それゆえ、オーケストラ設立から運営に強く関わってきた高崎市の名士をはじめ、楽団の運営の多くを特定の個人の寄付やボランティアに強く依存する環境が恒常化してきた点があげられる。[6]

移動音楽教室をはじめとした教育・啓蒙活動に力を入れてきた群馬交響楽団であるが、給与や待遇という点では、あまりにも多くの問題を抱えてきた。設立当初は専用の練習場を持たないがゆえに高崎市内各地を転々とする状況や、プロ・オーケストラとしての安定した収入や技術向上が望めない環境に、楽団員の不満は常にくすぶっていた。さらに、高崎市・群馬県といった地方都市から世界水準のクラシック音楽を発信していきたいという理想に燃えて、地域性を強く標榜してきた経営陣[7]と、群馬・高崎という地域としてのこだわりよりも、経営や生活の安定や、音楽的に優れたオーケストラにしたいという普遍性を

(5) 実際、高崎市や群馬県出身者の楽団員がいないことを不満に思い、オーケストラの存在を疎ましく思っていた市民もいた点は、新聞をはじめとしたメディアのなかでも繰り返し語られてきた。

(6) 群馬交響楽団に長らく関わってきた丸山勝廣や、創立メンバーの一人である高崎の名士、井上房一郎といった人物をあげることができる。

(7) その過程で、一時期は北関東や甲信越地域の地方公共団体との連携や援助を求めて活動の場を拡大していくとともに、関信越音楽協会を一九七七年に設立して、群馬県内の他にも長野県や新潟県の地方公共団体からの支援も獲得しようとしてきた。ここにも、地方から日本のクラシック音楽業界の発展を主導していく、という野心的な計画の一端が見て取れる。

標榜する一部の楽団員との間で、オーケストラの方向性をめぐって対立がたびたび表面化してきた。その点、群馬交響楽団は設立当初に掲げた地方都市における優れた音楽環境の育成という崇高な理念とは裏腹に、必ずしも群馬県や高崎市の一般市民に根付いた地方オーケストラとしてのアイデンティティを実現できていた訳ではなかった。むしろ、地方オーケストラとしてのアイデンティティが、自らの首を絞めていたとさえ言えるかもしれない。

オーケストラの方向性をめぐる対立は、幾度かの楽団存続の危機を生み出してきた。一九六三年七月には、指揮者と経営陣の間のオーケストラ運営をめぐる方針の対立から、当時の全楽団員三二名のうち二一名が退団し、オーケストラ活動が一時期停止する事態にまで発展している。経営陣が各地を奔走して新たに団員を迎え入れるとともに、当時の高崎市長であった住谷啓三郎が仲裁に乗り出して経営陣や運営体制を刷新し、名称も群馬フィルハーモニーオーケストラから現在の群馬交響楽団へと改称することで、経営の安定を図っていった。

しかし、その後も経営陣と楽団員の間の運営方針をめぐる齟齬が、多くの軋轢を生み出してきた。一九七〇年代には全国的な流れのなかで楽団員の間で労働組合が結成されると、給与や演奏環境の改善を求める楽団員と経営陣との対立が激化し、演奏活動を継続することが困難な状況へと陥っていく。特に、給与遅配の常態化や、アルバイトや共働きをしながらでないと生活を維持できない生活環境は、否が応でも楽団員たちの不満を高めていくこととなった。ここでも、一般市民に広く愛される地方都市のオーケストラとしての理念が、必ずしも実態を伴っていなかった点をうかがい知ることができる。

それゆえ、高崎市や群馬県の一部の住民の間でも、特定のパトロンや地方公共団体からの公的支援に依存するオーケストラの姿が、地方都市においては身の丈に合わない負債として認識され、厳しいまなざしを投げかけられてきた。

4　市民に愛されるオーケストラとしてのアイデンティティの獲得

労使交渉で楽団員と経営陣との軋轢がメディアにたびたび取り沙汰されていくなかで、高崎市は群馬交響楽団の慢性的な赤字体制を解消するための改善案を矢継ぎ早に提示してきた。その際、従来の高崎市のみで維持する運営体制を刷新し、群馬県知事を理事長として全県的な組織とすることで、群馬県や県内の地方公共団体からの資金援助や支援を取り付ける体制を整えていった。さらに、国の文化事業や助成金を積極的に活用することで、累積していた赤字を解消する施策を打ち出していく。

他方、高崎市民の間でも群馬交響楽団の危機的状況を救おうとする機運が徐々に活性化していき、オーケストラを支援するための活動が生まれてきた。支援活動のひとつであった高崎青年会議所は、より広範な市民を巻き込んだ群馬交響楽団のあり方を自主的に模索し、演奏活動を身近なものにしようとしてきた。青年会議所メンバーは高崎市民へのアンケートを実施するとともに、高崎市との関わりが深かった芥川也寸志をアドバイザーに迎え[8]、よりよい曲目や演奏会のスタイルを模索してきた。一連の議論の成果を踏まえ、一九七六年には芥川也寸志の指揮で「二二万人市民と群響による手創りの音楽会」(九月一二日)

(8)　芥川也寸志(作家・芥川龍之介の子ども)は高崎市出身ではないものの、群馬県立高崎高校の校歌(一九五七年)や、「音楽の好きな街―高崎のこどもたちのマーチ」(一九八〇年)を作曲し、高崎市と関わりが深い作曲家でもある。

を開催するにいたる。従来の主催演奏会では演奏してこなかった映画音楽やポピュラー音楽、誰でも知っている著名なクラシック音楽の曲目を演奏するとともに、参加者と歌うコーナーを取り入れるといった趣向を凝らした内容となっていた。(9) 高崎青年会議所主催のこの演奏会は、その後一二回開催されていくことになる。演奏会の成功をもとに、一九七七年には「群響を育てる市民会議」を発足し、高崎市民の間で広く会員を募って群響を支援する体制を整えていくことになる。

同時期に、群馬交響楽団内部でも市民との交流による、オーケストラとしての新たなスタイルを模索する動きが活性化する。楽団員有志で自主的な演奏会を開催すると同時に、一九七七年九月に群馬の森で、「群響と歌おう」と題した市民との交歓会が実施された。同様の交歓会を進めていくなかで、一九七八年五月五日には「森とオーケストラ」が開催されるにいたる。(10)「春の声」や「カッコーワルツ」をはじめとしたオーケストラの小曲を中心とした構成に加え、「みんなで歌おう」や「とび入り指揮者コーナー」といった体験コーナーも実施された。さらに、弦楽アンサンブルや木管・金管・打楽器アンサンブルによる演奏も行われている。この市民やファミリー向けの多彩なプログラムを用意した野外演奏会は、その後はゴールデンウィークの風物詩として、高崎市民や群馬県民の間で親しまれていくことになる。

一九七八年の「森とオーケストラ」を開催して以降、群馬交響楽団は事業内容を大きく見直していくことになる。具体的には、従来の定期演奏会を中核とする自主演奏会の他にも、多様な分野での演奏機会を充実させていくことになる。県内各地の音楽イベントへの出演や、ポピュラー音楽とのコラボレーション、依頼公演や活動内容を増やしていくなか

(9) 曲目としては、映画「サウンド・オブ・ミュージック」より「ドレミの歌」や、映画「風とともに去りぬ」より「タラのテーマ」、童謡「ふるさと」、チャイコフスキー「白鳥の湖」をはじめとして、誰もが知っている曲目が演奏された(『群馬交響楽団五〇年史』より)。

(10) 第一回の開催時には、他の音楽団体と共催する形で実施がされてきた。

で、群馬県や市町村からの財政支援も拡充させていく。群馬交響楽団の方針転換とともに県内各所からの支援は拡大し、楽団員の安定した生活環境を保証するようになっていった。県内各所からの支援の拡大は、この時期以降の依頼公演の活動の多様化にも現れている。プロ・オーケストラとしての音楽技術の向上や音楽文化の普及に努めるとともに、その活動内容も多彩なものへと変化してきた。

群馬県内での演奏活動の多様化は、群馬交響楽団の県内での知名度の向上だけでなく、群馬県内における新たな聴衆の発掘や育成にも寄与してきた。垣内恵美子が指摘するように、クラシック音楽を視聴する社会階層は一般的に高所得・高学歴な層が中心となりがちである。それに対して、群馬交響楽団の聴衆はクラシック音楽そのものに対する興味関心よりかは、群馬交響楽団のファンとして自らを位置づけている人びとが多い。群馬交響楽団を支えるコアなファン層を形成し、「市民に愛されるオーケストラ」として自らを位置づけるようになった契機として、「森とオーケストラ」を捉えることができるのだ。

「森とオーケストラ」にみられる一般市民との交流を契機として、群馬交響楽団は高崎市だけでなく、群馬県内の多様な関係者とのつながりも強めてきた。一九八〇年代後半に国や地方公共団体からの助成金が削減されていくなかで、群馬県の一般市民や地場企業、労働組合等が立ち上がって、自主演奏会の企画をはじめとした支援活動を活性化してきた。その過程で生まれた「群響を応援する県民の会」は、現在に至るまで群馬交響楽団を支えていく広範な市民運動として存続している。その背景にも、「森とオーケストラ」をめぐる動きのなかで育まれてきた市民や楽団員たちの地道な活動や、支援のための市民運動の活性化を見て取ることができる。

がんばれ

群響コンサート 声援も高らかに

地域との結びつきが支え

気軽に対話集会や音楽列車も

「苦しい台所同じ」 13楽団が友情出演

写真 5　群馬交響楽団をめぐる地域による支援を報じる記事（朝日新聞1988年5月2日 東京版夕刊三面）

この群馬県内に幅広く生まれた一般市民のなかの支援者や聴衆たちとの交流のなかで育まれてきた環境こそが、定期演奏会をはじめとした各種演奏会における、群馬交響楽団が生み出す独特の地域色を醸し出していると言えるだろう。この聴衆との交流の中で生み出されてきた群馬交響楽団の地域性こそが、観光資源としての群馬交響楽団の基盤となってきたと捉えられる。その姿は、今日に至るまで「森とオーケストラ」や、高崎芸術劇場を埋める聴衆の姿に見て取ることができるであろう。

おわりに

本章では、群馬交響楽団における「森とオーケストラ」をめぐる動きを見ながら、クラシック音楽やオーケストラが生み出す地域性について考えてきた。最後に、これまでの話をまとめていきたい。

地方オーケストラとして親しまれている群馬交響楽団であるが、自己表象としての市民に愛されるオーケストラ像を獲得した契機として、「森とオーケストラ」の存在を取り上げることができる。日本国内では珍しい、歴史ある野外コンサートであるが、その背景には群馬交響楽団が地方オーケストラとして葛藤してきた歴史が反映されている。

市民に愛されるオーケストラとしての自己表象は、一般市民との交流のなかで育まれてきた歴史的経緯のなかで生み出されてきたものである。逆に、本来は地域性を無化していくはずのクラシック音楽において地域性が生み出されていく背景には、聴衆との間での多種多様な交流のなかで生み出されてきた歴史的な経験を見て取ることができる。一連の議論を踏まえると、クラシック音楽もまた、地域の観光資源を生み出す存在となり得るであろう。

新井賢治は日本におけるプロ・オーケストラの置かれた環境は脆弱なものであり、その多くを公的機関による支援に依存せざるを得ない状況を描き出している。群馬交響楽団も例外ではなく、現在も運営資金の多くを、地方公共団体をはじめとする公的支援に依存している状況に変わりはない。しかし、この公的支援を可能とする社会環境の背後には、群馬交響楽団がその歩みのなかで積み重ねてきた、地方オーケストラとしての自己表象と、その背後にある一般市民と育んできた交流の歴史を見て取ることができるのだ。

そのなかで、地域の一般市民とともに積み重ねてきた歴史が、地域の観光資源としての魅力を生み出している。奇しくも群馬交響楽団の歴代の指揮者たちが繰り返し述べてきたように、地方都市において一般市民によって支えられてきた群馬交響楽団の特異な姿が、オーケストラだけでなく、地域をも発展させる可能性を秘めているのである。音楽と観光をめぐる動きは、クラシック音楽だけでなく、世界各地のさまざまなジャンルで進んでいる。そのなかで、「音楽のある街」としての高崎市に拠点を置く群馬交響楽団は、ミュージック・ツーリズムや日本におけるクラシック音楽の先駆的事例の一つとして、今日も羽ばたき続けることであろう。

●写真は筆者撮影

〔参考文献〕

新井賢治「日本のオーケストラの課題と社会的役割―東京におけるプロ・オーケストラの状況を中心に―」『立法と調査』三八三：七三―八八頁、二〇一六年
垣内恵美子「オーケストラファン創出におけるアウトリーチ活動の効果：群馬交響楽団の定期会員調査から」『計画行政』四〇巻一号：四五―五五頁、二〇一七年
群馬交響楽団五〇年史編纂委員会編『群馬交響楽団五〇年史』朝日印刷工業、一九九七年
辻村明『高く舞え！　噴水のように：群馬交響楽団・初の海外公演随行記』ＶＶＦ企画、一九九五年
林健太郎・辻村明編『泉は涸れず：丸山勝廣と群馬交響楽団』毎日新聞社、一九九八年
八木良太「ミュージックツーリズムの概念と日本導入の可能性に関する一考察」『観光研究』三〇巻一号：三七―四四頁、二〇一八年

column15

温泉街に響くサウンドスケープ
——草津町の音景観たち——

安田　慎

夏になると毎年、草津温泉の街中に、アルプホルンやクラシック音楽の音が響き渡る。ヨーロッパのアルプス山脈の伝統的楽器であるアルプホルンが奏でる音色は、日本の伝統的な温泉街として親しまれてきた草津温泉のなかでは、異様な雰囲気を醸し出している。しかし、その音色が温泉街のなかに溶け込み、夏の風物詩として人びとに親しまれている情景にこそ、草津温泉の面白味があるのだ。

写真１　草津温泉の街中におけるアルプホルンたち

草津温泉が繰り出す景観は、湯畑に見られる視覚的な景観の他にも、硫黄が織り成す独特の匂い、観光地に響く音によって作り出されたと言える。その点、観光とは視覚だけでなく、さまざまな身体感覚を通じて展開されるものである。そのなかでも、人間の聴覚に焦点を当てた観光地の独特の光景は、近年では「サウンドスケープ」という形で、観光研究でも注目されるようになっている。普段の観光活動のなかでは意識しないことも多いが、私たちの観光活動や観光経験は、視覚だけでなく聴覚にもかなり依存している。特に、世界各地の異文化に触れる際に、視覚的なものもさることながら、波や風、雨といった自然環境が生み出す音や、市場や工場、街中の人びとの会話や音楽といった文化環境が生み出す音は、日常とは異なった体験を生み出す貴重な資源となっている。

サウンドスケープに着目しながら草津温泉を見ていくと、普段は見えない光景が姿を現す。観光客の雑踏を遮るように鳴り響く温泉の湧く音、流れる音、そして落ちる音。街中から聞こえてくる客引きの声や、各所で開催されるイベントの歓声は、観光地を彩る景観の一つとなっている。その他にも、人びとの間で親しまれている草津節も、草津温泉の音景観として取り上げることができるであろう。高温の温泉を冷ますために湯を混ぜる「湯もみ」の際に謳われてきた民謡は、伝統的な温泉街を彩るメロディとして、観光の現場だけでなく、街のプロモーションでも繰り返し活用されてきた。

前述のアルプホルンや街中で奏でられるクラシック音楽も、そうした草津温泉のサウンドスケープの一つである。草津温泉では二〇世紀に従来の湯治場から、近代的な保養地へと変貌していこうとするなかで、ドイツやスイスの温泉リゾート地を模範とした観光リゾートを建設してきた。その過程で、ヨーロッパやアルプスを連想するアルプホルンやクラシック音楽が結びついていく。特に、一九八〇年に世界中のクラシック音楽の演奏家たちを集めた「草津国際音楽アカデミー&フェスティバル」が開催されると、コンサート・ホールでの連日にわたる演奏会や、街中でのアルプホルンの演奏やストリート・ライブが夏のイベントとして展開されてきた。これらクラシック音楽が織り成す草津温泉のサウンドスケープは、群馬交響楽団が演奏する「湯けむりコンサート」をはじめ、クラシック音楽を発信する観光地として人びとに受容される素地も形作ってきた。

サウンドスケープが織り成す観光地の光景もまた、観光経験を豊かにしていく。旅先における「音」はまた、私たちの観光に欠くことのできないものであろう。

写真2　草津温泉・湯畑が織りなす音

●写真は筆者撮影

●は行●

●ま行●

●や行●

●ら行●

●わ行●

●さ行●

●た行●

●な行●

索引

●あ行●

●か行●

執筆者紹介（執筆順：氏名／所属〔2024年３月現在〕／専門分野／主要業績）

安田慎（やすだ・しん）／高崎経済大学地域政策学部観光政策学科准教授／観光史、中東地域研究／『現代中東における宗教・メディア・ネットワーク―イスラームのゆくえ』（共編著）春風社、2021年など

太田慧（おおた・けい）／高崎経済大学地域政策学部地域づくり学科准教授／観光地理学、沿岸地域研究、GIS（地理情報システム）／『ツーリズムの地理学』（共著）二宮書店、2018年など

西野寿章（にしの・としあき）／高崎経済大学名誉教授／経済地理学、農村地理学／『日本地域電化史論』（単著）日本経済評論社、2020年など

片岡美喜（かたおか・みき）／高崎経済大学地域政策学部観光政策学科教授／農業・環境教育、都市農村交流、農業分野における社会貢献型事業／『共感の農村ツーリズム』（共著）晃洋書房、2023年など

黒崎龍悟（くろさき・りゅうご）／高崎経済大学経済学部国際学科准教授／アフリカ地域研究、適正技術論／『地域水力を考える―日本とアフリカの農村から』（共編著）昭和堂、2021年など

井門隆夫（いかど・たかお）／元高崎経済大学地域政策学部教授・國學院大學観光まちづくり学部教授／観光経営、観光マーケティング／『地域観光事業のススメ方―観光立国実現に向けた処方箋』（単著）大学教育出版、2017年など

石井清輝（いしい・きよてる）／高崎経済大学地域政策学部観光政策学科准教授／都市社会学、観光社会学、生活史研究／『二つの時代を生きた台湾―言語・文化の相克と日本の残照』（共編著）三元社、2022年など

井手拓郎（いで・たくろう）／高崎経済大学地域政策学部観光政策学科准教授／観光まちづくり、観光地域づくり、リーダーシップ／『観光まちづくりリーダー論―地域を変革に導く人材の育成に向けて』（単著）法政大学出版局、2020年など

丸山奈穂（まるやま・なほ）／高崎経済大学地域政策学部観光政策学科教授／観光人類学、住民と観光、外国人街の観光地化／「観光地のライフサイクルと地域住民への影響」（単著）高崎経済大学地域政策学会、2020年など

八木橋慶一（やぎはし・けいいち）／高崎経済大学地域政策学部観光政策学科教授／社会起業論、ローカル・ガバナンス論／『福祉社会デザイン論』（共著）敬文堂、2021年など

鈴木耕太郎（すずき・こうたろう）／高崎経済大学地域政策学部地域づくり学科准教授／国文学、宗教民俗学／『牛頭天王信仰の中世』（単著）法藏館、2019年など

小熊仁（おぐま・ひとし）／高崎経済大学地域政策学部観光政策学科教授／交通政策論、観光交通論、流通経済論／『観光交通ビジネス』（共著）成山堂書店、2019年など

小牧幸代（こまき・さちよ）／高崎経済大学地域政策学部観光政策学科教授／文化人類学、南アジア地域研究／『嗜好品から見える社会』（共著）春風社、2022年など

大学的群馬ガイド―こだわりの歩き方

2024年3月29日　初版第1刷発行

編　者　高崎経済大学 地域政策学部 観光政策学科

発行者　杉田　啓三

〒607-8494 京都市山科区日ノ岡堤谷町 3-1
発行所　株式会社　昭和堂
TEL（075）502-7500 ／ FAX（075）502-7501
ホームページ　http://www.showado-kyoto.jp

印刷　亜細亜印刷

ISBN 978-4-8122-2304-8
乱丁・落丁はお取り替えいたします。
Printed in Japan

奈良女子大学文学部なら学プロジェクト編
大学的奈良ガイド
――こだわりの歩き方
A5判・304頁
定価2530円

沖縄国際大学宜野湾の会編
大学的沖縄ガイド
――こだわりの歩き方
A5判・316頁
定価2530円

長崎大学多文化社会学部編・木村直樹責任編集
大学的長崎ガイド
――こだわりの歩き方
A5判・320頁
定価2530円

鹿児島大学法文学部編
大学的鹿児島ガイド
――こだわりの歩き方
A5判・336頁
定価2530円

都留文科大学編
加藤めぐみ・志村三代子・ハウエル エバンズ責任編集
大学的富士山ガイド
――こだわりの歩き方
A5判・264頁
定価2530円

富山大学地域づくり研究会編
大西宏治・藤本武責任編集
大学的富山ガイド
――こだわりの歩き方
A5判・300頁
定価2640円

甲南大学プレミアプロジェクト神戸ガイド編集委員会編
大学的神戸ガイド
――こだわりの歩き方
A5判・320頁
定価2530円

新潟大学人文学部附置地域文化連携センター編
大学的新潟ガイド
――こだわりの歩き方
A5判・296頁
定価2530円

塚田修一編
大学的相模ガイド
――こだわりの歩き方
A5判・296頁
定価2530円

松村啓子・鈴木富之・西山弘泰・丹羽孝仁・渡邊瑛季編
大学的栃木ガイド
――こだわりの歩き方
A5判・376頁
定価2640円

岡山大学文明動態学研究所編
大学的岡山ガイド
――こだわりの歩き方
A5判・360頁
定価2640円